Der Jüngste Tag

Die Bücherei einer Epoche

Band 3
Büchergilde Gutenberg

Herausgegeben
und mit einem dokumentarischen Anhang versehen von
Heinz Schöffler

Frankfurt am Main 1982

Faksimile-Ausgabe

Nach den Erstausgaben wiedergegeben mit Erlaubnis
der Deutschen Bücherei Leipzig

Nachdruck der 1970 im Verlag Heinrich Scheffler
erschienenen Ausgabe

Alle Rechte vorbehalten · Societäts-Verlag
© 1981 Frankfurter Societäts-Druckerei GmbH
Druck: Paul Robert Wilk, Friedrichsdorf-Seulberg
Printed in Germany 1982
ISBN 3 7632 2639 7

Inhalt

Band 3

Mynona	Schwarz-Weiß-Rot	1153
Max Brod	Die erste Stunde nach dem Tode	1197
Ludwig Rubiner	Das himmlische Licht	1245
Franz Kafka	Das Urteil	1291
Gottfried Benn	Gehirne	1321
Ernst Wilhelm Lotz	Wolkenüberflaggt	1375
Rudolf Leonhard	Polnische Gedichte	1433
Martin Gumpert	Verkettung	1469
Hans Reimann	Kobolz	1509
Oskar Kokoschka	Der brennende Dornbusch	1605
	Mörder, Hoffnung der Frauen	1633

MYNONA
SCHWARZ-WEISS-ROT

DER JÜNGSTE TAG ★ 31

KURT WOLFF VERLAG · LEIPZIG

1917

SCHWARZ=WEISS=ROT

GROTESKEN

VON

MYNONA

MIT ZWEI ZEICHNUNGEN VON L. MEIDNER

LEIPZIG
KURT WOLFF VERLAG
1916

Gedruckt bei E. Haberland in Leipzig=R.
September 1916 als einunddreißigster Band
der Bücherei »Der jüngste Tag«

COPYRIGHT 1916 BY KURT WOLFF VERLAG · LEIPZIG

SCHWARZ-WEISS-ROT
ODER
DEUTSCHLANDS SIEG ÜBER ENGLAND
UNTER GOETHES FARBEN

Es ist im höchsten Grade ominös, daß Deutschland ganz buchstäblich Goethes Farben trägt, nämlich außer den Extremen aller Farben, Weiß und Schwarz, gerade Rot, die Farbe aller Farben im Sinne Goethes, und daß Goethe mit dieser seiner Farbenauffassung seit mehr als einem Jahrhundert so vergeblich gerade gegen England, nämlich gegen den lichtverfinsternden Farbenlehrer Isaac Newton kämpft, welcher in einer jede Treue des deutschen Goetheauges verletzenden Art unglaublich falsch Farbe bekennt.

Längst würde die deutsche Wissenschaft den farbenblinden Engländer mit Goetheschen Waffen niedergestreckt haben, wenn dieser sich nicht auf der Insel Mathematik mit scheinbarer Unüberwindlichkeit verbollwerkt hätte und von dorther seit über 200 Jahren die Welt aller Farben despotisch brutalisierte. Dieser Engländer lehrt messen und rechnen: aber Goethe lehrt sehen! Und man soll doch erst sehen lernen, bevor man zählt und mißt, was man sieht. Es ist sehr charakteristisch für den Engländer, daß er sich verrechnen muß, weil er mit seiner Rechenkunst zu voreilig ist — und sollte auch Jahrhunderte lang die scheinbare Präzision seiner Rechnung den falschesten Postenansatz verdecken. Goethe wird hoffentlich mit Deutschland so mitsiegen,

daß Deutschlands Schulkinder sehr bald über die eng=
lischen Farben lachen lernen, die angeblich im Lichte
stecken, während sie sich für jedes deutsche, d. h. Goethe=
sche, also gesunde Auge ganz offenbar aus Finsternis
und Licht, aus Schwarz und Weiß also, erzeugen und
im Rot das liebste Kind dieser Eltern haben:
„Es stammen ihrer sechs Geschwister
  Von einem wundersamen Paar"
sagte bereits Schiller vor Goethe. Ein großer Rechen=
meister war dieser englische Fürst der Geister, New=
ton. Aber er hat ausgespielt, wenn Deutschland auf
preußische Manier und mit Goethes Augen Schwarz=
Weiß sehen lernt: es wird sich dann das Rot noch
göttlicher herausrechnen, wenn es erst sieht, daß dieses
freudig errötende Grau zwischen Schwarz und Weiß
so wenig aus dem Lichte allein stammt wie das preußisch
nüchterne, das ja ganz unverkennbar eine Mischung aus
Schwarz und Weiß ist. Laßt Euch doch nicht von eng=
lisch perfekter Rechenkunst betören, die auf Lug und
Trug, auf Augentäuschung beruht, und führt Eure Far=
ben auch zum Sieg deutscher Gründlichkeit unter dem
Farben = Generalfeldmarschall Goethe, diesem Über=
Hindenburg aller Farbenlehre!

Dadurch, daß Goethe auch ins Schwarze getroffen
hat, ist das Weiß erst fähig geworden, Farben zu ent=
binden. Sie, wie der nur halbgesichtige Engländer aus
dem Weißen allein, dem Lichte, zu entwickeln, bloß um
bequemer, aber auch einfältiger rechnen zu können,
dazu rechnete Goethe zu ehrlich, zu tief auch mit der
Finsternis, dem Schwarz. Spiegelt sich hierin nicht sym=
bolisch unser politischer Konflikt mit einem Volke, das
aufgeklärtestes Licht heuchelt, indem es aber inwendig
die bunt getigerte Tücke der ganzen Finsternis verbirgt,
während der echt aufgeklärte Deutsche Goethe frei und

offen außer Weiß auch Schwarz bekennt und die Iris des Friedens dazwischen farbig entbrennen läßt, welche im Purpur ihre feierlichste Vermählung hält?

Zu verkennen, daß es ein echtes treues Schwarz gibt, sich anzustellen, wie wenn es lauter Licht gäbe, während man sogar das schwärzliche Indigo ⟨!⟩ in diesem scheinbar lauteren Lichte verbirgt und, wann man will, berechnet hervorbrechen läßt — ist das nicht englisch? — Und ist es nicht kerndeutsch und Goethisch, daß Meister Schwarz das Pulver erfunden hat: und daß, genau so wenig wie Grau, sich Farbe bloß aus Weiß, sondern bloß aus der Vermischung von Schwarz mit Weiß gewinnen läßt, deren innigstes Kind gerade Rot ist? — Wenn Deutschland alle Welt versöhnen, vermählen will, will England, um selber zu herrschen, überall entzweien; so wie Newton lieber das Licht in sich selbst entzweit, statt es mit der lichtlosen Finsternis nicht bloß gräulich, sondern farbenfroh zu vermählen:

„Entzwei und herrsche!
Tüchtig Wort.
Verein und leite —
Bess'rer Hort!"   ⟨Goethe.⟩

England hat ausgespielt, auch in der Farbenlehre. Deutsche Farbenlehrer! Beginnt endlich einzusehen, daß Ihr von England mit schlauen Rechenkünsten um die halbe Wahrheit der Farbe betrogen werdet, und daß erst Goethe Euch die ganze gewährt. Und Goethe, der zuletzt lacht, wird Euch auch dazu verhelfen, die besseren Mathematiker zu werden, weil er wie Kant den Mut hat, offen und unverheuchelt mit der negativen Größe, mit dem ungeschminkten Minus und Schwarz der Finsternis zu rechnen, wie Dr. Luther mit dem Teufel. Dieses englische Licht ist nur eine andere Finsternis, und Deutschland kann von Goethe lernen, wie sich

„Licht und Schatten
Zu echter Klarheit gatten."
Schwarz=Weiß=Rot: — Mutter, Vater, Kind. In die=
sem Rot sind alle Farben zusammen, es ist die Ver=
schmelzung von Orange, also gesteigertem Gelb, mit
Violett, gesteigertem Blau, während Blau und Gelb
sich im Grün vermischen, dieser hoffnungsreichen Wurzel
der Krone Rot. Welches „Wunder von Sinn im Zu=
fall", daß Deutschlands Fahnenfarben das wahre Em=
blem der Goethischen Lehre bilden! Goethe stellte den
Gegensatz offen dar, den es zu versöhnen gilt, und er
versöhnt ihn hochrot hochzeitlich. Der schlaue Englän=
der verhehlt den Gegensatz, hüllt ihn in Unschuldsweiß
und sucht ihn mit einer erflunkert friedliebenden Ein=
heit zu bezwingen, die, zur Unfruchtbarkeit verurteilt,
kriegerische Mißgeburten aushedkt. Im Zeichen Goethes,
Schwarz=Weiß=Rot, soll Deutschland auch wissenschaft=
lich siegen! Das trübselige Schicksalsgrau zwischen Licht
und Finsternis zerreißt, und das elend vom Engländer
gequälte Paar erglüht in der Freudenröte seiner inni=
geren Vereinigung:

„Nun lacht die Welt,
Der grause Vorhang riß,
Die Hochzeit kam
Für Licht und Finsternis."

GOETHE SPRICHT IN DEN PHONOGRAPHEN

EINE LIEBESGESCHICHTE

„ES ist doch schade", sagte Anna Pomke, ein zaghaftes Bürgermädchen, „daß der Phonograph nicht schon um 1800 erfunden worden war!"
„Warum?" fragte Professor Abnossah Pschorr. „Es ist schade, liebe Pomke, daß ihn nicht bereits Eva dem Adam als Mitgift in die wilde Ehe brachte; es ist Manches schade, liebe Pomke."

„Ach, Herr Professor, ich hätte wenigstens so gern Goethes Stimme noch gehört! Er soll ein so schönes Organ gehabt haben, und was er sagte, war so gehaltvoll. Ach, hätte er doch in einen Phonographen sprechen können! Ach! Ach!"

Die Pomke hatte sich längst verabschiedet, aber Abnossah, der eine Schwäche für ihre piepsige Molligkeit hatte, hörte noch immer ihr Ächzen. Professor Pschorr, der Erfinder des Ferntasters, versank in sein habituelles erfinderisches Nachdenken. Sollte es nicht noch jetzt nachträglich gelingen können, diesem Goethe ⟨Abnossah war lächerlich eifersüchtig⟩ den Klang seiner Stimme abzulisten? Immer, wenn Goethe sprach, brachte seine Stimme genau so regelrecht Schwingungen hervor, wie etwa die sanfte Stimme deiner Frau, lieber Leser. Diese Schwingungen stoßen auf Widerstände und werden reflektiert, so daß es ein Hin und Her gibt,

9

welches im Laufe der Zeit zwar schwächer werden, aber nicht eigentlich aufhören kann. Diese von Goethes Stimme erregten Schwingungen dauern also jetzt noch fort, und man braucht nur einen geeigneten Empfangs=apparat, um sie aufzunehmen, und ein Mikrophon zur Verstärkung ihrer inzwischen schwach gewordenen Klangwirkungen, um noch heutzutage Goethes Stimme lautwerden zu lassen. Das Schwierige war die Kon=struktion des Empfangsapparats. Wie konnte dieser speziell auf die Schwingungen der Goetheschen Stimme berechnet werden, ohne daß Goethe leibhaftig hinein=sprach? Fabelhafte Geschichte! Dazu müßte man eigent=lich, fand Abnossah, den Bau der Goetheschen Kehle genau studieren. Er sah sich Bilder und Büsten Goethes an, aber diese gaben ihm nur sehr vage Vorstellungen. Schon wollte er das Ding aufgeben, als er sich plötz=lich darauf besann, daß ja Goethe selbst, wenn auch in Leichenform, noch existierte. Sofort machte er eine Eingabe nach Weimar, man möge ihm die Besichtigung des Goetheschen Leichnams, zum Zwecke gewisser Ab=messungen, auf kurze Zeit gestatten. Er wurde aber mit dieser Eingabe abschlägig beschieden. Was nun? –

Abnossah Pschorr begab sich, ausgerüstet mit einem Köfferchen voll feinster Abmessungs= und Einbruchs=instrumente, nach dem lieben alten Weimar; nebenbei gesagt, saß dort im Wartesaal erster Klasse die stadt=bekannte Schwester des weltbekannten Bruders im an=mutigen Gespräch mit einer alten Durchlaucht von Ru=dolstadt; Abnossah hörte gerade die Worte: „Unser Fritz hatte stets eine militärische Haltung, und doch war er sanft, er war mit andern von echt christlicher Sanftmut — wie würde er sich über diesen Krieg ge=freut haben! und über das herrliche, ja heilige Buch von Max Scheler!"

10

Abnossah schlug vor Schrecken längelang hin. Er raffte sich nur mit Mühe wieder auf und nahm Quartier im „Elephanten". In seinem Zimmer prüfte er die Instrumente sorgsam. Dann aber rückte er sich einen Stuhl vor den Spiegel und probierte nichts geringeres an als eine überraschend portraitähnliche Maske des alten Goethe, er band sie sich vors Antlitz und sprach hindurch:

„Du weißt, daß ich ganz sicher ein Genie,
Am Ende gar der Goethe selber bin!
Platz da, Sie Tausendsapperloter! Oder ich rufe Schillern und Karl Augusten, meinen Fürsten, zu Hülfe, er Tölpel, er Substitut!"

Diesen Spruch übte er sich ein, er sprach ihn mit sonorer, tiefer Stimme.

Zur späten Nachtzeit begab er sich an die Fürstengruft. Moderne Einbrecher, die ich mir alle zu Lesern wünsche, werden über die übrigen Leser lächeln, die einen Einbruch in die wohlbewachte Weimarer Fürstengruft für unmöglich halten. Sie mögen aber bedenken, daß ein Professor Pschorr, als Einbrecher, kolossale Vorteile vor noch so geschickten Einbrechern von Fach voraus hat! Pschorr ist nicht nur der geschickteste Ingenieur, er ist auch Psychophysiolog, Hypnotiseur, Psychiater, Psychoanalytiker. Es ist überhaupt schade, daß es so wenige gebildete Verbrecher gibt: wenn nämlich dann alle Verbrechen gelängen, so würden sie endlich zur Natur der Dinge gehören und so wenig bestraft werden wie Naturereignisse: Wer stellt den Blitz zur Rede, daß er den Kassenschrank des Herrn Meier schmelzt? Einbrecher wie Pschorr sind mehr als Blitze, denn gegen sie hilft kein Ablenker.

Pschorr konnte ein Grausen hervorrufen und die vor Entsetzen fast Erstarrten obendrein durch Hypnose an

die Stelle bannen, und das in einem einzigen Augen=
blick. Denken Sie sich, Sie bewachten um Mitternacht
die Fürstengruft: auf einmal steht Ihnen der alte Goethe
gegenüber und bannt Sie fest, daß nichts mehr an Ihnen
lebt als der Kopf. In solche Köpfe auf scheintoten Rümpfen
verwandelte Pschorr die ganze Bewachungsgilde. Bis der
Krampf sich löste, blieben ihm gut und gern etwa zwei
Stunden, und diese nutzte er kräftig aus. Er ging in die
Gruft, ließ einen Scheinwerfer aufzucken und fand auch
bald den Sarg Goethes heraus. Nach kurzer Arbeit war
er mit der Leiche bereits vertraut. Pietät ist gut für Leute,
die sonst keine Sorgen haben. Daß Pschorr zweckgemäß
am Kadaver Goethes herumhantierte, darf ihm nicht ver=
argt werden; er nahm auch einige Wachsabdrücke, im
übrigen hatte er vorgesorgt, daß er Alles und Jedes wieder
in die vorige Ordnung brachte. Überhaupt sind gebildete
Amateur=Verbrecher zwar radikaler als die Fachleute,
aber grade diese Radikalität des exakten Gelingens gibt
ihren Verbrechen den ästhetischen Liebreiz der Mathe=
matik und restlos aufgelöster Rechenexempel.

Als Pschorr sich wieder ins Freie begab, legte er noch
einige Eleganz in diese Präzision, indem er absichtlich
einen Posten wieder vom Bann befreite und ihn dann,
wie oben, ins Gebet nahm. Dann riß er sich draußen
sofort die Maske vom Antlitz und ging in langsamstem
Tempo zum „Elephanten". Er freute sich, er hatte, was
er gewollt hatte. Gleich am andern Morgen reiste er
zurück.

Nun begann für ihn die regste Arbeitszeit. Sie wissen,
man kann nach einem Skelett den fleischernen Leib re=
konstruieren, jedenfalls konnte das Pschorr. Die genaue
Nachbildung der Goetheschen Luftwege bis zu Stimm=
bändern und Lungen hatte für ihn jetzt keine unüber=
windbaren Schwierigkeiten mehr. Die Klangfärbung und

Stärke der Töne, die von diesen Organen hervorgebracht wurden, war auf das leichteste festzustellen – brauchte man doch nur den Luftstrom, der Goethes nachgemessenen Lungen entsprach, hindurchstreichen zu lassen. Es dauerte nicht lange, und Goethe sprach, wie er zu seinen Lebzeiten gesprochen haben mußte.

Allein es handelte sich darum, daß er nicht nur die eigne Stimme, sondern auch die Worte wiederholte, die er mit dieser Stimme vor hundert Jahren wirklich gesprochen hatte. Dazu war es nötig, in einem Raum, in dem solche Worte oft erschollen waren, Goethes Attrappe aufzustellen.

Abnossah ließ die Pomke bitten. Sie kam und lachte ihn reizend an.

„Wollen Sie ihn sprechen hören?"

„Wen?" fragte Anna Pomke.

„Ihren Goethe."

„Meinen?! Nanu! Professor!"

„Also ja!"

Abnossah kurbelte am Phonographen, und man hörte:

„Freunde, flieht die dunkle Kammer . . ." usw.

Die Pomke war eigentümlich erschüttert.

„Ja," sagte sie hastig, „genau so habe ich mir das Organ gedacht, es ist ja bezaubernd!"

„Freilich," rief Pschorr. „Ich will Sie aber nicht betrügen, meine Beste! Wohl ist es Goethe, seine Stimme, seine Worte. Aber noch nicht die wirkliche Wiederholung wirklich von ihm gesprochener Worte. Was Sie eben hörten, ist die Wiederholung einer Möglichkeit, noch keiner Wirklichkeit. Mir liegt aber daran, Ihren Wunsch genau zu erfüllen, und darum schlage ich Ihnen eine gemeinsame Reise nach Weimar vor."

Im Wartesaal des Weimarer Bahnhofs saß wieder zu=

fällig die stadtbekannte Schwester des weltbekannten Bruders und flüsterte einer älteren Dame zu:

„Es liegt da noch etwas Allerletztes von meinem seligen Bruder, aber das soll erst im Jahre 2000 heraus. Die Welt ist noch nicht reif genug. Mein Bruder hatte von seinen Vorfahren her die fromme Ehrfurcht im Blute. Die Welt ist aber frivol und würde zwischen einem Satyr und diesem Heiligen keinen Unterschied machen. Die kleinen italienischen Leute sahen den Heiligen in ihm."

Pomke wäre umgefallen, wenn Pschorr sie nicht aufgefangen hätte, er wurde dabei merkwürdig rot, und sie lächelte ihn reizend an. Man fuhr sofort nach dem Goethehaus. Hofrat Professor Böffel machte die Honneurs. Pschorr brachte sein Anliegen vor. Böffel wurde stutzig:

„Sie haben Goethes Kehlkopf als Attrappe, als mechanischen Apparat mitgebracht? Verstehe ich Sie recht?" ~

„Und ich suche um die Erlaubnis nach, ihn im Arbeitszimmer Goethes aufstellen zu dürfen." ~

„Ja, gern. Aber zu was Ende? Was wollen Sie? Was soll das bedeuten? Die Zeitungen sind grade von etwas Sonderbarem so voll, man weiß nicht, was man davon halten soll. Die Posten der Fürstengruft wollen den alten Goethe gesehen haben, und einen habe er sogar angedonnert! Die Andern waren von der Erscheinung so benommen, daß man sie ärztlich behandeln lassen mußte. Der Großherzog hat sich den Fall vortragen lassen."

Anna Pomke blickte prüfend auf Pschorr. Abnossah aber fragte verwundert:

„Was hat das aber mit meinem Anliegen zu tun? Es ist ja allerdings kurios ~ vielleicht hat sich ein Schauspieler einen Scherz erlaubt?"

„Ah! Sie haben recht, man sollte einmal in dieser Richtung nachspüren. Ich mußte nur unwillkürlich . . . . Aber wie können Sie Goethes Kehlkopf imitieren, da Sie ihn doch unmöglich nach der Natur modellieren konnten?"

„Am liebsten würde ich das getan haben, aber leider hat man mir die Erlaubnis versagt."

„Sie würde Ihnen auch wenig genutzt haben, vermute ich."

„Wieso?"

„Meines Wissens ist Goethe tot."

„Bitte, das Skelett, besonders des Schädels würde genügen, um das Modell präzis zu konstruieren; wenigstens mir genügen."

„Man kennt Ihre Virtuosität, Professor. Was wollen Sie mit dem Kehlkopf, wenn ich fragen darf?"

„Ich will den Stimmklang des Goetheschen Organs täuschend naturgetreu reproduzieren."

„Und Sie haben das Modell?" –

„Hier!"

Abnossah ließ ein Etui aufspringen. Böffel schrie sonderbar. Die Pomke lächelte stolz.

„Aber Sie können doch", rief Böffel, „diesen Kehlkopf gar nicht nach dem Skelett gemacht haben!?"

„So gut wie! Nämlich nach gewissen genau lebensgroßen und =echten Büsten und Bildern; ich bin in diesen Dingen sehr geschickt."

„Man weiß es! Aber was wollen Sie mit diesem Modell in Goethes ehemaligem Arbeitszimmer?"

„Er mag da manches Interessante laut ausgesprochen haben; und da die Tonschwingungen seiner Worte, wenn auch natürlich ungemein abgeschwächt, dort noch vibrieren müssen,"

„Sie meinen?"

„Es ist keine Meinung, es ist so!"

„Ja?"

„Ja!"

„So wollen Sie?"

„So will ich diese Schwingungen durch den Kehl=
kopf hindurchsaugen."

„Was?"

„Was ich Ihnen sagte."

„Tolle Idee — Verzeihung! aber ich kann das kaum
ernst nehmen."

„Desto dringender bestehe ich darauf, daß Sie mir
Gelegenheit geben, Sie zu überzeugen, daß es mir
ernst damit ist. Ich begreife Ihren Widerstand nicht,
ich richte doch mit diesem harmlosen Apparate keinen
Schaden an!"

„Das nicht. Ich widerstrebe ja auch gar nicht, ich
bin aber doch von Amts wegen verpflichtet, gewisse
Fragen zu stellen. Ich hoffe, Sie verargen mir das
nicht?"

„Gott bewahre!"

Im Arbeitszimmer Goethes entwickelte sich jetzt, im
Beisein Anna Pomkes, Professor Böffels, einiger neu=
gieriger Assistenten und Diener, die folgende Szene.

Pschorr stellte sein Modell so auf ein Stativ, daß
der Mund, wie er sich vergewisserte, dort angebracht
war, wo der Lebende sich einst befunden hatte, wenn
Goethe saß. Nun zog Pschorr eine Art Gummiluft=
kissen aus der Tasche und verschloß mit dessen einem
offenstehenden Zipfel Nase und Mund des Modells.
Er öffnete das Kissen und breitete es wie eine Decke
über die Platte eines kleinen Tisches, den er heran=
schob. Auf diese Art Decke stellte er einen allerliebsten
Miniaturphonographen mit Mikrophonvorrichtung, den
er seinem mitgebrachten Köfferchen entnahm. Um den
Phonographen herum wickelte er nun sorgfältig die
Decke, schloß sie wieder in Form eines Zipfels mit win=
ziger Öffnung, schraubte in den offenen freien Zipfel,

dem Munde gegenüber, eine Art Blasbalg, der aber, wie er erklärte, die Luft des Zimmers nicht in die Mundhöhle hineinblies, sondern aus ihr heraussaugte.

Wenn ich, dozierte Pschorr, den Nasenrachenraum des Modells jetzt gleichsam ausatmen lasse, wie beim Sprechen, so funktioniert dieser speziell Goethesche Kehlkopf als eine Art Sieb, welches bloß die Tonschwingungen der Goetheschen Stimme hindurchläßt, wenn welche vorhanden sind; und es sind gewiß welche vorhanden. Sollten sie schwach sein, so ist eben der Apparat mit Verstärkungsvorrichtungen versehen.

Man hörte im Gummikissen das Surren des aufnehmenden Phonographen. Ja, man konnte sich des Grausens nicht erwehren, als man innen undeutlich eine leiseste Flüstersprache zu vernehmen glaubte. Die Pomke sagte:

„Ach bitte!" und legte ihr feines Ohr an die Gummihaut. Sie fuhr sofort zusammen, denn innen rauschte es heiser:

„Wie gesagt, mein lieber Eckermann, dieser Newton war blind mit seinen sehenden Augen. Wie sehr gewahren wir das, mein Lieber, an gar manchem so offen Scheinenden! Daher bedarf insonders der Sinn des Auges der Kritik unsres Urteils. Wo diese fehlt, dort fehlt eigentlich auch aller Sinn. Aber die Welt spottet des Urteils, sie spottet der Vernunft. Was sie ernstlich will, ist kritiklose Sensation. Ich habe das so oft schmerzlich erfahren, werde aber nicht müde werden, aller Welt zu widersprechen und nach meiner Art gegen Newton Farbe zu bekennen."

Das hörte die Pomke mit frohem Entsetzen. Sie zitterte und sagte:

„Göttlich! Göttlich! Professor, ich verdanke Ihnen den schönsten Augenblick meines Lebens."

„Haben Sie etwas hören können?"
„Gewiß! Leise, aber so deutlich!"
Pschorr nickte zufrieden. Er blasbalgte noch eine Weile und meinte dann:
Vorläufig dürfte das genügen.
Bis auf den Phonographen verpackte er alle Utensilien wieder in seinem Köfferchen. Alle Anwesenden waren interessiert und erschrocken. Böffel fragte:
„Sie glauben wirklich, Professor, einstmals hier gesprochene Worte Goethes reell wieder aufgefangen zu haben? ein echtes Echo aus Goethes eigenem Munde?" —
„Ich glaube es nicht nur, sondern bin dessen gewiß. Ich werde jetzt den Phonographen mit Mikrophon repetieren lassen und sage Ihnen voraus, Sie werden mir recht geben müssen."
Das bekannte heisere Zischen, Räuspern und Quetschen. Dann ertönte eine besondre Stimme, bei deren Klang alle Anwesenden, Abnossah selber, elektrisiert zusammenzuckten. Man hörte die soeben zitierten Worte. Sodann ging es weiter:
„Ei wohl! Er, Newton, er hat es gesehen. Hat er? Das kontinuierliche Farbenspektrum? Ich aber, mein Bester, ich wiederhole es, er hat sich getäuscht: er hat einer optischen Täuschung beigewohnt und selbige kritiklos hingenommen, froh darüber, nur sogleich zählen und messen und klügeln zu können. Zum Teufel mit seinem Monismus, seiner Kontinuierlichkeit, da doch ein Farben=Gegensatz den Schein dieser erst möglich macht! Eckermännchen! Eckermännlein! Bleiben Sie mir ja im Sattel! Das Weiße — weder gibt es Farbe her, noch ist aus Farben jemals Weißes zu gewinnen. Sondern es muß sich, durch ein Mittel, mit Schwarz mechanisch verbinden, um Grau; und chemisch vermählen, um das bunte Grau der Farben erzeugen

18

zu können. Und nicht Weißes erhalten Sie, wenn Sie die Farbe neutralisieren. Sondern Sie stellen dann den ursprünglichen Kontrast wieder her, also Schwarz gegen Weiß: wovon man nun freilich nur das Weiße blendend klar sieht. Ich, Lieber, sehe die Finsternis ebenso klar, und hat Newton allein ins Weiße, so habe ich, mein gar Wertester, zudem noch ins Schwarze getroffen. Ich dächte doch, das sollte der weiland Bogenschütz in Ihnen baß bewundern! So und nicht anders ist und sei es! Und die fernere Enkel= — bedenkt man die absurde Welt, wohl gar allzu ferne Urenkelschaft wird über Newton von mir lachen lernen!"

Böffel hatte sich gesetzt, alles jubelte durcheinander. Die Diener trampelten vor Vergnügen, wie die Studenten in des ungeheuer umwälzenden, hochherrlichen Reuckens, des bieder=dämonischen Greises, flammenden Vorlesungen. Aber Abnossah sagte streng:

„Meine Herrschaften! Sie unterbrechen Goethes Rede! Er hat noch etwas zu sagen!"

Stille trat wieder ein, man hörte:

„Nein und aber nein, mein Teuerster! Gewiß hätten Sie gekonnt, wofern Sie nur gewollt hätten! Der Wille, der Wille ist es, der bei diesen Newtonianern schlecht ist. Und ein schlechtes Wollen ist ein verderbliches Kön= nen, ein tätiges Unvermögen, wovor es mich schaudert, da ich es doch allenthalben über und über gewahr werde und daran gewöhnt sein sollte. Der Wille, mein Guter, der Sie harmlos genug darüber gesonnen sein mögen, ist der wahrhafte Urheber aller großen und kleinen Dinge, und nicht das göttliche Können, sondern das Wollen ist es, das göttliche Wollen, an dem der Mensch zuschanden wird und alle seine Unzulänglichkeit daran erweist. Würden sie göttlich wollen, so wäre das Kön=

nen notwendig und nicht nur leicht, und gar manches, mein Lieber, wäre alltägliche Erfahrung, was jetzt nicht einmal ahnungsweise sich hervorwagen dürfte, ohne angefeindet oder verspottet zu werden.

Da war der junge Schopenhauer, ein das Höchste versprechender Jüngling, voll vom herrlichsten Wollen, aber dieses durchaus angekränkelt vom Wurmfraß des Zuviels, der eignen Ungenügsamkeit. Wie, in der Farbenlehre, ihn die reine Sonne verblendete, daß er die Nacht als keine andre Sonne, sondern als null und nichts dagegen gelten und wirken ließ, so bestach ihn im Ganzen des Lebens dessen ungetrübter Glanz, gegen dessen reines Strahlen ihm das Menschenleben gar nichts und verwerflich schien. Ersehen Sie, mein Bester! daß der reinste, ja, der göttlichste Wille Gefahr läuft, zu scheitern, wenn er unbedingt starr sich durchzusetzen begierig ist: wenn er auf die Bedingungen, als auf ebenso viele mit Notwendigkeit gesetzte Mittel seines Könnens, nicht klüglich und geschmeidig einzugehen, sich bequemt! Ja, der Wille ist ein Magier! Was vermöchte er nicht! Aber der menschliche Wille ist gar kein Wille, er ist ein schlechter Wille, und das ist der ganze Jammer. Ha! haha! hehe! hi!" Goethe lachte sehr mysteriös und fuhr fast flüsternd fort: „Ich könnte sehr wohl, mein Köstlicher! Ihnen noch etwas anvertrauen, etwas verraten. Sie werden es für ein Märchen halten, mir selbst aber ist es zur vollen Klarheit aufgegangen. Der eigne Wille kann das Schicksal übermeistern, er kann es zwingen, daß es ihm diene, wenn er — nun horchen Sie wohl auf! — die göttlich ungemeine, wenn er die schöpferische Absicht und Anstrengung, welche in ihm ruht und angespannt ist, keineswegs wähnte, auch noch überdies in angestrengtester Absichtlichkeit äußern und durch die angestraffteste Muskulatur nach außen hin wirksam sein lassen zu sollen. Sehen Sie die Erde, wie sie es drehend treibt! Welcher irdische Fleiß! Welches unaufhörlich bewegte Treiben! Aber wohlan, mein Eckermännlein! dieser Fleiß ist nur irdisch, dieses Treiben nur mechanisch fatal — hingegen der magische Sonnen=Wille göttlich ruhend in sich selber schwingt, und durch diese so höchst ungemeine Selbstgenugsamkeit jenen Elektromagnetismus entwickelt, welcher das ganze Heer der Planeten, Monde und Kometen in dienendster Unterwürfigkeit wimmelnd zu seinen Füßen erniedrigt. Mein Lieber, wer es verstände, es erlebte, im allerdurchlauchtesten Geistessinne dieser hehre Täter zu sein! — — — Allein, genug und abermals genug. Ich bin es gewohnt gewesen, wo ich andre und oft sogar Schillern frei schwärmen sah, mir Gewalt anzutun, jener so göttlichen Aktivität zu Liebe, von der man nur schweigen sollte, weil alles Reden hier nicht nur unnütz und überflüssig wäre, sondern, indem es ein albern gemeines Verständnis, wo nicht gar das entschiedenste Mißverständnis erregte, sogar schädlich und hinderlich werden müßte. Denken Sie des, Trauter, und hegen es in Ihrem Herzen, ohne daß Sie es zu enträtseln trachteten! Vertraun Sie, daß es sich Ihnen einst von selber enträtseln werde, und gehen heut Abend mit Wölfchen, den es schon gelüstet, ins Schauspiel, da Sie denn mit Kotzebue gelinde verfahren mögen, wiewohl es uns widert!"

„O Gott", sagte die Pomke, während die andern begeistert auf Abnossah eindrangen, „o Gott! Ach dürfte ich endlos zuhören! Wieviel hat uns dieser Eckermann unterschlagen!"

Aus dem Apparat kam, nach geraumer Weile, ein Schnarchen, dann gar nichts mehr. Abnossah sagte:

„Meine Herrschaften, Goethe schläft hörbar. Wir hätten vor einigen Stunden, wo nicht gar einem Tage,

nichts mehr zu erwarten. Längeres Verweilen ist nutzlos. Der Apparat richtet sich, wie Ihnen einleuch=
ten muß, so genau nach der Wirklichkeit des Zeitab=
laufs, daß wir, an dieser Stelle, günstigsten Falls, erst wieder etwas hörten, falls Eckermann am selben Abend nach dem Theater nochmals bei Goethe erschienen wäre. Ich habe keine Zeit mehr, das abzuwarten."

„Wie kommt es," fragte Böffel, ein wenig skeptisch, „daß wir gerade diese Aussprache mit anhören konnten?"

„Das ist ein Zufall," erwiderte Pschorr. „Die Be=
dingungen, vor allem die Struktur des Apparats und sein Standort, waren zufällig so getroffen, daß ⟨wie aus=
gerechnet⟩ grade diese und keine andern Tonschwingungen wirksam werden konnten. Allenfalls habe ich respek=
tiert, daß Goethe saß, und den Platz des Sessels."

„Ach bitte, bitte! Abnossah!" ⟨Die Pomke war wie im Rausch, fast mänadisch, sie nannte ihn beim Vor=
namen, was noch nie geschehen war.⟩ „Versuchen Sie's doch noch an einer andern Stelle! Ich kann nicht genug hören — und wenn's auch nur das Schnarchen wäre!"

Abnossah ließ den Apparat verschwinden und schnallte den Koffer zu. Er war sehr blaß geworden:

„Meine liebe Anna — meine Gnädigste," verbesserte er sich: „— ein andermal!" ⟨Die Eifersucht auf den alten Goethe zerwühlte ihm das Eingeweide⟩.

„Wie wäre es," fragte Böffel, „mit Schillers Schädel? Das würde ja den Streit entscheiden, ob man den echten hätte."

„Gewiß", sagte Abnossah, „denn wenn man Schillern sagen hörte: ‚Wie wärsch mit e Scheelchen Heeßen?' — so wäre es nicht Schillers Schädel. — Ich überlege mir, ob sich die Erfindung nicht raffinieren ließe? Vielleicht stelle ich einen Durchschnittskehlkopf her, an dem man schrauben kann, wie an einem Operngucker, um ihn

22

an alle irgend möglichen Schwingungsarten zu akkom=
modieren. Man könnte dann die Antike und das
Mittelalter wieder sprechen hören, die richtige Aus=
sprache der alten Idiome feststellen. Und die verehr=
ten Zeitgenossen, die unanständige Dinge laut sagten,
wären der Polizei auszuliefern."
Abnossah bot der Pomke seinen Arm, und sie gingen
wieder nach dem Bahnhof. Behutsam traten sie in
den Wartesaal, aber die Stadtbekannte hatte sich schon
entfernt. Abnossah sagte:
„Wenn sie mir den Kehlkopf des berühmten Bru=
ders auslieferte? Aber sie wird es nicht tun, sie wird
einwenden, das Volk sei noch nicht reif, und die In=
telligenz habe nicht die Ehrfurcht des Volkes, und so
ist nichts zu machen, Geliebte! Geliebte! Denn ⟨oh!⟩
das! Das sind! Das bist du! Du!"
Aber die Pomke hatte gar nicht hingehört. Sie schien
zu träumen.
„Wie er die R's betont!" hauchte sie beklommen.
Abnossah schneuzte sich wütend die Nase, Anna
fuhr auf, sie fragte zerstreut:
„Sie sagten etwas, lieber Pschorr? Und ich vergesse
den Meister über sein Werk! Aber mir versinkt die
Welt, wenn ich Goethes eigne Stimme höre!"
Sie stiegen zur Rückfahrt in den Bahnwagen. Die
Pomke sprach nichts, Abnossah brütete stumm. Hinter
Halle a. S. schmiß er das Köfferchen mit dem Kehl=
kopf Goethes aus dem Fenster vor die Räder eines
aus entgegengesetzter Richtung heranbrausenden Zuges.
Die Pomke schrie laut auf:
„Was haben Sie getan?"
„Geliebt," seufzte Pschorr, „und bald auch gelebet —
und meinen siegreichen Nebenbuhler, Goethes Kehl=
kopf, zu Schanden gemacht."

Blutrot wurde da die Pomke und warf sich lachend und heftig in die sich fest um sie schlingenden Arme Abnossahs. In diesem Moment erschien der Schaffner und forderte die Fahrkarten.

„Gott! Nossah!" murmelte die Pomke, „du mußt, du mußt mir einen neuen Kehlkopf Goethes verschaffen, du mußt — sonst —"

„Kein Sonst! Après les noces, meine Taube!"

* * *

Prof. Dr. Abnossah Pschorr
Anna Pschorr geb. Pomke
Vermählte
z. Zt. Weimar im „Elephanten".

DAS WUNDER=EI

DENKEN sich mal! Also denken Sie sich mal ein riesengroßes, ein Ei so groß wie etwa der Petersdom, der Kölner und Notre Dame zusammengenommen. Also denken Sie sich mal: Ich, nicht faul, geh durch die Wüste, und mitten in der Wüste ⟨Durst, Kamel, weißes Gebein in braungelbem Sand, eine Messerspitz' El-se-las-Kersch-ül-er, Karawane, Oase, Schakal, Zisterne, Wüstenkönig — pschüh!!⟩ ragt und wölbt sich das herrliche Riesen=Ei. Denken sich mal die Sonne ein Funkeln prall 'runterduschend, daß das Licht vom Ei nur so abspritzt. Mein erster Gedanke war: Fata ⟨Fee⟩ Morgana. Nix zu machen! Ich tippe dran. Das Ei verrät sich dem Tast= und Temperaturgefühl. Ich frage 'rein: „Ist da jemand drin?" Keine Antwort! Jeder andre wäre vorbeigegangen, es wäre ihm nicht geheuer gewesen, oder was weiß ich. In solchen Fällen pflege ich aber nicht eher zu ruhen, als bis ich genau weiß, woran ich bin. Ich geh also um das Ei 'rum — und richtig, in Manneshöhe entdeck' ich einen dunkelgrünen Knopf, so groß wie eine Walnuß. Ich drücke. Das Ei sinkt Ihnen mächtig in den Boden, bloß die Spitze guckt noch aus dem Wüstensand 'raus. Denken Sie mal, wie das auf mich wirken mußte. Auf der Spitze war aber ein ebensolcher Druckknopf. Ich drücke — der Donner! Es gibt mir einen Schlag: das Ei war plötzlich, aber doch sanft, wieder hochgeglitten. Denken

25

Sie mal, daß ich mitten in der Wüste dieses Spiel gegen hundertmal wiederholte. Denken Sie mal! Ich freute mich wie ein Kind. Schließlich wurde ich aber allmählich auf den tiefern Sinn dieses kindischen Spiels neugierig. Untersuche also nochmals das Ei und finde endlich nach langem Bemühen eine ganz feine Fuge, die vertikal durch das ganze Ei zu gehen scheint. Ich sehe mir den Druckknopf an, ich fasse ihn an, ohne zu drücken, unversehens drehe ich dran — da legst di nieder: Das Ei legt sich auf die Seite, die Spitze, auf der es stand, kehrt sich mir aus der Erde wie die einladendste Pforte zu, ein jaspisgelber Eidotter glänzt mich verheißend an. Denken Sie mal, da verschönte, wie man sagt, ein Lächeln meine häßlichen Züge. Auf dem Eidotter las ich folgende Inschrift:

„Wüstenwanderer,
der zum erstenmal das
Ei der Eier
erblickt und sich ⟨denken Sie mal!⟩ kindlich daran ergötzt hat,
wisse:
daß dieses Ei allein die Wüste zum Eden umschaffen kann. Eia!
Löse mir nun dieses Eies Geheimnis!"

Verfluchter Leser, haben Sie die Fuge vergessen? Diese Fuge ging nun auch vertikal über die bauchige Eidotterpforte. Aber kein Knopf war dran. Ich klopfe an, es klingt, wie wenn Sie sich bei geschlossenen Ohren mit der Fingerspitze auf den Deetz hacken. Ich seh' mir nochmals ganz genau die kreisrunde Grenze an zwischen Dotter und Schale, und denken Sie mal, rechts von der Spalte, der Fuge, ist eine vielleicht fingergroße Öffnung, ich stecke auch vorsichtig den Finger hinein.

Aber denken Sie mal, ich kriege ihn nicht wieder 'raus. Was würden Sie nun getan haben? Zur nächsten Polizei gehen? Ha, Europa bleibt hier hübsch draußen! Außerdem läßt kein Ehrenmann so leicht seinen Finger im Stich. Da ich den Finger nicht wieder 'rauskriegte, drückte ich mit der ganzen Gewalt meiner Hand noch fester nach — und richtig, der Dotter rechts ließ sich 'raufrollen, ich bekam den Finger frei und sah in das Ei hinein. Da ich aber nichts Genaues unterschied, gab ich dieser rechten Eidotterhälfte einen kräftigen Schubs nach oben und stieg (denken Sie mal) in das Ei hinein. Ich hatte das Gefühl, als ginge ich auf gelbem Schnee. Nachdem sich meine Augen an die milde Dämmerung gewöhnt hatten, seh' ich auf einmal sich eine breite schöne Treppe mit flachen Alabasterstufen vor mir erheben. Steige nun hoch auf ein Aussichts=Plateau und staune das Ei=Innere an. Hüben liegt die Pforte, drüben die Gipfelspitze, unter mir gelber Schnee, über mir gleißt durch die Fuge die obige Wüstensonne. Denken Sie mal an meine Situation! Immerhin entdecke ich im ganzen weiter nichts Merkwürdiges, es sei denn die Spitze, wo irgendetwas zu lauern schien. Vom Plateau aus führte dorthin eine entgegengesetzte Treppe, die ich dann auch betrat, und die abwärts bis zur Spitze ging. Und diese ewige Eierschalenwölbung! Der ewige gelbe Schnee, oder was es für'n Zeugs war. Wie ich nun endlich an der Spitze stehe, seh' ich im selben Moment die Pforte gegenüber zurollen, denken Sie nur mal an. Ich schreie. Ich kann Ihnen nur den guten Rat geben: schreien Sie nie in einem Ei! Das gibt so'n herumrollendes Getöse, daß Ihnen schlimm wird.

Aber nicht nur die Pforte rollt zu, sondern ich merke, das Ei geht Ihnen wieder hoch, es richtet sich auf, aus der Treppe wird eine steilrechte Leiter, auf deren ober=

ster Sprosse ich stehe. Und plötzlich, denken Sie mal, fühl' ich das Wüsten=Ei wieder tief in die Erde sausen. Trotzdem blieb es schön dämmerig, denn seh'n Sie mal: die Eierschale phosphoreszierte nur so drauf los. Und nun endlich geschah das Seltsamste: Das Ei sprach mit mir, das heißt: es phosphoreszierte mich immerfort so artikuliert an, daß ich unwillkürlich verstehen mußte. Denken Sie mal, das Ei behauptete, die Wiedergesun= dung der ganzen Wüste hinge von seiner Vernichtung ab. Ein scherzhaftes Ei! Ich lächelte nicht wenig. Da wetterleuchtete mir das Ei die bekannte These: „Die Wüste wächst!"

Und ob ich nicht bemerkt hätte, daß das Ei steigen und sinken könne? Na ob! Es sagte mir nun, ich solle auf der Leiter zur untern Pforte klettern, sie öffnen und ein kleines, aber widerwärtiges Hindernis dort unten beseitigen, ich würde dann schon weiteres hören (oder vielmehr sehen). Während mein einziger Gedanke war: wie komme ich nur recht rasch aus diesem unheim= lichen Ei? mußte ich jetzt im Gegenteil noch obendrein in der Versenkung unterm Ei verschwinden! Aber freundlich phosphoreszierte das Ei mir zu, getrost hin= unterzusteigen, und wie auf sanften Fittichen fühlte ich mich mehr getragen, als daß ich ging. Die Pforte je= doch ließ sich so leicht nicht öffnen. Bedenken Sie auch nur mal, daß sie einige hundert Meter unter der Erd= oberfläche lag, und daß ich gar nicht wissen konnte, welche Hölle losbrach, wenn ich den Eidotter da unten wieder aufrollte. Als ich zögerte, phosphoreszierte man mir wieder ermutigend zu. Endlich fand ich mit dem Finger wieder die kleine Öffnung und schob das Ding in die Höhe. Kaum klaffte die Öffnung, als aus dieser ein Sturmsausen fuhr, das mich im Moment, so daß ich fast erstickte, hoch gegen die Eispitze schmiß, und, ehe ich noch wußte, was mit mir geschah, klappte diese Spitze nach außen zurück wie ein Deckel, und ich lag im Wüstensand.

Jetzt fort! war mein erster Gedanke — ein Königreich für ein Kamel oder Dromedar! Kein Schiff der Wüste im ganzen Umkreis! Statt dessen — was glauben Sie wohl, wie ich staunte, als ich entdeckte, daß hinter mir aus dem Ei mir jemand nachgekrochen war, eine Art Mumie mit Bändern und Wickeln. Die Dame ⟨oder meinen Sie, daß es ein Herr war?⟩ sagte mir in einer Sprache, die ich seltsamerweise, trotzdem ich sie noch nie vernommen hatte, doch sofort verstand ⟨bilden Sie sich ein, es wäre eine Musik ohne Tonleiter gewesen⟩ folgendes:

„Vorwitziger, einfältiger, furchtsamer, nicht aber anti=
pathischer Menschenkerl! Der Zufall, harmloser Welt=
ling, hat dich geadelt! Bis jetzt lächerlich oberflach das kranke Geheimnis meiner Wüste durchpilgernd, bist du schon, von meinem Hauch berührt, nicht mehr unbe=
deutend genug, meinen Wink mißzuverstehen. Wisse, die Wüste ist dasselbe nur deutlicher, was die Erde ist, leonum arida nutrix, fast unfruchtbar, weil ihr das Ei, das Prinzip der Fruchtbarkeit, aus dem Zentrum ihrer Sphäre gerenkt, an ihrer Oberfläche verdorrt und ausschalt, und ich, die Seele der Seelen, zur Mumie und erst durch dich, erhabener Dummkopf, elektrisiert worden bin. Wie wirst du von deiner eignen Tat jetzt überragt! Vollende sie! Du drückst, wenn ich wieder im Ei bin und die Spitze zuklappt, auf deren Knopf. Im selben Maße, wie dann langsam, langsam, aber un=
fehlbar sicher dieses Ei zur Erdmitte sinkt, wird es kleiner und kleiner, in seiner fruchtbaren Kraft aber konzentrierter, und es entbindet sie, wenn es, in der Mitte angelangt, zur Mitte rein vernichtet und ver=

dichtet ist, strahlend durch und durch nach außen, nach oben, bis in alle Himmel hin. Auch du, mein Guter, erst eben noch ein kleiner Lumpenhund von Unbedeutendheit, wirst es spüren: leben heißt genial sein, göttlich empfinden und wirken! Wohlan!"

... Kennen Sie zufällig den preziösen alten Baron, der bei ähnlichen Gelegenheiten hundertmal hintereinander „Wahnsinn, Wahnsinn!" sagt? Ich ließ also die Mumie ruhig über Eierschalenbord hopsen. Ich klappte ja auch, wie ich gern gestehe, den Ei=Deckel ruhig wieder zu. Aber den Knopf? Den hab' ich nie wieder berührt! Ich langte mir von hinten her meine vom Eierstaub übel gelb bemehlten Rockzipfel nach vorn, und, sie unter meine Arme nehmend, rannte ich rascher als jedes Kamel davon.

Was heißt hier überhaupt „Prinzip der Fruchtbarkeit"? Soll ich die Erde übervölkern? Soll ich mich (ausgerechnet mich) von einer ollen Mumie in Ungelegenheiten bringen lassen? Weiß Gott, die Erde ist kein Eierkuchen, am wenigsten aux confitures. Sollte das Heil der Welt von einer Nebensache abhängen? Vom Druck auf einen Knopf? Schließlich weiß ich gar nicht mehr, wo das Ei zu finden ist. Wenn aber der Leser Lust hätte, so wäre ja grade dieses Ei bei der nächsten Ostereiersuche sehr zu empfehlen! Denn wenn ich auch feige davongelaufen bin — wer weiß! Vielleicht gehört größerer Mut dazu, ein ganz nahes ungeheures Glück leicht zu ergreifen, als ein abenteuerlich fernes unter Überwindung ungeheurer Gefahren auch bloß zu ahnen. Prüfen wir uns! Denken Sie mal nach, ob Sie jetzt gleich sofort auf der Stelle durch einen leichten Fingerdruck das Massen=Glück, das Heil der ganzen Welt herbeiführen wollten? Ob Sie davor nicht eine fürchterlichere Angst anwandeln würde als vor

irgendeinem Ihrer so bequem zu habenden Märtyrer=
tode?? — —

Und doch lasse ich in Gedanken heimlich manche Träne
auf das Ei der Wüste fallen, ich hätte — ja! hätte drücken
sollen —!

DAS ABGEBROCHNE

— sagte Klärchen. Und wie gerade ihr Blick schmelzen wollte, faßte ich mich, kam ihr zuvor und ließ den meinigen noch vorher schmelzen.

„Aber was wird dein Papa sagen?"
„Mein Papa kann mich —"
„Um Gottes willen!"
„— am Ende nicht zurückhalten."
So begann unsere Liebe. ⟨Fortsetzung folgt.⟩

*

⟨Fortsetzung.⟩

Der Friede brach plötzlich herein wie ein Ungewitter. Die Wipfel der Bürger welkten. Die Kinder verloren den süßen Analphabetismus aus ihren ⟨wie Tante sagte⟩ Gesichtchen. Der Friede legte sich auf die Straße, in der unser Häuschen steht, da sah es bald aus wie der Turm zu Pisa, wissen Sie, die Toilette mit ihrem Schwerpunkt über den Unterstützungspunkt der Hauskapelle beinah hinausfallend. Miessauers Liebesgesang an Albanien erscholl draußen vor den Toren. Da sagte mir Klara:

„Die Lande in Ruhe! Atme auf, du Rumplertaube ob dem London meines nicht mehr stürmischen Busens." Ich lachte, wie nur der Glückliche im Frieden lachen kann — so nämlich:

> ... daß die Flöhe leiser stechen,
> die dich kurz vorher behopsten,
> und die Läuse, die sich moppsten,
> in dein Fell von frischem brechen.

* ⟨Fortsetzung folgt.⟩

32

[1184]

⟨Fortsetzung.⟩

Nun war Klara endlich eine alte Frau geworden, die sich meiner kaum noch erinnerte. Ich selbst ruhte auch lange schon von meinen Irrfahrten ⟨auf dem Friedhof der Selbstmörder⟩ aus. Unsre junge Generation feierte bereits ihre fünfzigsten Geburtstage, sie trug in ihren Anzügen Taschen, in denen sie die Fäuste ballen konnte. Sonst alles so liebenswürdig, selbst der Tod lächelte schelmisch, und in seinen Wangen zeigten sich liebliche Senkgrübchen. Da — ich glaube Mittwoch — karjolte mein Grab los. Ein langer Schleier von Verzweiflungen wehte flordünn über die Eingesunkenen, darunter her rollten unsre Gräber wie blumengeschmückte Autos beim Festkorso. Wir sausten zur Stadt, ich ließ mein Autograb vor dem Haus meiner greisen Wittib halten: „Wie bist noch gegen mich gesinnt? Und weinest oder lachst du?" ⟨Fortsetzung folgt.⟩

*

⟨Fortsetzung.⟩

Auch die andern Grabgefährten hielten bald da, bald dort. Und die Ihnen bekannten „Lieben", die sich gern „unsre" nennen, kamen. Sie kamen herbei, sie eilten, sie genierten sich. Auch Klara kam:

„Wie hast du dein Leichentuch arrangiert, Helmut=Hinrich? Immer noch der alte Theatraliker — so in die Höhe, so —" ein Tränenrieseln drang unter ihren zarten, welken Lidern hervor, und die Sonne. Ich meine wohl, die Sonne schien so goldwarm um die alte Gestalt her= um, so unsäglich ironisch, so anders. Rührungen gibt es, ganz leise, unmerklich, bis zum Sterben des Todes. Ich hatte mit Klara einige Kinder erzeugt, sie sahen aus den Fenstern, sie winkten mit den Tüchern, ich rasselte mit knöchernen Fingern hinauf wie mit Kastagnetten und ballerte meinen Schädel bis unters Dach. Doch:

„Ade nun, ihr Lieben,
Geschieden muß sein!"
(Fortsetzung folgt.)

*

(Fortsetzung.)

Klara wollte gern mit, ich widerriet es ihr. Laß deinen andern Fuß, flehte ich, nicht wissen, daß du mit dem einen schon dort stehst, wohin ich jetzt mit meinen beiden springe. Noch ein Kuß. Noch einer. Noch zwei. Noch $\sqrt[\infty]{\infty\infty\infty\infty\infty\infty\infty\infty\infty\infty}$ Küsse. Ein Blick von der Brechungskraft $\left(\frac{4}{5}^\infty \cdot \frac{8}{1000}\right)^\infty$ — und „Weiter, weiter...", na, „hopp, hopp, hopp!" schon weniger. Nein, sämtliche Trompeten von Jericho unsre Hupen. „Die Gräberautos," hieß es in einem Bericht, „passierten soeben unser Örtchen. Die Spitzen der Behörden hatten sich mit der Schuljugend zur Begrüßung aufgestellt. Bürgermeister Verbogen hielt die Festrede, worin er überzeugend nachwies, daß justament einzig und allein die Selbstmörder eine ganz besondere Talentiertheit zur Unsterblichkeit entfalteten. An Exzellenz Häckel ging ein Huldigungstelegramm ab."
(Fortsetzung folgt.)

*

(Fortsetzung.)

Kaum hatten wir nun, durch ein paar Handgriffe, unsre Gräberautos in Luftgräberschiffe umgewandelt, als oben im herrlichen frischen Himmel Fritz M . . . . r sich erbot, uns Gespräche halten zu lassen. Er wies uns Proben — gar nicht übel! Jedoch die Brauchbarkeit des Himmels zur Diskretion vor unsern Lieben soll nicht beeinträchtigt werden. Gern, sagten wir ihm, wollten wir auf sie pfeifen, ungern zu ihnen reden. Entsetzlich schwer begriff dieses olle Sprachrohr seine völlige Überflüssigkeit. Es legte sich verstohlen an H. v. Kleist an, kam aber versehentlich an das vis=à=vis von dessen Mund,

und v. Kl. entnahm einer seiner Anekdoten einen Äolus und ließ diesen. ⟨Fortsetzung folgt.⟩

*

⟨Fortsetzung und Schluß.⟩

Das Abgebrochne aber ist es, das so siegt. Wenn Sie jemals auf unserm ungewöhnlichen Wege in den Himmel kommen sollten: lassen Sie von dem an die Konsequenz. Nicht in ihr, nie in ihr, nur in Ihren Abgebrochenheiten ruht und schwelgt Ihr Himmel. Sie seufzen. Unterbrechen Sie Ihr Seufzen. Unterbrechen Sie die Gedanken und Stimmungen, die sich konsequenterweise daran knüpfen wollen! Essen Sie einen Pfirsich, stecken Sie seinen Kern ja in Ihren ⟨bloß schon darauf wartenden⟩ Blinddarm. Vergessen Sie nie, daß Sie nur zur Zerstreuung gesammelt sind! „Vergißmeinnicht" ist die schlimmste Blume, denn nur ihretwegen hat man das Grab erfunden, worauf sie blüht. –

TOILETTPAPIER! TOILETTPAPIER!

EIN Mann ging ja aus. Vorn hatte er ein Baro=, hinten ein Thermometer am Rocke befestigt. Er ärgerte sich doch, daß die Wetterhäuschen so feststanden. Er wollte ja selbst ein lebendiges, wandelndes Wetterhäuschen sein.

Der Mann ging an Leute 'ran und klappte ihnen den Deckel seiner Uhr an die Nasen: „Sie wollen ge= wiß gern wissen," sagte er liebreich, „wie spät es ist? bitte!" — Die Leute mochten das nicht, sie empfanden es als Belästigung, sie wurden ungeduldig. Aber Bo= boll (so hieß der Mann) machte sie noch auf sein Ther= mometer aufmerksam, worauf sie ihn erregt anblickten und weitergingen. Jedoch er ließ es nicht zu, er lief ihnen eilfertig voran und hinderte sie am Weitergehen. Dann drehte er sich um und sagte: „Hinten können sie auch den genauen Barometerstand nachsehen."

Damit hatte er die Leute besiegt, sie ließen gar nicht mehr von ihm, sie umhegten ihn warm, und er schritt zufrieden in ihrer Mitte. Aus den Taschen zog er darauf gute Pakete parfümiertes Toilettpapier und ver= teilte sie herzlich gern. Den Damen gab er Sicher= heitsnadeln und Puderpapier. Ein reicher Herr hatte auch etwas genommen und bot ihm Geld — aber er lehnte es ab und fragte unschuldig genug: „Bin ich ein Automat? Ich tue es ja freiwillig." Da wurde der reiche Herr rot vor Frohsinn, und alle jubelten und freuten sich mit ihm. Viele riefen: „20 Grad im Schat=

ten!" Andre wiesen einander das feine Papier, und jemand sagte, ich glaube hinten sein Barometer sinkt. Hierüber johlte die jüngere Umgebung so anhaltend, daß der ganze Trupp mit Bobolln in der Mitte von Schutzmännern umstellt und aufgefordert wurde, sich zu zerstreuen. Bobolln wollten sie festnehmen, weil sie ihn für einen Straßenhändler ohne Gewerbeschein hielten. Aber der reiche Herr klärte dieses Mißverständnis auf. Und als die Schutzmänner das Nähere hörten und sahen, wurden sie lustig und guter Dinge, sie sagten alle mit einer Stimme: „Lütütü"! und pochten sich dabei mit ihren Zeigefingern gegen ihre kräftigen Stirnen.

Auf der Wache gab Boboll an, er sei ein Menschenfreund, und mit seinen geringen Mitteln könne er leider nicht mehr tun. Er habe aber einen sicheren Blick für kleine Bedürfnisse der Passanten. Gewisse Bedürfnisse müßten allerdings erst geweckt werden. Fast jeder vermisse irgend eine kleine Behaglichkeit. Boboll nahm ein Sammetbürstchen aus der Tasche, einen dreiteiligen Handspiegel, ein umlegbares Schreibepultchen, einen Ferngucker und andre nützliche Dinge. —

Die Schutzleute betrachteten sich Bobolln lange Zeit aufmerksam. Er aber behielt seine schlichte Haltung bei und seinen guten Blick. Schließlich rieten ihm die Schutzleute ab, den Passanten zu helfen, ja, sie untersagten es ihm, weil es Unfug sei, da es Menschenaufläufe verursache, sie verwarnten ihn ernstlich und gaben ihm kund, er werde bei der nächsten Gelegenheit festgenommen werden. Hierauf ließen sie ihn frei und konnten sich noch eine geraume Weile kaum von ihm erholen. ~ ~ ~

Boboll ging durch die Passanten und spürte ihre Bedürfnisse wieder so deutlich. Einem Herrn nahm er den Zylinderhut ab. Es war ein rosiger, pikanter Junge, der es eilig hatte. Aber Boboll zog sein Bürstchen, und da er den seidnen Hut fein glatt streichelte, beantwortete er die eifrigen Fragen des jungen Menschen gar nicht, sondern überreichte ihm mit Stolz die glänzende Zierde. Der Bengel klappte sie erst Bobolln ans Ohr, dann sich auf den Kopf und wollte rasch weiter. Aber Boboll fragte ihn, ob er Toilettpapier brauche, ob er den Barometerstand wissen wolle, bitte hinten, Thermometer sei vorn, und Boboll ließ ihn auch noch in den dreiteiligen Spiegel sehen. Der elegante, aber rohe Kerl knallte ihm darauf eine runter und rannte ihn über den Haufen, daß er im Mist lag. Der Spiegel klirrte in Stücke, und aus der Ferne flog noch ein Bändchen Toilettpapier heftig genug an Bobolls rechtes Auge.

Ahnungslose, mitleidige Passanten halfen Bobolln wieder auf die Beine, sie befreiten ihn von den Scherben des Spiegels und der andern Glasinstrumente. Boboll aber, noch erschüttert, forschte bereits wieder in ihren Mienen. Ach! Wie Vieles erriet er darin so genau: sie brauchten fast jeder Papier, Nadeln, Zeit- und andre Messer. Manche hatten das Datum vergessen, oder sie würden gern rasch etwas niederschreiben, oder es juckte sie an Stellen, zu denen sie selbst nicht gelangen konnten. Eine Dame hatte geweint, sie brauchte Puder, einem Herrn fehlte der Knopf an genierlicher Stelle. Gering waren diese Bedürfnisse — gewiß! Aber Boboll fand seine Seligkeit darin, sie zu befriedigen, und Boboll durfte es nicht mehr, es ging nicht, er sah es ein.

Das war nichts Geringes für ihn, es war seine Unbrauchbarmachung, das Ende, der Tod. Boboll mochte nur so funktionieren, nur als dieser kleine Passantengott, oder gar nicht. Entschlossen, sein Helfertum, aber mit diesem auch das Leben aufzugeben, dachte er nur noch darüber nach, wie er wenigstens aus seinem Tod den Passanten so manche Freude bereiten könne. Sein Vermögen stiftete er zur Errichtung einer fahrenden Bedürfnisbefriedigungsanstalt: hier sollten die Leute alle die vermißten Kleinigkeiten wiederfinden, die ihnen Boboll selbst nicht mehr zugute tun durfte. Bobolln fiel es als sehr sinnig ein, seine Leiche verbrennen und die Urne mit der Asche auf Wagen I ewig mitfahren zu lassen. Plötzlich hatte er eine viel glücklichere Idee.

Kennen Sie die vielen Herrschaften, die den Verlust eines ihnen Nahestehenden beklagen, bis sie dessen Leiche schließlich in der Morgue entdecken? So! So! wollte Boboll sich sterben lassen. Er studierte Inserate, Polizeiberichte und Anschlagsäulen, und endlich gelang es ihm, einen richtigen Toten als vermißt angezeigt zu finden, der nach den Indizien ungefähr Ähnlichkeit mit ihm haben mußte. Gesucht wurde die Leiche des Krankenhäuslers Edgar Schiebedonkel, die wahrscheinlich von einem Wärter an die Anatomie verschachert worden war. Boboll besorgte sich eine Photographie Schiebedonkels und machte sich sorgfältig nach dieser zurecht, u. a. gehörte dazu eine Schnapsnase, eine Glatze, eine Narbe und mehrere Zahnlücken. Ja, Boboll ließ für schweres Geld Schiebedonkels alte Leibwäsche und Kleidung ankaufen. Aber sobald er sich die herzliche Freude der Familie und auch des entlasteten Wärters recht lebhaft vorstellte, wenn endlich Schiebedonkels Leiche sich im Schauhause wiederfände, so dünkte ihm kein Opfer zu gering, um der unmittelbare Urheber dieser Erfreuung zu werden.

Sein Testament schloß mit diesem Passus: „Um der Stiftung, die ich hiermit errichte, keinen Pfennig unnütz zu entziehen, stopfe ich Dynamitpatronen in meinen

Kopf und Rumpf überall, wo es nur irgend angeht, ich zerplatze ohne Rückbleibsel und spare so die Beerdigungskosten zu Nutz und Frommen aller Passanten." ~ ~ ~

So geschah es, daß eines schönen Tages der Wärter und die Familie Schiebedonkel ohne Zögern entschieden den toten Edgar in der Morgue rekognoszierten. Da aber hättet ihr einmal etwas sehen können: Edgars Leiche lächelte! Sie wollten, sie konnten es nicht für möglich halten, aber sie sahen es! Wahre Güte, echte Menschenfreundlichkeit gibt selbst Ihrer Leiche ein joviales Aussehen. —

Und just, als Familie Schiebedonkel mit dem Wärter den toten Boboll, den sie ⟨der Wärter verwundert und froh⟩ mit Edgarn verwechselten, zu Grabe brachten, karambolierte der Leichenwagen mit dem bekränzten ersten Tram der fahrenden Bedürfnisbefriedigungsanstalt, auf dessen Perron ein Greis Toilettpapier ausschrie. ~ ~

DAS VERTIKALE GEWERBE

BEFÜRCHTEN Sie nichts, Leserin! Wir wollen von etwas anderem reden. Kommen Sie doch bitte nach der Zeppelinstraße. So. Da sind wir schon. Sie sehen eine Ballonhalle? Recht! Wir gehen hinein, wir werden einen Aufstieg machen, innerhalb einer Stunde sämtliche Länder der Erde überfliegen – und doch in dieser Ballonhalle bleiben.

Sie wissen, man kann bereits auf ähnliche Weise zu Wasser und zu Lande reisen, in der Illusion, man säße in einem fahrenden Schiff oder Eisenbahnwagen; die gemalte Landschaft rollt draußen vor den Fenstern vorbei. Die Luftschiffahrt aber, die wir jetzt vorhaben, wird Sie durch die Restlosigkeit der Illusion entzücken. In diesem eigens zur exakten Vortäuschung von Luftreisen errichteten Kino hängt der Zuschauerraum hoch über der Schirmbühne. Sie kennen die Technik der sogenannten Hexenschaukeln: der Platz des Zuschauers ist stabil, der Raum aber um ihn herum beweglich, so daß der Plafond und der Fußboden beliebig miteinander verwechselt werden können, und der Zuschauer desorientiert und schwindlig wird. Nach diesem Beispiel sollten alle Räume zu Darstellungen eingerichtet sein; das beliebte horizontale Kino, in dem der Schirm sich vor dem Zuschauer befindet, ginge dann mit Leichtigkeit so zu verwandeln, daß der Zuschauer sich bald unter, bald über dem Schirm plaziert sähe; dadurch könnten die wunderbarsten Wirkungen hervorgebracht werden!

Hier nun treten wir ein wie in die Gondelgalerien eines Riesenluftschiffs. Diese Gondelgalerien sind an der Decke eines Saales befestigt, und diese Decke ist dem Bauch eines Ballons nachgebildet. Von diesem Ballongewölbe hängt, an Tauwerk und Schnüren, das Parallel=Ring=System aus vier Galerien herab, auf dem Sitzplätze so angebracht sind, daß die Zuschauer über beide Brüstungen nach unten sehen können. Die innerste Galerie hat nur eine Brüstung nach außen hin; ihr Kreisrund ist nach innen hin durch einen Fußboden aus= gefüllt; unter diesem befindet sich die Zelle des Tech= nikers mit dem Projektionsapparat, dessen Aufnahmen bei Gelegenheit wirklicher Luftschiffahrten angefertigt worden sind. Beiläufig bemerkt, hört sich das Ge= räusch dieses Apparates wie das Surren der Schraube eines Luftschiffs an und dient also zur Erhöhung der Illusion.

In senkrechter Tiefe unter diesen Galerien liegt die Bühne wie in einem Abgrund. Würde man einen Schla= fenden auf eine dieser Galerien bringen und ihn dort aufwecken, sähe er dann über sich das Tauwerk und den Ballon, hörte er das Surren wie von einer Schraube und überzeugte sich beim Blicken in die Tiefe, daß unten etwa London vorbeizöge — so würde er niemals auf die Vermutung einer Illusion geraten. Mit größter Leichtigkeit sind Abstieg und Aufstieg vorzuspiegeln: das zum Aufstieg gebrauchte Filmband wird umgekehrt abgerollt.

Gleich das erste Bild wirft Sie unentrinnbar in den Wahn, Sie schwebten über der Halle desselben The= aters, in dem Sie sitzen, aufwärts, und Sie sähen, aus der Vogelperspektive, die weitere und immer weitere Umgebung. Der Lauf beschleunigt sich, und eine Reihe immer fernerer Landschaften und Städte ziehn unter Ihren

Augen vorüber. Sie überfliegen Gebirge, Meere, Ströme, unter Ihnen rollt die ganze Erde vorbei.

Das ist aber noch gar nichts gegen die ungeheuere Steigerung der Illusion durch den Umstand, daß der Apparat schließlich astronomische Objekte projiziert, und Sie sich wirklich unter die Sterne versetzt glauben können. Diese Aufnahmen sind künstlich, aber sehr raffiniert hergestellt. Ihre Reihe beginnt mit der Erhebung von der Erdkugel: Sie sehen z. B. unter sich das Meer mit einigem Inselland, es versinkt in die Tiefe und wird dabei zauberhaft plötzlich sphärisch, die Wölbung wird kleiner und kleiner – auf einmal liegt sie tief unter Ihnen als Erdkugel, und Sie sind im Raum ohne Boden, bis Sie sich einer neuen Sternwelt, etwa dem Mond, dem Mars, wo nicht gar der Sonne nähern.

Wie? Sie sagen, es gäbe weder die Zeppelinstraße noch so ein Kino? Sie irren sich! Die Kino=Unternehmer sind noch lange nicht so dumm, eine solche Gründung zu unterlassen. Und übrigens, argwöhnen Sie vielmehr, die gesamte Welt wäre bereits ein so vertikales Gewerbe – aber nicht bloß optisch, sondern plastisch bis in alle Sinne hinein. Adieu! ~ ~ ~

MAX BROD
DIE ERSTE STUNDE NACH DEM TODE

DER JÜNGSTE TAG ∗ 32
KURT WOLFF VERLAG · LEIPZIG
1917

DIE ERSTE STUNDE NACH DEM TODE

EINE GESPENSTERGESCHICHTE

VON

MAX BROD

MIT DREI ZEICHNUNGEN VON OTTOMAR STARKE

LEIPZIG
KURT WOLFF VERLAG
1916

Gedruckt bei E. Haberland in Leipzig-R.
September 1916 als zweiunddreißigster Band
der Bücherei »Der jüngste Tag«

COPYRIGHT 1916 BY KURT WOLFF VERLAG · LEIPZIG

DER kleine absonderliche Zwischenfall ereignete sich, als Staatsminister Baron von Klumm an der Spitze einer größeren Gesellschaft hervorragender Diplomaten das Palais des Repräsentantenhauses verließ.

Ein schmächtiger Mann drängte sich durch die Kette der Wachleute, lief, allen sichtbar, sehr schnell oder überpurzelte sich vielmehr die breite Prachttreppe hinauf, deren oberste Stufe der Minister eben betreten hatte, und fiel, oben angelangt, auf die Knie nieder, indem er ausrief: „Herr Minister, lassen Sie unseren Feinden Gerechtigkeit widerfahren, und wir haben den Frieden!"

Baron von Klumm lächelte verbindlich und ohne jedwede Verlegenheit: „Sie heißen —?"

„Arthur Bruchfeß."

„Und von Beruf sind Sie?"

Der Mann warf eine blonde Haarsträhne, die ihm beim Laufen vornüber ins Gesicht gefallen war, aus der Stirne zurück: „Schornsteinfeger."

„Mein lieber Herr Bruchfeß, und wenn Sie Ihren Schornsteinen Gerechtigkeit widerfahren lassen, werden sie Sie dann weniger anschwärzen?"

Da waren schon fünf, acht, fünfzehn Polizisten keuchend angelangt und legten ihre Hand auf den sehr verdutzt dreinschauenden Bittsteller.

Inmitten der zusammengedrängten Schar der Würden≈
träger, die aus erleichtert aufatmender Brust jetzt nach≈
träglich den Ministerwitz bekicherte, war von Klumm
schon weiter hinabgeschritten.

Ein braun abgebrannter hagerer Greis trat an ihn
heran, hinter ihm regten sich geschäftige Gesichter:
„Die Information für die Presse." Hirschberg.

Der Minister blickte auf, sah einen Augenblick lang
zögernd umher.

Der Chef der Geheimpolizei erriet seine Überlegung:
„O ja, man hat es allgemein gesehn und bemerkt."

„Wurde von einem schwachsinnigen Individuum
attackiert" diktierte der Minister gleichsam in die Luft.
„Sofort Wache. Schritt ein. Attentäter ins Irrenhaus
gebracht. Ärzte konstatieren. Staatsminister erledigte
wie sonst seine Tagesgeschäfte. Meinen kleinen Scherz
natürlich unterdrücken. Adieu, Herr Geheimrat." —

„Ich weiß nicht, was ich an Ihnen mehr bewundern
soll," sagte Herr von Crudenius, der Militärattaché einer
verbündeten Macht, der bald hierauf mit Herrn von
Klumm in dessen Wagen zur Botschaft fuhr — die ver≈
sammelte Volksmenge brach in Hochrufe aus — „Sie
stellen Ihre Verehrer vor allzu schwere Aufgaben, — Ihre
heutige Rede im Repräsentantenhaus, die ein oratorisches
Meisterstück war, Ihr schlagfertiges geistvolles Aperçu
an den Unbekannten oder den erstaunlich sicheren Takt,
mit dem Sie die Wiedergabe dieses Aperçus sofort unter≈
drücken."

„Routine, lieber Herr von Crudenius, nichts als Rou≈
tine. Natürlich Routine nicht im schlechten Sinne des
Wortes, etwa als Gewissenlosigkeit, Herzlosigkeit. Nein,

6

ich will mich nicht überflüssigerweise heruntermachen, bin auch durchaus nicht der Bescheidenste im Land. Ich will nur sagen: man lernt das, man gewöhnt sich daran, wie man sich an alles gewöhnt. Neunzehn Zwanzigstel unseres Lebens sind blinde bewußtlose Gewohnheit."

„Dasselbe sagten Sie eben auch im Parlament, Herr Baron. Ich staune über Ihren Mut. Den Beifall der konservativ=nationalistischen Gruppe haben Sie sich gleich anfangs verscherzt, als Sie gegen jede Prestige= politik sprachen. Und zum Schlusse forderten Sie wiederum die sogenannten Fortschrittsparteien zum Widerspruch heraus, indem Sie das Stehenbleiben auf Sitte und Tradition rühmten."

„Nicht rühmten," unterbrach der Baron, dessen kluger Kopf keine Spur von geistiger Abgespanntheit zeigte, wie es nach der anstrengenden fünfstündigen Sitzung eigentlich begreiflich gewesen wäre. „Ich rühmte nicht. Ich stellte nur fest. Stellte, wenn Sie wollen, sogar mit Bedauern fest. Ich bin nun einmal, so weit kennen Sie mich ja, ein fanatischer Anbeter von festgestellten Tat= sachen und Wahrheiten. Ich fühle mich verantwortlich für das Wohl und Wehe des Reiches, in des Wortes schwerster Bedeutung vor meinem Gewissen verant= wortlich. Als verantwortlicher Mann muß ich nüchternste Realpolitik treiben und bin ein abgesagter Feind aller Ideologien, mögen sie nun von rechts oder von links kommen, mögen sie chauvinistisch mit dem Säbel klirren oder aufgeklärt mit der Friedenspalme rasseln. Wahrhaftig, lieber Herr von Crudenius, Ideologen, Utopisten, unverantwortliche Phantasten halte ich für die Ärgsten, die einzigen Feinde der Menschheit."

Der Attaché lachte: „Und wenn man's genau nimmt, haben Sie immerfort mit solchen Leuten zu tun, Sie Bedauernswerter. Der Mann auf der Treppe — und die Volksmänner drinnen, denen Sie die wahre sittliche Würde des Krieges erklären mußten – ist es nicht, im Grunde genommen, immer ein und derselbe Feind. Verkehrtheit und überspannter Idealismus gegen die gesunde Menschennatur."

„In Ihre Hand würde ich den Auftrag, meine Biographie zu schreiben, mit Beruhigung legen," sagte der Minister nicht ohne leise Ironie. „Sie haben mich sozusagen heraus. — Mit der einen Einschränkung vielleicht: Ich bin kein Freund Ihres Handwerks." Er zeigte auf den troddelgeschmückten Säbelgriff seines Nebensitzenden. „Wiewohl ich heute manches derartige gesagt habe, weil ich es sagen muß. Ich bin überhaupt nichts weniger als ein Freund dieses Krieges, der nun schon das zwanzigste Jahr lang andauert."

„Aber Sie sagten, unter dem Entrüstungssturm der Sozialdemokraten, daß man sich an den Krieg gewöhnt hat."

„Das sagte ich, weil es wahr ist, einfach unbestreitbare Tatsache. Bester Beweis: ebendieselben Sozialisten bewilligen uns jedes Jahr glatt unsere Kriegskredite. Aber zwischen Gewohnheit, und Freundschaft liegt doch wohl noch so manches, nicht wahr? Man hat auch üble Gewohnheiten, und ich stehe nicht an, den Dauerkrieg als eine solche üble Gewohnheit Europas zu bezeichnen. — Aber wer wagt es ernstlich zu bestreiten, daß wir den Krieg restlos in die Reihe unserer sozusagen instinktiven Lebensfunktionen mit eingereiht haben? Kein Wunder, die meisten von unserer repräsentativen Generation waren noch schulpflichtige Kinder, als der Krieg begann. Wir sind mit dem Krieg aufgewachsen und werden zweifellos nicht so lange leben wie er. Die heutige Jugend weiß gar nicht, was dieser sagenhafte Zustand „Frieden" bedeutet, den sie nie erlebt hat. Ja, wenn man es genau nimmt, hat es eigentlich noch niemals Frieden gegeben, so wie es meiner festen Überzeugung nach auch nie einen geben wird. Es war nur Nicht=Krieg, ein durch geschäftsmännische Heuchelei und künstlich errechnete Verträge überkleisterter Zustand gegenseitiger Feindschaft und übelsten Ressentiments zwischen den Staaten. Ein Schriftsteller, der den Ausbruch des Krieges als reifer Mann miterlebt hat, also die Zustände vorher und nachher als Zeitgenosse wohl miteinander vergleichen konnte, ich meine Max Scheler – der auf meine Anordnung hin jetzt in den Schulen gelesen wird – hat das damals sehr gut dargestellt. Der Unterschied zwischen dem versteckten und offenen Krieg, der dann nur das vorhandene Haßverhältnis enthüllte, ist nach diesem Autor gar nicht so bedeutend gewesen. Ich stimme ihm in diesem Punkte vollständig bei. Anders wäre es ja auch gar nicht erklärbar, daß wir den Krieg so gut vertragen und ihm unsere Organisation wirklich lückenlos anpassen konnten. Es war eben immer Krieg, seit die Welt besteht. Krieg ist der natürliche Zustand der Menschheit, nur seine äußere Form wechselt. Schauen Sie doch um sich, lieber Herr von Crudenius. Sieht diese belebte Straße, dieser Andrang vor dem Theater, diese Menschenströmung um die Warenhäuser herum und in sie hinein wie etwas Abnormales aus? Unsere Wirtschaftsmaschine arbeitet nach Überwindung einiger anfänglicher Störungen, die uns heute kindlich anmuten, tadellos. Der Export hat aufgehört, der innere Markt hat sich dafür erschlossen. Und mit welchem Erfolg, das sagen Ihnen die nie dagewesenen Dividendenhöhen unserer Aktiengesellschaften. Die Vernichtung von Werten wird durch die angeregte Erfindertätigkeit und Nutzbarmachung neuer Rohstoffe mehr als wettgemacht. Wir nähern uns dem Ideal des Fichteschen geschlossenen Handelsstaates. Die Umschichtung der Berufe ist leicht und radikal vor sich gegangen. Der Mann ist Krieger, die Frau zu jeder Art bürgerlicher Arbeit erzogen, mit ihr das Heer der Alten und Untauglichen. Gewiß bedauert es niemand mehr als ich, daß jährlich einige hunderttausend junge Leute an der Grenze fallen müssen, aber ist denn im sogenannten „Frieden" niemand gestorben? Wir haben es ja durch eine zielbewußte Bevölkerungspolitik, durch energische Kinderversorgung im Staatswege, Aufhebung der Monogamie, regulierte Mannschaftsurlaube zu Fortpflanzungszwecken, durch Bodenreform, Einfamilienhaus, Kriegerheimstätte, Gartenstadt und andere vernünftige Maßnahmen, deren Durchsetzung man früher für einen Traum hielt, dahin gebracht, daß die Bevölkerungszahl sogar einen prozentuell höheren Jahreszuwachs zeigt, als jemals und daß der allgemeine Gesundheitszustand sich konstant bessert. Infolge Rückgangs der Säuglingssterblichkeit ist sogar die jährliche absolute Sterbeziffer samt allen Kriegsverlusten um etwas, allerdings nicht viel, kleiner, als die vor dem Kriege. Bitte, das ist statistische Tatsache. Wir züchten heute sozusagen Volk, während der Staat früher unbegreiflicherweise geradezu volksfeindliche Tendenzen wie

den Großgrundbesitz und unhygienische Fabrikations=
methoden begünstigte."

„Und wie erklären Sie dann trotzdem diese allgemeine
Unzufriedenheit, dieses nicht überhörbare dumpfe Grollen
in der Welt, das sich zum Beispiel in solchen peinlichen
Auftritten wie heute entlädt?"

„Gewohnheit ist noch nicht Zufriedenheit. Sagte ich es
nicht schon vorhin? Der Mensch gewöhnt sich auch ohne
jede Zufriedenheit an das Furchtbarste, weil ihm keine
andere Wahl bleibt. Wir haben uns ja sogar an den Tod ge=
wöhnt. Lachen Sie nicht. Ich meine das ganz im Ernst. Wir
als Geschlecht, als genus humanum, machen uns gar nichts
mehr aus dem Tod. Und doch ist es, wenn man so allein,
als Einzelner darüber nachdenkt, ein entsetzlicher, ja unfaß=
barer Gedanke, zu sterben, von einem bestimmten Moment
an nichts mehr zu fühlen, nichts zu denken, einfach für alle
Ewigkeit, nicht etwa vorübergehend, nicht mehr zu existie=
ren. Wie mag es eine Stunde nach dem Tode in unserem
Kopfe ausschaun? Und fünfhunderttausend Jahre nachher?
Und dabei ist dieser unendlich lange Zustand des Nicht=
seins doch für jeden von uns sicher, unausweichlich, nicht
etwa ein böser Zufall, dem man vielleicht entgehen könnte,
wenn man Glück hat, und diese absolute, unbedingte Sicher=
heit des Sterbens eben ist das Gräßlichste an der Sache."

Der junge Offizier errötete vor Bewegung. „Ich danke
Ihnen, Herr Baron. O wieviel Dank schulde ich Ihnen
schon, seit Sie sich in der fremden Stadt meiner ange=
nommen haben. Sie machen mich zu einem Menschen.
Ohne Sie könnte ich nicht mehr leben."

„Sie haben sich nur an mich gewöhnt, lieber Freund.
Alles ist Gewohnheit!"

„Nein, ich liebe Sie, Sie sind meine einzige Stütze" erwiderte Crudenius feurig. „Ich habe es schwer ertragen, schwerer als Sie ahnen, aus meiner Heimatstadt herausgerissen zu werden, von meinen Eltern weg, die ich verehre, aus dem Kreis lieber Kameraden, hierher an einen, sagen wir es offen, steifen, zeremoniösen Hof, dessen Sprache ich kaum verstand. Sie haben mich oft dieser Sentimentalität wegen ausgelacht..."

„Ja, das tue ich noch heute. Die Welt ist doch gleich, hier wie dort, die moderne Welt zumindest. Überall gibt es Schlafwagen, Badezimmer Untergrundbahnen, Beton, Asphalt, dieselben eleganten Damenkostüme, sogar dieselben Parfüms. Der moderne Mensch findet überall das, was seinen Gewohnheiten entspricht. Ich sehe, von geographischer Länge und Breite abgesehen, gar keine Unterschiede zwischen unseren heutigen Großstädten."

„Aber doch zwischen den Völkern. Sonst gäbe es ja keinen Krieg."

Der Minister warf sich mit humoristischem Schreck in seinem Sitz herum: „Wehe mir! Sind das die Erfolge meines Nüchternheitskursus, den ich Ihnen seit Monaten vordoziere? – Auch Sie fallen also immer noch auf solche Phrasen herein, wie die vom verschiedenen Geist der Völker, verschiedenen Ethos der Rassen? Nein, nein, gerade gegen solche Unterstellungen zu protestieren, das ist ja der bescheidene, aber doch vielleicht nicht ganz unwesentliche Sinn meines Lebens. Lernen Sie doch endlich, mein Herr, daß die Notwendigkeit dieses Krieges nicht beruht auf Völkerverschiedenheiten, die ich ja in mikroskopischen, wirkungslosen Ausmaßen zugebe, sondern gerade auf der unerbittlichen Gleichheit aller Völker, die mit ihren identischen Lebensnotwendigkeiten einander immanenterweise den Raum, die Entfaltungsmöglichkeit streitig machen müssen. Gleiche Bedürfnisse widerstreben einander eben, solange die Erdoberfläche nicht mehrmals übereinander, wie Orgelklaviaturen, solange sie nicht so oft, als es Völker gibt, vorhanden ist. Weil jedes Volk in einem fernen Zeitpunkt die ganze Erdoberfläche für sich allein brauchen wird. Und das umso schneller, je besser und stärker es ist, je entwicklungskräftiger, je sittlicher. Und dann kommt irgend so ein armer Teufel gesprungen und verlangt von mir emphatisch, ich solle „den Feinden Gerechtigkeit widerfahren lassen". Das tue ich ja, habe ich stets getan. Meinen Sie, ich billige die abscheulich verhetzende und unanständige Sprache, die unsere Tagespresse gegen die Gegner führt? Höchstens als Kampfmittel, um die Energie unseres Volkes wachzuhalten, na ja, da ist sie unentbehrlich, ebenso unentbehrlich wie Minen und Flammenwerfer, die ja an sich auch nicht gerade sympathische Dinge sind. Aber es ist doch naiv zu glauben, daß wir von der Regierung aus das auch wirklich denken, was wir da über „Barbaren" und „Heuchler" schreiben lassen. Nein, wir sind gerecht, wir erkennen den Wert und das Recht der Feinde vollkommen an. Aber eben je gerechter wir sind, desto klarer erkennen wir ohne jeden Haß und jede Verbitterung, daß auch wir Wert und Recht auf unserer Seite haben, daß es eben, Gott sei es geklagt, nicht ein Recht, sondern zwei und mehrere Rechte auf der Welt gibt, daß unsere realen handgreiflichen Interessen ⟨und nur auf die kommt es an, nicht auf irgend welche Erdichtungen⟩ mit den ebenso handgreiflichen Interessen der Feinde kollidieren, daß die Völker kämpfen müssen, weil sie atmen müssen und solange sie eben atmen wollen. Ebenso wie auch der gerechteste und gutmütigste Schornstein nicht umhin kann, Ruß zu erzeugen. Ist denn wirklich jemand so kurz= sichtig, der das nicht einsieht, diese ganz reale, unum= stößliche Tragik des menschlichen Daseins? Ich muß sagen, wer das nicht einsieht, der ist auch ein schlechter Christ. Der Leim, aus dem wir gebildet sind, ist schon verdammlich, sagt Luther. Die Essenz des Menschseins ist nun eben nichts als böse Begierde, ist Erbsünde, und mir erscheint sehr oberflächlich, wer den traurigen Zustand der Menschheit auf ephemere Regierungsfehler, Unehr= lichkeit, Beschränktheit, Eroberungssucht einzelner zurück= führen will, statt auf diesen dunklen Urgrund alles Mensch= lichen, auch des bestgemeinten und wohlwollendsten. Sehn wir doch der Wirklichkeit ganz sachlich ins Auge! Der Kirchenmann entsagt der ganzen Welt auf einmal. Das ist ein Weg. Der Staatsmann aber, dem dieser Weg nicht erlaubt ist, weil er ja das Weltliche in der Welt lenken soll, und der dabei ein ebenso guter Christ sein will, wie der weltflüchtige Asket, muß sich ganz klar darüber sein, daß seine Maßnahmen niemals Aufhebung des Krieges, überhaupt des menschheitlichen Leidens und Unglücks bezwecken können, sondern nur — wie soll ich es nennen — eine bessere intensivere Organisation des Unglücks. Mehr nicht."

Sie waren am Botschaftspalast angelangt. Der Offizier verabschiedete sich. — „Ich muß sagen" schloß der Mi= nister „mich hat gerade der Krieg dieses richtige, tödlich ernste Christentum gelehrt, die erhabene Religion des Leidens. — A propos, Sie kommen doch heute nach zehn

Uhr noch zu meiner Bridgepartie? Die schöne Gabriele wird da sein, auch Ihr Nannerl hab ich eingeladen."

Im Ministerium harrte eine lange Reihe vortragender Räte. — Baron von Klumm, dessen Fleiß und Sorgfalt geradezu sprichwörtlich waren, pflegte nach Parlamentssitzungen die verlorene Zeit, wie er sagte, nachzuholen und gönnte sich dann oft bis spät in die Nacht keine Ruhe. So lösten einander auch an diesem Abend in seinem Büro Referenten, Konzipienten, telephonische Anrufe und Diktate ab. Eine Abordnung aus dem eroberten Gebiete wurde empfangen, brachte Bitten und Wünsche vor. Der Baron notierte einige Bücher und Broschüren, die hiebei mehrmals erwähnt worden waren. Noch um neun Uhr nachts schickte er den Diener in die Ministerialbibliothek und endlich, auf der Heimfahrt in seinem Auto, versenkte er sich noch in die Lektüre eines der empfohlenen Werke, das die schwierigsten Geld= und Währungsfragen behandelte.

Gabriele, erste Tänzerin der Hofoper, wartete bereits mit den übrigen Gästen in der Privatvilla des Barons und entzückte die Tafelrunde durch die lustige Unbefangenheit, mit der sie sich die Rolle der Hausfrau angemaßt hatte. Die Gesellschaft war reichlich gemischt: Schauspieler, die unaufgefordert für Unterhaltung sorgten, indem sie mehr oder minder gewürzte Anekdoten zum besten gaben, ein paar Landräte, in ewige Jagdgeschichten vertieft, zwei bis drei ironische Causeure aus der Diplomatie, ein jüdischer Schriftsteller, der zu allererst betrunken war und sich dann in revolutionären Reden gefiel, worüber man sich sehr belustigte. Nannerl, eine offensichtlich aus dem untern Volke stammende, noch gar nicht entdeckte Chansonette, entzückte den Militärattaché durch ihren feschen Dialekt, den er bezaubernd natürlich fand, obwohl ihm jede Redewendung erst in die Schrift= sprache übersetzt werden mußte, worauf er sie, von nie= mandem angehört, nur für sich, in die Sprache seiner Heimat übertrug und in Erinnerungen an die Felder und Bäuerinnen zu Hause schwelgte. Seiner bei diesem schleppenden Umweg des Gefühls erklärlichen Schüch= ternheit half der Minister durch eine geschäftsmäßige Fest= stellung ab. Schließlich glich der Kartentisch alle Leiden= schaften aus. Gabriele, für die stets einige Zimmer in der Villa vorbereitet waren, hatte sich schon längst zu Bett begeben, als die letzten Gäste über knisternde Scherben der Champagnergläser hinweg, von schlaftrunkenen La= kaien unterstützt, sich zur Türe hinaustasteten. —

Baron von Klumm ließ sich von seinem Leibdiener eine kalte Kompresse um die Stirn winden. Er wollte, ehe er sich zu Gabriele begab, noch ein wenig arbeiten. Die von dem ökonomischen Buche angeregten Gedanken hatten ihn während des ganzen Soupers nicht ver= lassen, wie es überhaupt eine seiner Haupteigenheiten war, stets vollständig von gewichtigen Dingen bis zum Rande ausgefüllt zu sein, auch mitten in seichter Unter= haltung.

Er setzte sich an seinen Schreibtisch. Das Arbeitszimmer war, wie eben in einem rechten Junggesellenheim, sehr weiträumig und zentral gelegen. Es füllte mit seiner Front von vier Fenstern den größten Teil des ersten Stockwerkes, eigentlich mehr ein Saal als ein Zimmer zu nennen. Drei hohe Wände, bis zur Decke mit Bücher= und Aktenrücken austapeziert, verloren sich im Dunkel, vor den Fenstern breitete sich im sausenden Nachtwind die mondbeschienene Schneekette des nahen Hochgebirges aus.

„Du hast hereinschneien lassen, Peter." Der Baron wies auf einen hellen weißen hügeligen Fleck auf dem Parkettboden.

Der Diener zuckte verständnislos die Achseln, griff an die Fensterklinken, um zu zeigen, daß alle geschlossen waren, strich aber dann trotzdem mit einem rasch herbeigeholten Wischfetzen über den Fußboden an der vom Baron immer noch mit ausgestrecktem Finger bezeichneten Stelle hin, allerdings mit der gekränkten Miene eines Mannes, dem ein schrullenhaft umständlicher Auftrag erteilt wird und der ihn nur aus Gutmütigkeit ausführt.

Dann ging er.

Der Baron begann zu lesen, bald aber störte ihn ein leises Knistern. Trat er immerfort noch auf Scherben? Er sah auf. – Zu seinem größten Erstaunen war der weiße Fleck im Zimmer, der übrigens ganz jenseits des Mondlichtstreifens im Schatten eines Kastens lag, nun zu einem richtigen Hügel emporgewachsen, ja er rückte wie ein unnatürlich aufschießender Pilz sichtlich weiter in die Höhe. – Nein, das war allerdings kein Schneehaufen, das bewegte sich ja. – Plötzlich kam die Erkenntnis. Das ist ein menschlicher Kopf.

Im Augenblick hatte sich der Baron gefaßt, den Revolver ergriffen, den er immer bei sich trug, und auf den Kopf abgefeuert. „Ich wußte gar nicht, daß es Falltüren in meiner Villa gibt." Er repetierte. Sechs Schüsse, dann war der Revolver leer.

Die Schüsse hatten offenbar nicht getroffen, sondern brachten eine andere ganz unerwartete Wirkung hervor.

„Ja, jetzt gehts" rief eine wie aus dem Schlaf gesprochene, ungelenke, verschleimte Stimme, und sofort schwebte mit einem Ruck wie ein straff gefüllter Gasballon die ganze, sehr lange Gestalt der Erscheinung empor, merkwürdigerweise ohne den Fußboden dabei merklich weiter aufzureißen. Es war ein stattlicher weißhaariger alter Herr, der mit geschlossenen Augen, die Arme fest an die Seiten des Körpers gepreßt, emporstieg. Der befreiende Auftrieb schien aber plötzlich nachzulassen, so daß die Füße und Unterschenkel des seltsamen Wesens unter dem Fußboden stecken blieben, ohne daß dies auf den Beschauer oder auf das Wesen selbst eine besonders befremdende Nebenwirkung ausgeübt hätte.

Dem Baron sträubten sich die Haare unter der Kompresse. Er fiel in seinen Lehnsessel zurück, aus seinen Beinen war jede Kraft, ja jedes Gefühl entwichen, so daß er sich wie mit eisernen Reifen um die Hüften in eine Art sitzender oder halbliegender Stellung festgeklammert fühlte, ohne ein Glied rühren zu können. Er war aber nicht der Mann, sich ohne Widerstand durch ein Gespenst oder vielmehr durch irgendeinen übermütigen Bubenstreich aus der Fassung bringen zu lassen. Gewohnheitsmäßig rang er nach einem einleitenden Gesprächsthema, doch über seine Lippen kam nur etwas Speichel, dann ein Gurgeln und Labern wie es Säuglinge ihren ersten Artikulationsversuchen vorausschicken. Endlich konnte er sich verständlich machen: „Ihr Name ist . . . ?"

Die Erscheinung hatte jetzt ihre Augen geöffnet, große schöne braune, gar nicht unheimliche Augen, mit denen sie freundlich und still ungefähr in der Richtung auf den sich abquälenden Minister herabsah. Der Minister erwiderte, wie er es stets zu tun pflegte, diesen Blick mit Strenge und Festigkeit, trotz seiner kraftlos ausgestreckten Lage im Sessel, zwischen dessen Lehnen seine obere Körperhälfte wie auseinandergeworfen, ungeordnet, gleichsam auf den Misthaufen hingeschmissen herumlag. „Ihr Name ist ..." sagte er nun schon sicherer und machte den Versuch, durch heftiges Augenzwinkern die Herrschaft über seine erstarrten Glieder wiederzuerlangen. Schließlich aber sah er die Aussichtslosigkeit dieses Versuches ein und wurde ganz still, da er fürchtete, sich vor dem Geist lächerlich zu machen. Daß er es mit einem wirklichen und nicht bloß gespielten Geiste zu tun hatte, war inzwischen seinem rastlos arbeitenden Gehirn klar geworden. – Schon die Dimensionen der Erscheinung sprachen dafür. Sie war nämlich mehr als zweimal so groß wie ein irdischer Mensch, überragte also sogar die üblichen Panoptikumriesen, dabei gaben ihre Proportionen den gewohnten an Ausgeglichenheit nicht nach, hatten also durchaus nicht das Gewaltsame, Rohe, das uns jene Monstren auf dem Jahrmarkt so unheimlich macht. Unheimlich war hier nur, daß die seltsame Gestalt, wie zum Ausgleich für ihre Größe, aus einer merkwürdig lockeren Materie zu bestehen schien, durch welche man das hinter ihr liegende Fenster und sogar den das Mondlicht widerspiegelnden Gebirgskamm in der Ferne ganz matt durchschimmern sah. Ein erstaunlicher Anblick, der, wie sich von Klumm mit wissenschaftlicher Präzision eingestand, durch keinerlei Hokuspokus hervorgebracht sein konnte. Das Unerklärlichste aber blieb dabei, daß die Figur langsam und ganz allmählich einzuschrumpfen, in sich zusammenzusinken schien, wobei sie auch immer festeren Inhalt bekam, ohne übrigens ihre Umrisse oder Gesichtszüge im mindesten zu verzerren. Es wurde nur alles zierlicher, vertraulicher, gleichsam menschlicher an ihr. Überhaupt schien es dem Phantom, wie man jetzt deutlich merkte, durchaus nicht darum zu tun, Schrecken einzujagen. Es machte vielmehr (vielleicht war dies Sinnestäuschung, vielleicht aber eine richtige Beobachtung des immer mehr zur Besinnung kommenden Staatsmannes) ganz im Gegenteil den Eindruck, als wolle es Vertrauen gewinnen, ja binnen kurzem bot es den ganz unglaublichen Anblick eines Gespenstes, das sich selbst am meisten fürchtet, das bescheiden und ängstlich in die Ecke treten möchte, um nicht zu stören, und nur leider nicht von der Stelle kann, wodurch es in eine recht verlegene und verwirrte Stimmung gerät.

Der Minister raffte sich nun zusammen und setzte sich gewaltsam gerade auf. Seine erste Bewegung war, die Kompresse abzunehmen, die für sein Gefühl den guten Ton einer Privataudienz gröblich verletzte. Dann sagte er, schon ganz kaltblütig geworden: „Sie müssen mir aber Ihren Namen nennen, Ihren Namen."

„Namen", wiederholte das Gespenst, als suche es mit aller Anstrengung sich etwas klarzumachen. „Namen... Namen... Was ist das nur, Namen?" Die Stimme klang jetzt nicht mehr verschlafen, sondern rein und hoch, nur etwas zu vibrierend, um menschlichen Stimmbändern anzugehören. Ein Unterton von großer Schüchternheit und Demut war in ihr unverkennbar.

Der Baron sah wieder an der Gestalt empor, musterte sie von Kopf bis zu Fuß, vielmehr bis zum Knie – denn sie stak immer noch teilweise unter dem Parkett. Wiederum

trat eine Pause ein, in welcher nicht nur der Baron sich
bequemer zurechtsetzte, sondern auch die Erscheinung
zum erstenmal zu erkennen schien, daß sie Arme habe, –
zumindest sah sie jetzt mit erstauntem Blick an ihren
Seiten herab und löste, ungläubig und zögernd, die Glied=
maßen von den Hüften, hob sie ein wenig und ließ sie
wieder sinken. Dabei schien sie auch über die Bewegung
ihres Kopfes, die sie jetzt zum erstenmal machte, in
Staunen, sogar in Schrecken geraten zu sein, denn ihr
Gesichtsausdruck wurde von Minute zu Minute ängst=
licher, und die Starrheit der Kontur verfestigte sich nach
diesen Bewegungsversuchen für die nächste Weile nur
noch mehr.

Der Baron konnte, wie es seine engeren Parteifreunde
nannten, unter Umständen „ganz ekelhaft madig" werden.
Ein solcher Moment der Offensität war auch jetzt ge=
kommen. Als wolle er sich für die knapp überwundene
Kleinmütigkeit schadlos halten, fuhr er den Gast mit
voller Stimme an: „Nun, zum Teufel, Sie müssen doch
wissen, wie Sie heißen, wer Sie sind, was Sie hier wollen
und wie Sie eigentlich hergekommen sind."

Bei dem rauhen Klang dieser Worte schien sich die
Erscheinung nun energisch zusammenzunehmen. Ein
alter Mann, der sich auf etwas besinnen will, der ängst=
lich die weißen Augenbrauen zusammenzieht – nicht viel
anders sah das Gespenst jetzt aus. Doch brachte es nicht
mehr hervor als die gezwitscherten Worte: „Ich glaube,
ich bin eben hier hereingestorben."

„Hereingestorben, – was ist denn das?"

Wieder eine Pause.

„Sie – was das ist, frage ich."

21

„Ja, wenn ich das selbst wüßte, mein Herr" erwiderte der Greis. „Haben Sie Mitleid mit mir. Ich bin erst soeben gestorben, vor einem kleinen Weilchen, und ich habe so viele Sünden begangen. Wie soll ich mich da schon auskennen. Ich bin ja noch ganz benommen. Glauben Sie mir, eine Kleinigkeit ist es nicht." Und nach diesen ersten wenigen zusammenhängenden Sätzen schloß er wieder die Augen, gleichsam ganz erschöpft von so viel Anstrengung.

„Merkwürdig" sagte der Baron „ganz eigentümlich ... hm, hm. Das ist mir ganz neu." Wie hilfesuchend griff er um sich und packte den Schirm seiner Schreibtischlampe. Diese Berührung schien ihn auf einen Einfall zu bringen. Den Schirm wie einen Stützpunkt festhaltend, drehte er sich im Sitzen herum, in den grellen Lichtkreis der Stehlampe und entzog damit zum erstenmal wieder das Gespenst seinem Blick. Plötzlich begann er krampfhaft zwischen den aufgehäuften Papieren und Büchern zu wühlen. Das waren doch seine ganz normalen Arbeiten, seine gewohnten Gedanken und Vorstellungen. Er suchte sich an einzelnen Worten und Ziffern, die er las, anzukrallen, festzusaugen, – doch sie verschwammen vor seinem aufgeregten Blick, nichts konnte er entziffern. Immerhin dachte er nach einer Weile sich so weit zur Vernunft gebracht zu haben, daß er sich wieder ins Zimmer hinter sich umschauen zu dürfen glaubte. Langsam wagte er es und wandte sich wieder in die vorige Richtung. Da lag der dunkle, ins Unendliche verschwimmende Saal, in dem die elektrische Lampe nur den nächsten Umkreis, nahezu nur bis zu seinen Füßen, erhellte. Und knapp vor ihm schon wieder dieser langaufgeschossene Patron, der übrigens, was wirklich grauenhaft aussah, die Zwischenpause nicht dazu benützt hatte, um sich in eine bequeme Stellung zu arrangieren, sondern statt dessen starr und mit tiefem Ernst, wie in völliger Selbstvergessenheit eine Antwort des Ministers abzu= warten schien.

„Nun, Sie sagen also... Sie sind also gestorben... Und doch leben Sie... Was bedeutet das? Ich meine, können Sie sich nicht vernünftiger ausdrücken? Sind Sie also eigentlich gestorben oder sind Sie hier?"

„Ich bin hierhergestorben... wegen meiner Sünden".

Der Baron schüttelte den Kopf. „Wegen Ihrer Sünden, das sagten Sie schon. Was für Sünden? Sie sind ein Mörder, nicht wahr?"

Eine heftige Bewegung des Abscheus ging durch den Leib des Gespenstes, es schüttelte sich von oben bis unten und, immer noch etwas unbeholfen, aber mit unbewußter Energie, hob es jetzt die Arme hoch empor und schlug sogar die Hände über dem Kopf zusammen, indem es jammervoll rief: „Ein Mörder! Ich, ein Mörder! – Nein, Gott sei Dank, davon habe ich mich zeitlebens weit ent= fernt gehalten. Mordgedanken kann ich auch bei pein= lichstem Nachforschen in meinem Gemüt, wie es damals war und wie es jetzt ist, nicht entdecken."

„Also haben Sie gestohlen, betrogen, Schiebungen gemacht, Gaunereien – oder sind unehrlich gewesen, nicht?"

„Unehrlich – ja das vielleicht. Ich habe nicht immer und nicht bei jedem Schritt an die ewige Wahrheit der Dinge gedacht, obwohl ich immer und immer wieder diesen festen Vorsatz hatte."

„Und das war Ihre ganze Unehrlichkeit?" lachte der Baron auf.

„O eine Sünde — die allerärgste Sünde! Deshalb er=
lebe ich ja zur Strafe diese furchtbare Versetzung in eine
andere Welt, deshalb ist ja meinem Sterben nicht ein
Aufstieg in die höhere Sphäre gefolgt, sondern das ent=
setzliche Ausgestoßensein in eine beigeordnete, wo nicht
tiefere Entwicklungsstufe."
„Unfaßbar. — Sie beharren also wirklich darauf, daß
Sie gestorben sind?"
„Natürlich, das ist es ja, ich erlebe soeben das, wovor
man sich am meisten fürchten soll, oder besser gesagt,
was man als Zeichen der göttlichen Gerechtigkeit am
meisten ehrfürchten soll, — ich erlebe die erste Stunde
nach meinem Tode."
„Das muß wirklich interessant sein", fuhr es unbedacht
aus dem Mund des Barons heraus. „Das heißt . . . ich
wollte sagen . . . Bitte, möchten Sie nicht Platz nehmen?
Davon müssen Sie mir mehr erzählen. Wie ist denn das,
in der ersten Stunde nach dem Tode? Sie müssen wissen,
mit diesem Gedanken, das heißt damit, mir diesen Zu=
stand auszumalen, habe ich mich schon oft in müssigen
Stunden beschäftigt. Ich habe ja immer viel zu tun, leider,
eider. Aber manchmal, sehn Sie, zwischen den wichtigen
Staatsgeschäften fällt einem doch etwas so Abstruses ein,
ja ich muß es abstrus nennen, denn wie kann ein lebender
Mensch wissen oder sich richtig vorstellen, wie es nach
seinem Tode in ihm zugehen mag. Das ist ja schlechter=
dings eine Unmöglichkeit, eine Absurdität. Nun, item,
ich habe ein gewisses Maß von Vorliebe für diese Sache,
lich behalte ständig diese Angelegenheit im Auge . . ."
Unwillkürlich geriet er, je mehr er in Eifer kam, in die
feingedrechselten Redensarten, mit denen er seit Jahren

Petenten und Deputationen mechanisch abzufertigen pflegte. So sehr hatte dieses Gespräch schon den Charakter des Absonderlichen und Geisterhaften für ihn verloren, so sehr betrachtete er es als eine gar nicht mehr gruslige Konversation. „Kurz und gut, ich denke mir in dieser ersten Stunde ... hehe, wenn ich so sagen darf, alles recht finster und leer und öde um einen herum. Das Nichts, verstehen Sie, das Nichts in des Wortes allerschärfster Bedeutung. So stelle ich mir es vor. Natürlich fällt es mir gar nicht ein, meine Erfahrungen mit den Ihrigen zu messen oder gar in eine Reihe stellen zu wollen. Verzeihen Sie meine Schwatzhaftigkeit. Ich werde mit weit größerem Vergnügen Ihren Ausführungen lauschen, als ich gesprochen habe. So, ich bin schon ganz Ohr. Bitte, setzen Sie sich, hier ..."

Das Gespenst hatte ziemlich ratlos seine Augen umherwandern lassen, jetzt hefteten sie sich auf den Klubfauteuil, den der Minister heranrückte. Die Worte schienen von ihm verstanden worden zu sein, denn nun setzte es sich gehorsam und so schnell, als es seine immer noch festgeklammerten Füße zuließen, wobei es allerdings eine gewisse Unvertrautheit mit dem Gebrauch einer Sitzgelegenheit verriet, denn es ließ sich über beide Armlehnen zugleich nieder. Allerdings hätte es seine immer noch riesenhaften Körperformen nur schwer in den breiten Fauteuilgrund einzwängen können.

„Reden Sie also, erzählen Sie mir etwas von diesem Paradies, das unsere Pfaffen so gut zu kennen vorgeben."

„Vom Paradies!" erwiderte das Gespenst mit einem Seufzer. „Wie sollte ich niedriges Wesen Ihnen etwas vom Paradies erzählen können, in das ich vielleicht nach

Billionen Jahren, vielleicht niemals Zutritt erlangen werde."

„Also erzählen Sie meinetwegen von der Hölle", warf der Minister mit einer verbindlichen Handbewegung wie einen kleinen Konversationsscherz hin.

„Der Hölle scheine ich ja allerdings, wenn mich nicht alles trügt, entronnen zu sein", erwiderte die Erscheinung mit einem nicht gerade zuversichtlichen Blick rundum, doch schien ihr schon dieser Blick eine Vermessenheit zu bedeuten, denn sie verbesserte sich sofort mit stiller Bescheidenheit. „Sie dürfen übrigens nicht glauben, daß das etwas Besonderes ist. Die Extreme, volle Erlösung und volle Verdammnis sind wahrscheinlich, so vermute ich mindestens, im ewigen Sein ebenso seltene Ausnahmen wie im sterblichen Leben. Die Mittelstufen mit ihren tausendfältigen Abschattierungen überwiegen weitaus. So eine Mittelstufe scheint auch, obwohl ich mir darüber durchaus nicht klar bin, mein Los zu werden."

„Nun, ich danke, für meinen Geschmack würde das Nichts, das absolute Nichts nach dem Tode schon Hölle genug bedeuten."

„Das Nichts?"

„Nun, das Nichts, von dem ich vorhin sprach, der Wegfall aller sinnlichen Empfindungen, aller Wünsche und Freuden und Leiden."

„Verzeihen Sie, da habe ich Sie wohl schon vorher nicht ganz richtig verstanden. Sie müssen mit mir Nachsicht haben, ich gebe mir die allergrößte Mühe, aber ich bin von all dem Neuen, das ich erlebe, so aus der Fassung gebracht, so betäubt, daß ich Ihnen trotz Ihrer Freundlichkeit nur schwer folgen kann. – Ein Nichts nach dem Tode, sagten Sie? Da hätte ich eigentlich sofort widersprechen müssen. Gerade das Gegenteil davon trifft ja zu. Eine solche Fülle frischer ungeahnter Eindrücke fällt nach dem Tode über einen her. Es kostet die größte Anstrengung, sich dieses Ansturms zu erwehren..."

„Neue Eindrücke... im Momente des Todes?"

„Nicht gerade im Momente des Todes. Da gibt es allerdings einen kleinen Augenblick von gemindertem Bewußtsein, in dem man nichts fühlt als einen heftigen Riß, eine vorher ganz unbekannte starke, aber ganz kurze Empfindung, mit der sich die Seele vom Körper löst, ein Zucken, von dem ich nicht sagen könnte, ob es der Lust oder dem Schmerz verwandter ist. Aber wie gesagt, das dauert nur den Bruchteil einer Sekunde lang. Dann ist die Seele von Materie frei, ganz rein und losgebunden. Das aber ist gerade das Anstrengende. Wie soll ich es nur beschreiben? Unser ganzes Leben lang hatten wir damit zu tun, unsere Materie, die ja, seien wir aufrichtig, den Schwerpunkt unseres Daseins bildete, mit Geistigem und Gefühltem, mit seelischem Leben vollzusaugen, das wir aus den wogenden Lebensströmen rings um uns für unseren Gebrauch entnahmen. Plötzlich ist unsere Seele frei, bildet gleichsam einen materielosen Hohlraum, eine luftleere Blase mitten in der Materie. Die Materie aber, die gewohnt ist, sich am Seelischen zu nähren, gleichsam vollzusaufen, stürzt natürlich von allen Seiten mit rasender Begierde auf diesen Hohlraum zu und versucht sich einzudrängen. Alle Arten von Stofflichkeiten, auch solche der tiefsten Lebensformen, möchten von der eben freigewordenen Seele Besitz ergreifen, möchten sich an ihr nähren und emporpäppeln. Diese ersten Minuten sind schrecklich. Ich kann ja sagen, mir ist es dabei noch ganz gut gegangen, ich hielt mein kleines Bündel Seelensubstanz tüchtig beisammen. Viele Seelen aber werden schon in diesen ersten Augenblicken ihres neuen Daseins in Stücke gerissen, einfach zerfetzt, und es graut mir geradezu, wenn ich mir ausmale, was eine solche in Atome zerbrochene Seele zu leiden hat, die ja doch noch bei all dem ihr einheitliches Ichbewußt= sein behält und nun zu gleicher Zeit in einem Regen= wurm, einem Baumblatt und vielleicht in ein paar Bazillen darauf, die einander gegenseitig vertilgen, wei= tervegetieren muß. Ich nehme an, daß gerade das der Zustand ist, den man Hölle nennt."

„Nicht ausgeschlossen", unterbrach der Baron mit dem Lächeln, das er für ertappte Gegner zu verwenden pflegte. „Nur möchte ich wissen, woher Sie nicht nur über Ihr eigenes Schicksal, sondern auch noch zum Über= fluß über das anderer Seelen so genau Auskunft zu geben wissen. Ohne Ihnen nahetreten zu wollen, — sind Sie sich klar darüber, daß Sie sich hier auf ein Gebiet be= geben haben, auf dem allen Phantasien und Täuschungen, insbesondere Selbsttäuschungen, Türe und Tor geöffnet ist? Haben Sie sich in dieser Hinsicht ernstlich genug geprüft? Sind Sie Ihrer so vollständig sicher, daß eine kleine . . . ich will nicht Lüge sagen . . . eine kleine Übertreibung oder Entstellung der Wahrheit ganz aus= geschlossen erscheint?"

Der Greis war gar nicht beleidigt, im Gegenteil, er schien für jede Ermahnung dankbar und verfiel sofort, nachdem er das Vorige in gewissermaßen ruhigem Ton geäußert hatte, in seine anfängliche reuige Zerknirschung: „O, Sie haben recht. O, wie recht Sie haben. Offenbar sind Sie mir als Richter bestimmt, vor dem ich mich zu verantworten, nein, nicht verantworten, vor dem ich meine Verfehlungen zu beichten habe. — Ja, es ist wahr, ich habe mich durchaus nicht genügend geprüft und habe mich, obwohl es mein ernstlicher Wille war, auch vor eitlen Selbsttäuschungen nicht hinreichend gehütet. Meine Einsicht, wenn ich die erbärmlichen Resultate meines Lebens so nennen darf, reichte gerade noch aus, um mich die erste Prüfung nach dem Tode, die Attacke der Materie, bestehen zu lassen. Ich verstand in diesem Moment mit wirklich merkwürdiger Hellsichtigkeit nicht nur alles, was mit mir, sondern auch was mit anderen eben Gestorbenen rings um mich vorging. Schreckliches habe ich da in wenigen Minuten gesehen, noch Schrecklicheres ist mir wie in Ahnungen klar geworden. Ganz rein konnte ich mich übrigens trotz meiner verzweifelten Gegenwehr doch nicht erhalten. Ich sehe, daß da schon wieder allerlei Fremdes an mir herumhängt, was mit unsterblicher Substanz nichts gemein haben dürfte." Bei diesen Worten betastete er traurig seine Rockknöpfe und zog das Jakett, das er trug, mit einer Bewegung über dem Magen zusammen, der man anmerkte, daß ihm dieses Kleidungsstück etwas ganz Unerklärliches war, daß er es vielleicht für einen Körperteil hielt.

„Trösten Sie sich, alle Kleidungen haben etwas Groteskes" beruhigte ihn der Minister mit Herablassung.

„Kleidung nennen Sie das ... Ach so, nun verstehe ich. Unsere Kleidung sah allerdings ganz anders aus. In der sylphischen Sphäre, aus der ich stamme, besteht

die Kleidung in einer gewissen, sehr hohen Geschwindig=
keit, mit der sich die Individuen beständig kreiselförmig
um sich selbst drehen."

„Eine Sylphe sind Sie also, eine Sylphide." Eine
ganz schwache Erinnerung an die schöne Gabriele und
ihren Sylphentanz im letzten Ballett schwebte am Baron
vorbei, „Sylphen stellen wir uns allerdings ganz anders
als in Ihrer Figur vor."

„Sie sind auch ganz anders, wahrhaftig, und leben auch
ganz anders als ich es jetzt tue. Ich bin schon auf dem
Übergang in Ihre Welt begriffen, lebe schon halb und
halb, so gut ich es kann, als Mensch. Das ist ja eben die
zweite schwerere Prüfung, die ich durchzumachen habe:
man wird plötzlich in eine ganz andere Welt unter ganz
neue Bedingungen versetzt, alle Gewohnheit des Alltags,
alle Routine fällt infolgedessen von einem ab, und gerade
das ist der Prüfstein, an dem sich zeigt, wieviel wirkliche,
für alle nur irgend möglichen Welten geltende Realität
man in dem einen Leben zu erwerben gewußt hat . . ."

„Sie sind also gar kein toter Mensch, sondern aus
einer andern Welt?" fragte der Baron und lehnte sich,
wiederum etwas fassungslos geworden, zurück.

„Ich bin aus einer andern Welt hier hereingestorben",
wiederholte das Gespenst geduldig.

„Vom Mond etwa oder vom Sirius?"

„Nein, aus einem ganz andern Weltsystem, wie ich
schon sagte."

„Aus der Milchstraße also oder dem Orionnebel?"

„Wenn Sie in Ihrer Körperwelt noch so weit gehen,
unendlich weit, so können Sie meine Heimat trotz allem
nicht finden. Meine Heimat ist ein Reich anderer Sinne

oder war es vielmehr bis heute, ich zähle mich aber noch ein wenig zu ihr. Wir Sylphen sehen nicht, wir hören und riechen nicht und werden nicht gehört und gesehen. Wir haben dafür andere Organe, eine andere Schwere und andere Naturgesetze. Dem Raume nach aber leben wir unter euch Menschen, mitten unter euch. Es gibt eben unendlich viel Welten, die sind aber ineinandergeschoben, nicht nebeneinander laufend, und trotz ihres unmittelbaren Beisammenseins wissen sie nichts von einander. — Auch mir war bisher eure Welt samt Sternenhimmel und Milchstraße und allem, was eure Sinne fassen, vollständig verborgen. Ich bin völlig überrascht, daß ich, ohne mich von der Stelle gerührt zu haben, nur gleichsam durch eine innere Umschaltung der Organe in eine so völlig ungeahnte neuartige Umgebung versetzt bin."

„Warten Sie, nicht so schnell! — Ich muß das erst fassen", rief von Klumm und preßte die Hand an die von pochenden Adern schmerzhaft durchpulste Stirn. „Es ist Ihnen also alles ganz neu?... Nun immerhin, das muß ich sagen... vorausgesetzt, daß das alles wahr ist, was Sie da erzählen,... immerhin benehmen Sie sich, wenn Ihnen wirklich alles neu ist, anerkennenswert korrekt und sicher. Es ist mancher so vor mir gesessen, wie Sie jetzt hier sitzen, und hat vor Verlegenheit nicht ein noch aus gekonnt. Sie müssen wissen, ich bin — das darf ich ohne Selbstüberhebung sagen — ein ziemlich einflußreicher Mann, und seltsamerweise sagt man mir nach ⟨ich weiß selbst nicht, wie ich zu diesem Ruf komme⟩, daß mein Auftreten etwas Imponierendes an sich hat und daß es auch für den Mutigsten und Frechsten schwer ist, die Contenance zu bewahren, wenn er mir gegenübersteht."

Hier gab das Gespenst, das bisher die Unterredung mit ebenderselben Spannung geführt hatte wie der Baron, zum erstenmal ein Zeichen von Interesselosigkeit von sich, ein recht deutliches Zeichen sogar, indem es seinen Blick auf eines der Fenster heftete und die Landschaft draußen mit sichtlichem Vergnügen zu betrachten begann, wobei es den Kopf reckte und sich sogar halb von seinem Sitz erhob.

Der Minister war Weltmann genug, dies nicht zu bemerken.

„Die schönen Berge", sagte das Gespenst, und ein sehnsuchtsvolles Aufatmen hob seine Brust.

„Auch unsere irdischen Berge erkennen Sie also sofort", sagte der Minister im Ton einer gewissen kühlhöflichen Galanterie. „Ich mache Ihnen mein Kompliment über Ihr schnelles Orientierungsvermögen. — Gibt es denn auch in Ihrer Welt so etwas wie Berge?"

„Nein. Bei uns drückt sich alles (oder vielmehr: drückte sich alles) in elektrischen Wellen, rotierenden Lufttrichtern und Wirbeln aus."

„Und dennoch..."

„Aber natürlich gibt es auch in dieser Materie Naturschönheiten, erhabene Erscheinungsformen der ewigen Kräfte, des Wachsens und Vergehens. — Da ich nun mein ganzes Leben lang, so oft ich in die freie Natur hinaus kam (es geschah bei meinem abscheulichen Berufe selten genug)..., da ich vielleicht gerade deshalb, weil es mir so ungewohnt war, die Herrlichkeiten der Natur mit einem wahren Durst und Entzücken in mich aufnahm und jedesmal dabei in mir ohne weiteres das Gefühl wach wurde, daß ich in diesem Genuß irgendwie an ein Ewiges,

Allgemeingiltiges, ganz unerschütterlich Wirkliches rührte, eben deshalb bin ich möglicherweise jetzt befähigt, in allem, was Naturschönheit betrifft, auch in der neuen Welt mich schnell auszukennen und sofort zu fühlen, wo ich auch hier auf ein Wesentliches in dieser Beziehung stoße."

„Höchst sonderbar. Mache ich Ihnen nicht nach, wahrhaftig... Wenn ich aus einem Alpenpanorama von lauter Luftwirbeln käme... pardon, so sagten Sie doch... aus lauter Seifenblasen, nicht wahr, also ohne Steine, ohne Schnee, ohne Pflanzen, ohne Farbe... natürlich auch ohne Farbe... das muß ich sagen, dann wäre ich beim Anblick der wirklichen Berge so verblüfft, so verblüfft..." Der Baron versank in Brüten, endlich fuhr er auf. „Mit einem Worte, ich wäre verblüfft."

„Sie wollen mich verspotten", klagte das Gespenst. „Bin ich am Ende noch zu wenig verblüfft und verwirrt? Nur gerade der freien Gottesnatur gegenüber fühle ich etwas mehr Vertrauen."

„O nein, auch in anderem kennen Sie sich ganz erstaunlich aus. Ja, es scheint mir sogar, in den Hauptsachen. Sie wissen genau, ich muß direkt sagen, unnatürlich genau Bescheid darüber, woher Sie kommen und wohin Sie gehen."

„O ich weiß es nicht, mein Herr, ich weiß es nicht."

Der Baron fuhr unbeirrt fort: „Sie sind sich sogar dessen bewußt, daß Sie sich in einem Übergangsstadium befinden. Sie haben einen Begriff von den Prüfungen, denen Sie entgegengehen, von einem gewissen Gerichtsverfahren und von den Verdiensten, die Sie vor diesem Gericht geltend machen können. Dabei macht Ihnen unsere Sprache, unsere Begriffsbildung in diesem doch recht schwierigen

Thema merkwürdigerweise gar keine Schwierigkeiten. Sie reden wie gedruckt und Sie reden dabei von der ewigen Gerechtigkeit, wie wenn Sie mit ihr verwandt wären, Sie reden ebenso von Gott und Tod und Hölle und Teufel und ich weiß nicht, wovon noch . . ." Der Baron war geradezu wütend geworden und ging mit großen Schritten im Zimmer auf und ab.

„Ja, glücklicherweise habe ich mich gerade mit diesen Dingen auch in meinem sterblichen Leben einigermaßen befaßt", sagte das Phantom mit äußerster Zaghaftigkeit, „wenn auch lange nicht genug. Und nicht, daß ich sie verstanden hätte. Aber eine gewisse Sehnsucht zog mich immer wieder zu ihnen hin, und auch da hatte ich das Gefühl, daß es um ewige unumstößliche Wirklichkeiten gehe, die überall gelten müssen . . . Ach, leider habe ich dafür anderes vernachlässigt, und das rächt sich jetzt bitter an mir . . ."

„Sie schweigen?" rief der Baron unwillig, da eine kleine Pause eintrat. „Gerade auf das wäre ich besonders neugierig. Was ist es nun eigentlich, was sich an Ihnen rächt? Worin haben Sie gesündigt? . . ."

„Ich war", kam es stockend, beschämt hervor, „ . . . ich war, wie soll ich es sagen, in Kleinigkeiten sehr ungeschickt. Das heißt: ich hielt sie für Kleinigkeiten. Jetzt aber sehe ich, daß auch sie bedeutungsvoll sind und daß auch sie, wenn man sie mit der richtigen Sorgfalt anpackt, einen verehrungswürdigen Kern von Realität enthalten. Denn jetzt fehlen sie mir. Das ist eben das besondere Gesetz, unter dem wir Gestorbenen in der ersten Stunde nach dem Tode stehen. Aktion und Reaktion sind vollständig vertauscht. Das, was wir im sterblichen Leben ehrfürchtig, mit Schauder und Staunen bewundert haben, das ist uns jetzt vertraut. Was wir aber dort wegwerfend behandelt und zu einer seelenlosen gewohnheitsmäßigen Hantierung herabgewürdigt haben, das mutet uns hier fremd und unverständlich an. So geht es mir hier...," er stockte wieder, „mit der Kleidung. Ich habe sie, offen gesagt, sehr vernachlässigt. Überhaupt, Etikettefragen verstand ich nie. Mit einem gewissen Hochmut setzte ich mich über sie hinweg und glaubte, infolge meiner sonstigen höheren Neigungen sogar ein Recht auf diesen Hochmut zu haben. Für ihn werde ich jetzt bestraft. Denn gewiß liegt auch in der Etikette, überhaupt im geregelten gesetzlichen Verkehr zwischen den Geschöpfen, im Maßhalten und Distanzgefühl etwas Allgemeingiltiges und von Gott Gewolltes. Mag sein, daß dieses Distanzhalten übertrieben wird, daß nur ein Körnlein Wahrheit und sehr viel Lüge in ihm liegt. Aber eben auch dieses Körnlein Wahrheit zu finden war ich verpflichtet, und noch so arge Lüge, die es verhüllte, ist keine genügende Entschuldigung dafür, daß ich mich von dieser Hülle abschrecken ließ... Zur Strafe bin ich jetzt in allem derartigen ganz ratlos. Bedenken Sie nur, wie peinlich es für mich ist, daß ich immer noch nicht herausbringen konnte, in welcher Gestalt Sie vor mir stehen. Ich sehe Sie gar nicht. Ich glaube zwar, daß Ihre Stimme aus diesem schönen leuchtenden Körper kommt," dabei zeigte er auf die Schreibtischlampe weit hinter dem Baron, der bei diesen Worten (vielleicht zum erstenmal in seinem Leben) ein eigentümliches Gefühl von Kleinheit und Unbedeutendheit empfand, was jedoch seine Erbitterung nur steigerte, und ich, halte irgendwie dieses Licht für das Zentrum, der Persönlichkeit, mit der ich mich unterhalte. Im übrigen aber hebt sich für mich leider keine deutliche Gestaltung aus der Umgebung hervor. Und auch mit meiner eigenen Figur kann ich nicht ins Reine kommen, so sehr ich mich meiner neuen Welt anpassen möchte. Bald zuckt es in mir zusammen, bald fließt es auseinander. In allen Poren fühle ich ein Unbehagen. Glauben Sie mir, mir fehlt jedes Raumgefühl, alles torkelt mir schwindlig durch den Kopf. Ich kann die richtige Ebene nicht finden, in der ich mich zu bewegen hätte. Alles sehe ich schief."

„Das merke ich nun wirklich", fuhr von Klumm mit höhnischem Lachen auf.

„Jetzt erst merke ich, zu spät, wie recht ein Freund hatte, der mir immer von seinem Heimweh erzählte. Er war nur aus einer andern Stadt, nicht etwa aus einer ganz andern Welt zu uns gekommen, und immer wieder klagte er, wie unheimlich, ja geradezu wie bestraft er sich fühle. Was sich nämlich zu Hause unter einer Hülle lieber Gewohnheiten, in der Wärme des Körper=an=Körper=Sitzens im Familienkreis verborgen hatte, das trat jetzt nackt zu Tage: eine gewisse innere Leerheit und Sinnlosigkeit seines Lebens."

„Dasselbe hat heute der Militärattaché gesagt", murmelte der Baron, mit gespanntem Mißtrauen.

„Wenn man", fuhr die Erscheinung ruhig fort, „in einem trügerischem Schein von ewigem Beschäftigtsein sein Leben hinbringt, immerfort fleißig und strebsam ist, immerfort sogenannte „ernste" Dinge treibt, die meist nur der banalen Notdurft des Tages dienen, seine Muße wiederum mit einem „Unernst" vergeudet, der jenem Ernst an Irrealität gleichwertig ist, — kurz, wenn man nirgends die befreiende absolute Wahrheit sieht, sondern überall nur eine trübselige Notwendigkeit und Gewohnheit..."

„Das ist zuviel," schrie der Baron, und ging mit geballten Fäusten auf das Phantom los, „jetzt reden Sie gar von mir!"

„Nein, von meinem Freund", schrie die Erscheinung und wich mit dem Oberleib zurück.

„Haha, – der sah also nirgends absolute Wahrheiten? Hören Sie, da laß ich ihn schön grüßen und ihm sagen, daß er ein ausgezeichneter Kerl ist, dieser Freund, und mein Mann. Genau so bin ich nämlich auch. Die nüchternen Tatsachen des Lebens erkenne ich an, relative Vernünftigkeiten, Zweckmäßigkeiten. Aber was Sie da von allgemein giltiger Realität faseln ... Donnerwetter, gerade gegen solche törichte Ideologien anzukämpfen, darin sehe ich den bescheidenen, aber vielleicht doch nicht ganz unwesentlichen Sinn meines Daseins. Zum Teufel, ist denn jemand so kurzsichtig, der das nicht einsieht? Es gibt kein Recht für alle und keine Gerechtigkeit, weil jeder recht hat, jeder einzelne. Deshalb muß es ewig Krieg geben, Zwietracht von Mann zu Mann und Krieg der Völker untereinander ..."

Kaum hatte der Minister diese Worte ausgesprochen, als das Gespenst sich mit einem Male wie umgewandelt gebärdete. War es bisher eines von der weinerlichen Sorte, sogar nahezu temperamentlos gewesen, so geriet es jetzt in einen zornigen Eifer, der dem des Barons in nichts nachstand. „Halloh, das ist ja Unsinn", rief es und schien alle Zimperlichkeit mit einem Schlage vergessen zu haben: „Es gibt kein Muß und es gibt keine

bloß relative Vernünftigkeit! Mit solchen Ansichten stecken Sie ja in einer ganz gewaltigen Verblendung."
„Ich – Verblendung? Ich, der anerkannt sachlichste Realpolitiker der Gegenwart? Selbst von den Gegnern als sachlich anerkannt? Und solch ein Phantast, solch ein Utopist wie Sie will das behaupten? Wissen Sie, daß ich Leute Ihres Schlages für die ärgsten, ja die einzigen Feinde der Menschheit halte?" Der Baron hatte die Erscheinung beim Arm ergriffen und zerrte sie hin und her, die Empörung hatte ihn vollständig übermannt. Doch auch die Erscheinung war wild geworden. Erregt tappte sie um sich, allerdings sehr ungeschickt, so daß sie den Baron verfehlte. „Ja, für einen solchen Feind" schrie dieser, indem er zur Seite sprang, „daß ich mir gar kein Gewissen daraus mache, Sie selbst samt Ihren läppischen Erfindungen jetzt auf der Stelle über den Haufen zu schießen." Er war an den Schreibtisch geeilt, öffnete eine Kassette und begann mit zitternder Hand, den Revolver von neuem zu laden. Dabei aber schrie und zankte er ununterbrochen weiter und seine Stimme klang vor Wut und Aufregung immer heiserer: „Mit Ihrem albernen Gerede von ewiger Gerechtigkeit..., begreifen Sie gar nicht, daß Sie sich an dem heiligsten Gute der Menschheit versündigen? Wenn es nur e i n Recht und e i n e Wahrheit gäbe, wo bliebe dann... die immanente Mißlungenheit, die Sinnlosigkeit alles Irdischen, die doch gerade darin besteht, daß alle, die aufeinander gegenseitig loshauen, alle, alle zugleich im Rechte sind, wo bliebe das Christentum, die Religion des Leidens, wo bliebe die ganze metaphysische Tragik des Erdenwallens?"

„Sie erbärmlicher Wicht", schrie nun auch der Geist aus voller Kehle und in seine Stimme rollte etwas wie unterirdischer Donner, ja auch aus den Wänden und Fenstern schien es dunkel mitzusprechen, der Wind draußen setzte mit stärkerer Wucht ein und brachte vom Hochgebirg ein eigentümliches leises Pfeifen und Knistern mit, als lösten sich irgendwo in der Ferne die Fugen des uralten Gesteins und bereiteten sich vor, in feinen Staubbächen herabzurieseln. „Sie erbärmlicher Wicht", schrie gleichsam die ganze sichtbare Natur in ihrer Empörung auf. „Ist es Ihre Sache, Gott ins Handwerk zu pfuschen, und die Tragik seines Werkes gönnerhaft besorgt zu protegieren, für die vielleicht genug und mehr als genug geschehen ist, wenn er solch schädliche Würmer wie Sie in seiner unendlichen Güte überhaupt nur weiterexistieren läßt, statt sie zu vertilgen?" – Bei diesen Worten bog sich das Gespenst ganz zurück, als wolle es einen Anlauf nehmen, um das Menschlein einfach mit der Wucht seines Leibes niederzustoßen und dann zu erdrücken. Durch diese heftige Bewegung aber hatte es sich unversehens aus dem Parkett, in dem es noch immer bis zum Knie gefangen stand, frei gemacht. Es stieg nun vollends wie aus einer Versenkung empor, erstaunlicherweise jedoch hielt es mit dem Aufstieg nicht ein, als es die Ebene des Fußbodens unter den Sohlen hatte, sondern wie im Schwunge seines Ausholens erhob es sich weiter und fuhr nun frei in die Luft empor, doch nicht geradeaus, sondern schräg, als schwebe es eine unsichtbare Treppe hinauf. In dieser Bewegung kam es wie in einem eisigen Luftzug dicht am Baron vorbei, so daß es ihn also wieder verfehlt hatte. „Wehe mir", schrie es jetzt mit kläglich=schneidendem

Laut, indem es plötzlich etwa in halber Höhe des Zimmers einhielt und fast unbeweglich, nur mit leichtem Pendel= schlag schwingend blieb. „Meine Sünde! Meine Sünde!"

Der Baron war zitternd in die Knie gestürzt, in weitem Bogen entfiel die Waffe seiner Hand und klirrte zu Boden. Nicht so sehr die Rede des Geistes als der furchtbare An= blick des in der Luft wie an einem imaginären Galgen hän= genden Leibes, der an Gespenstigkeit all das Merkwür= dige, was er an diesem denkwürdigen Abend bereits erlebt hatte, weit überbot, warf ihn aus seiner mühsam erkünstel= ten Fassung. Nun rührten die bebenden Worte von oben, die wie unmittelbar aus einem gequälten Herzen hervor= gestoßen schienen, an einen Nerv seiner Seele, der schon lange nicht, vielleicht seit seinen ersten Kinderjahren nicht geschwungen hatte. „Meine Sünde! Meine Sünde!" wimmerte nun auch er und verdrehte die Augen. Denn weinen konnte er nicht mehr. Das hatte er in all den vielen Jahren ganz verlernt.

Eine Weile schrien nun beide jammervoll durch das Zimmer und erweckten den schaurigen Widerhall der leise knarrenden Möbel. Der Mond war untergegangen, völliges Dunkel herrschte außerhalb des Lampenscheines. Jetzt erst bemerkte man, daß ein ganz zartes, flimmernd bläulich=weißes Licht von den Konturen des Phantoms ausging, wie von einem Kamm, der knisternd durch Haare streicht. Es machte wirklich den Eindruck, als sei jedes Fäserchen im Kleide des Geistes bis zur Wurzel hinab schmerzlich aufgeregt und erschauere in dem fremden widerspenstigen Medium des irdischen Luft= raumes, der sich bei der geringsten Bewegung als unan= genehm krankhafte Reibung bemerkbar machte.

„Was ist Ihnen denn? Herr des Himmels, was ist Ihnen?" rief der Minister, dessen Wut völlig verraucht war und der nur noch Mitleid fühlte, Mitleid mit der armen verirrten Spukgestalt, noch mehr Mitleid aber mit sich selbst, denn er begann zu ahnen, daß sein Schicksal in jener unausweichlich gewissen Stunde nach dem Tode dem des Geistes verwandt, aber noch viel, viel entsetzlicher sich gestalten müsse.

„Sehn Sie denn nicht", erklang es jämmerlich von oben. „Ich habe keinen Raumsinn, das ist es. Ich erkenne zwar, daß es hier Zimmer und Stockwerke, eine gewisse gesetzmäßige Anordnung von Oben und Unten, von Rechts und Links gibt. Aber ich kann diese merkwürdige Anordnung nicht in mein Gefühl aufnehmen, ich kann sie nicht von innen heraus empfinden ... Und jetzt weiß ich auch schon, für welchen besonderen Vorfall meines Lebens diese Heimsuchung mich treffen soll."

„O, es ist schrecklich", wehklagte der Minister. „Was war es denn, was Sie verbrochen haben? Vielleicht kann ich Ihnen helfen. Wenn es in meiner Macht liegt, seien Sie überzeugt, daß ich nichts unversucht lassen werde..." Die gewohnten Diplomatenphrasen kamen tonlos, nur so kopfüber aus seinem blassen Munde gestürzt.

Der Geist antwortete auf sein Anerbieten gar nicht, er schien ganz in Erinnerung zu versinken und nur zu sich selbst zu sprechen: „Ein vornehmer Mann, ich glaube, er war Staatsminister, besuchte mich einmal, vielleicht in der besten Absicht, von lauterstem Wohlwollen erfüllt, in meiner armseligen Dachkammer. Er wollte von mir lernen, sagte er, wollte meine originelle Lebensweise, meinen Eigenbau in Weltanschauungen, so nannte er es wörtlich, mit eigenen Sinnen nachprüfen. Da ritt mich der Satan der Aufgeblasenheit, der richtige Proletarierstolz, und ich warf ihn eigenhändig die Treppe hinunter, wobei ich triumphierend ausrief: ‚Damit Sie wirklich sehen und am eigenen Leib fühlen, daß es bei mir kein Hoch und Niedrig, kein Oben und Unten gibt.'"

„Kein Oben und Unten. — Und deshalb hängen Sie Unglückseliger jetzt in der Luft? — Nun, aber es war damals wirklich nicht schön von Ihnen."

„Ja, das schrie ich ihm damals nach, mit vollem Brust=
ton und in der Überzeugung, etwas Großartiges ausge=
führt zu haben. Leider bin ich ja so jähzornig, Sie haben vorhin eine Probe davon erlebt. Und es kam mir da=
mals so naheliegend vor, so selbstverständlich, den Mann einfach am Kragen zu packen und hinunterzuwerfen. Nachher noch freute ich mich lange darüber, daß ich diesen glänzenden Einfall gehabt hatte, er schien mir aus meinem Innersten gekommen zu sein, ich konnte mir gar nicht vorstellen, daß die Sache anders hätte ausfallen sollen und dürfen. — Jetzt aber fühle ich ganz genau, eben diese scheinbare Selbstverständlichkeit und Insich=
geschlossenheit, diese handgreifliche Massivität und Sicher=
heit der Dinge ist die ärgste Gefahr, die ärgste Versuchung für die Sterblichen. Es kann gar nicht anders sein, denkt man, oder denkt gar nichts, beruhigt sich einfach dabei, daß es so ist, daß es Elend und Heuchelei und Massenmord und Verkümmerung gibt. Es ist nichts zu ändern und zu bessern, denkt man, und vergißt ganz, daß man bei sich selbst den Anfang machen könnte ..."

Der Baron unterbrach ihn, zähneklappernd, mit dem Ausbruch seiner höchsten Angst: „Aber bedenken Sie,

Liebster, wie wird es erst mir ergehen, wenn Sie schon wegen einer einmaligen geringfügigen Verfehlung oder vielmehr nur Vierschrötigkeit so viel auszustehen haben? In Etikette und Distanzfragen zwar werde ich mich auskennen. Aber in den vielen anderen und, wie es scheint, wichtigeren Dingen, die ich alle nur als Gewohnheiten gelten ließ und die sich infolgedessen alle gegen mich empören werden? Sogar an den Tod, pflegte ich zu sagen, haben wir uns gewöhnt. Also wird mir alles in der verdrehten Welt..., im Jenseits, wollte ich sagen, ganz überraschend neu und unerklärlich erscheinen, nicht wahr?"

„Ja, jetzt ergreift es mich", rief das Gespenst in diesem Augenblick frohlockend aus, ohne sich um den von Entsetzen geschüttelten Staatsmann zu kümmern, „jetzt, jetzt weicht das Verhängnis von mir. Jetzt fühle ich, daß mir verziehen wird. Eine unvergleichliche Harmonie ergreift mich, erfüllt meine Glieder..." Freudetränen glänzten in den Augen des Greises, der verstummt war und mit einem sanften Lächeln auf seinen Zügen langsam zum Fußboden niederschwebte. Er hatte jetzt auch schon nicht mehr als die Größe und Gestalt eines normalen Menschen, das spitzige Nadelglitzern rings um seinen Körper war verschwunden. Nun hatte er das Parkett berührt. Sofort lösten sich auch seine Füße aus der unnatürlichen marionettenhaften Gebundenheit, und frei schritt er jetzt auf den Baron zu, den er auch schon richtig von seiner Umgebung zu unterscheiden schien. Er bemerkte jetzt, daß dieser auf der Erde kniete. „Stehn Sie auf", sagte er freundlich und half ihm nach, indem er den Ächzenden emporhob. „Niemand ist unrettbar verloren... Mich aber reißt es jetzt mit Macht anderswohin. Welche andere Prüfungen sind mir noch beschieden? Oder stehe ich schon am Ende und bin für die höchste Ebene geläutert? Ich weiß es nicht. Ich fühle nur, daß meine Zeit in dieser terrestrischen Welt um ist, daß ich wieder in eine neue Sphäre auftauche, vielleicht – o die Ahnung schon beseligt – in eine reinere, als diese hier und als die meine es waren. Leben Sie wohl!"

„Nein, bleiben Sie", rief der Baron verzweifelt, „Bleiben Sie bei mir. Sprechen Sie noch. Sie tun mir so wohl. Und damit will ich nicht sagen, daß ich mich nur an Sie gewöhnt habe. Nein, es ist etwas Wesenhaftes, Wirkliches, wenn Sie bleiben."

Die Erscheinung schüttelte ernst den Kopf: „Ich darf es nicht."

„Und wenn ich Sie kniefällig bitte. Wenn ich Ihnen sage, daß Ihre Worte von unendlicher, ausschlaggebender Bedeutung für mein Seelenheil sein können, daß meine unsterbliche Erlösung in Ihrer Hand liegt."

„Ein höheres Gesetz zwingt mich, zu gehen."

In einer Demut, die er nie vorher gekannt hatte, neigte der Minister das Haupt. Die Erscheinung reichte ihm sanft die Hand.

„Dann sagen Sie mir wenigstens noch das eine: Welche erschütternden Erfahrungen, hohen Studien, welche Gelehrsamkeit und großartige Unterweisung haben Sie in Ihrer Sylphenwelt durchgemacht, um sich zu einer so hohen Erkenntnisstufe emporzuringen, daß Ihnen nach dem Tode wenig mehr als eine kleine Peinlichkeit beschieden war? Gewiß waren Sie Philosophenschüler und selbst Philosoph, waren ein großer verkannter Künstler, oder gar ein Apostel, ein Prophet, ein Religionsstifter?"

„Nein", erwiderte die Erscheinung mit eigentümlich

verhaltenem Lächeln. „Ich habe gelebt wie jeder andere. Ein Unrecht habe ich niemals geduldet, das ist wahr, aber zum Studieren hatte ich nur wenig Zeit. Mein Beruf freilich war sozusagen ein philosophischer. Oft mußte ich nämlich allein sein, in einer ganz engen finstern Kammer, fern von allen Menschen und nur auf mich angewiesen. Soetwas lädt zum Nachdenken ein. Ich war Schornsteinfeger."

Der Minister zuckte zusammen. „Schornsteinfeger – Schornsteinfeger" – wiederholte er lallend.

Als er aufsah, war die Erscheinung spurlos verschwunden. – – –

Plötzlich schrie er auf und stürzte ans Telephon: „Hallo – Irrenanstalt, Irrenanstalt."

Der Nachtinspektor meldete sich.

„Ist Arthur Bruchfeß dort? Der Schornsteinfeger, der heute das Attentat auf mich verübt hat? Ist er nicht gerade vor einer halben Stunde gestorben?" Der Minister glaubte nichts anderes, als daß er die eben beendete Unterredung mit dem Spirit dieses Mannes gehabt hatte.

„Ich werde sofort selbst nachsehn, Exzellenz."

Nach einer Weile, deren Spannung sich ins Unerträgliche ausdehnte: „Nein, Inhaftat Bruchfeß lebt, ist sogar auffallend ruhig und heiter. Er hat sich nicht zur Ruhe gelegt, sondern geht, ein Liedchen trällernd, in seiner Zelle auf und ab. Die Ärzte haben nicht die geringste Spur von geistiger Umnachtung feststellen können, nicht einmal eine besondere Erregung des Nervensystems."

„Lassen Sie den Mann laufen, sofort" keuchte der Minister „die ganze Affäre wird niedergeschlagen. Man muß das alles anders machen, die ganze Justiz, die ganze

Welt, alles ... Haben Sie verstanden? Sofort in Freiheit setzen."

„Zu Befehl, Eure Exzellenz."

Schwer atmend fiel der Minister in seinen Sessel nieder, ununterbrochen versetzte er seinem Kopf leichte Schläge, wie um sich aufzurütteln und das Unsagbare zu fassen.

Da raschelte es in der Türe.

Die schöne Gabriele war eingetreten. Das laute Gespräch vorhin hatte sie nicht geweckt, wohl aber jetzt das Klingeln des Telephons. „Wann kommst Du endlich?" rief sie und spitzte schmollend ihre Lippen. So blieb sie, leicht erschauernd, stehn, denn sie trug nichts als ihr dünnes halbdurchsichtiges Nachthemdchen, das nur zwei hellblaue Seidenbänder über den glänzenden Schultern festhielten. Man sah ihr einfaches junges Gesicht, die zarten runden Arme und jene leichte apfelglatte Wölbung des kleinen Busens, die mehr als alles in der Welt selbstverständlich ist und zu vertraulichheimischem Vergessen, zur süßen Gewohnheit eines bewußtlosen Ausruhens verleitet. Auch ein Stärkerer als der Baron hätte diesem mit sanfter Gewalt berauschenden Anblick nicht widerstanden. Im nächsten Augenblick war er bei ihr. „Wie lang soll ich noch allein warten?" hauchte sie zärtlich, während er sie schon umfangen hielt und sich, mit stürmischer Freude, aus tiefster Brust aufatmend, der süßen mütterlichen Schlaflauheit, die von ihrem Körper ausging, und dem sachten Schlag überließ, mit dem ihn eine ihrer losgelösten Haarsträhne wie eine unendlich feine, melodisch aufklingende Zaubergerte an der Wange berührte.

ENDE

DAS HIMMLISCHE LICHT

VON

LUDWIG RUBINER

LEIPZIG
KURT WOLFF VERLAG
1916

Gedruckt bei E. Haberland in Leipzig-R.
September 1916 als dreiunddreißigster Band
der Bücherei „Der jüngste Tag"

Copyright 1916 by Kurt Wolff Verlag · Leipzig

DAS HIMMLISCHE LICHT

DAS HIMMLISCHE LICHT

Kamerad, Sie sitzen in Ihrem Zimmer allein, unter
 Menschen schweigen Sie still.
Aber ich weiß meine stummen Kameraden hundert-
 tausend auf der Welt, zu denen ich reden will.

Wir waren noch klein, da erhob zu uns die Erde
 ihr bergiges Schmerzensgesicht,
In unsre Zehen bebte fernes Geländ, von Sturz und
 Strudel ums Licht.

Die Menschen in schlaffer Geilheit und träg liebten
 die Erde nicht mehr,
Aber die Erde schrie, wir hörten sie nicht, und sie
 donnerte Zeichen her.

O mein Freund, glauben Sie nicht, was ich Ihnen
 sagen werde, sei neu oder interessant.
Alles, was ich Ihnen zurufe, wissen Sie selbst, aber
 Sie haben es nie aus rundem Mund laut bekannt.
Sie haben es zugedeckt. Ich will Sie erinnern.
 Ich will Sie aufrufen.
Denn Gott rief die Erde für uns alle auf.
 Seine Stimme hauchte aus dem Untermeer Vulkan,
 der in der Südsee in die Luft flog.
Die kleine Kraterinsel Krakatao stieß den brennen-
 den Atem Gottes aus der Erde.
Explosion. Der Ozean spritzte über die Erde, un-
 vergessen in dreißig Menschenjahren.

Neues Menschengeschlecht, und das Jahrhundert war lang zu Ende.
Aber aus dem Pacific brannte der Feuerwind des Krakatao in unsere Herzen.

GEBURT

Vor unsrer Geburt, in der grünen Südsee platzte die Erde und das Wasser,
Tausend Menschen saßen wie Schnecken auf großen Blättern in Hütten und versanken keuchend.
Vor Marseille fielen die roten Schiffe um, das Meer schlug vom Mond herab.
Die Dampfer schnurrten in den Abgrund, lächerliche Insekten.
Als wir geboren wurden, zog Feuer durch die Luft.
Die Schwärme des Feuers flogen um die Erde.
Wehe, wer nicht sehen wollte!
Tausend Menschen, stillhockende Schnecken, waren zu Staub zerplatzt.
Die Tage erblichen für die glühenden Abende.
Die Nächte schwangen rote Palmblattflammen über Berlin,
Die Abende waren gelbe Tiere über der Friedrichstraße.
Berlin, aus spitzen Plätzen, grauen Nebenstraßen, quoll das Blau der Vulkane.
Die Frauen waren alle allein, die Männer reckten sich auf,
Die Schenkel liefen durch Berlin, heiße Haarberge bogen hoch.
Die Sonne ging immer unter. Die Abendstrahlen, heiß, quollen aus den Männern.
Die Häuser waren kalkig und bleich. Durch dunkle Zimmer wankte die Stadt, die Blinde.

Wir wurden geboren, Strahlenlicht kreiste abends
 über unseren Mündern,
Grüne Südsafthügel hingen vom Mond über uns;
Wir rissen unsere Augen von unserem Blut auf.
Der Himmel flog über alle Straßen der Stadt.
In der Vorstraße aus Zaun und Stein wartete die
 grauhaarige Mauerdirne auf die Soldaten.
Wir wußten, daß es andere Länder gibt.
In möblierten Zimmern sannen russische Stirnen
 über Bombenattentaten.
In den Variétés wurden die fünf englischen Puppen-
 mädchen geliebt.
Die Menschen sitzen in schwarzen Röcken, essen
 und werden alt.
Am grünen Kanalufer schleppt man Leichen auf
 den Asphalt.
Die hohlen Häuserwände waren lose und grau.
Kamerad, Sie liefen die Straße auf und nieder, Sie
 waren blaß vor dem heiligen Panoptikumsbau.

Aus dem müßigen Durchhaus der ganz Erwach-
senen schoben frisch geschminkt weiße Weiber mit
dicken Bäuchen.
Reisende in alten Bärten bebten betäubt vor Büchern und verklebten Photographien.
Drüben: starre Inseln in Sonne, Bäume auf gelbem
Kies, Bänke, selige Hotels.
Unter den Linden gingen die verschleierten Aus-
länderinnen mit den frierenden kleinen Hunden.
Kamerad, Sie liefen bleich tauchend bis zum Durchhaus, weihevoll.

Die Friedrichstraße fiel zu Boden. Abendherzen im
Strahl schwebten auf Nebengassen.

Die Luft stand mit Sternen in Ihnen, der Tag war
noch hell.
Die Menschen waren dick und rauchten Zigarren.
Niemand sah Sie an.
Die Stadt schwebte, es war still im Abendbrand,
die Häuser zerfielen unten.
Die Menschen gingen schwer.
Kamerad, Sie waren allein. Niemand hatte das Licht
gesehen.
Um die Erde sprühte der südliche Schweiß des
Vulkans.
Niemand sah. Berlin schmatzte rollend.

Es war nicht mehr Licht durch buntes Abendglas,
Nicht mehr Fackelwogen hinter Spielpapier:
Flammenschirme vom Himmel bogen um unseren
Kopf.
Die Luft schmolz im langen Lichtwind übers Feld,
Drunten lag der harte Sand rötlich wie getretener
Mob.
Wir heulten ins Grüne übers Tempelhofer Feld.
Vor schwarzen Fensterschwärmen der schweißigen
Hinterhauswände
Stießen wir unsere Flugdrachen hoch in die Wind-
farben und sogen den Glanz.
Berlin, Ihr dachtet an Geld.

O Kleinstädte der Welt, über Euch tropften die Farben alle Abend, ehe Silber und Blau kam.

Kamerad, Ihr Jungenhaar zackte schwarze drohende
Felsen über den gepfeilten Brauen.
Sie haßten den blassen Schimmel der schlaffen Hausdächer.
Wir kannten uns nicht.

Ich rannte gefräßig umher, blond unter Papierlaternen zum Lärmplatz. Gläserne Lichterkränze.
Greise Zauberclowns schrien in goldene Papp-Trompeten.
Ich nahm meine dunkle Schwester, zarte Knöchel,
in die feuchte Ringkämpferbude.

Damals liebte ich sie so.
O wären wir ausgerückt!
Wir saßen in verdorrten Halbgärten. Soldaten
tranken aus Bierseideln.
Wir sahen durch grüne Stuhllehnen auf hölzerne
Karussels.
Vor alten Frauen in Würfelzelten zerfransten sich
gegossene Glasvasen.
Wir griffen unsere Hand zum letztenmal. Wir
warteten.
O vielleicht stand das feurige Licht gleich an unserer Haut: uns allen!

O wir wußten alles. Die grüne Farbe glänzte am
Wirtshausstaket
(Einmal gab es wohl Zeiten, da grünten die Frühlinge so fett).
Es war alles für uns und für die anderen gemacht,
Aber früher waren die Tage dumpf und grau, und
dies galt als Pracht.

Wir sahen uns an, hinter ihren Augen braun und
im vierzehnten Jahr
Schwamm Hingabe, wie Blutstropfen rollte ihr
Lächeln zum Hals, weil das neue Licht um uns war.

Die Buden kreischten, eine Tombola knarrt, rote
Dienstmädchen träumen selig und taub,
Wir wußten, so war früher ein Fest, bald stehn hier
Häuser in steinernem Staub.
Warum sieht niemand das Licht? Um uns ist das
Licht. Die Erde stößt leuchtende Brunnen empor,
Glutlöcher im Himmel, brennende Riesenschorn-
steine von Glas, Lichtsturzstufen herab wie eines
Wasserfalls strahlendes Rohr.
Wie Pilze klein verwittern grünliche Buden um
Limonadenlicht und lärmfarbenes Früchte-Eis.

Wir beide waren sprießende Wälder, wimmelnde
Erdteile in Himmel und Licht, um unsere Glieder
floß das helle Meer. Wir waren uns fremd. Wir
wirbelten tief durch blaue Lichtkugeln im Kreis.
O neue Zeit! Zukunft! Preiselbeerrote Feierlich-
keit! O Preis!

DAS LICHT

Vom gelben Himmel rollte ein funkelnder Treibriemen durch Yokohama: heut abend sind die bunten Leuchtstraßen matt.

Schmale Sterne der hellen Nacht gehn hinter Fabriken auf.

Europa tanzt wie ein brauner Hund vorm Mond. Gelbe Menschen kommen in schwarzen Röcken wie aus einem Jungfrauenbad.

Paris, wilder Lanzenschein, wenn das Gitter des Luxembourg aus dem Garten der Erde aufsprüht:

Einsiedler kochen Gold auf dem heiligen Berg, die Menschen schaukeln in großen Betten, von Afrika wehen weiße Tücher durch Palmenufer her.

O helle Himmelssäge hinein nach London, wie ein Bergwerk liegt die Stadt unterm fallenden Licht, Diamanten über den Gitterluken der Bank von England, o roter Tower in Whitechapels Schweiß, sechstausend Mann morgens fünf in den Docks, drüben die Felsen des Kaplands, Nigger brechen in die Knie.

Es floß aufkochend flammengrün durch Petersburg, Kiew, Nischny, Odessa,

Mondgoldene Kathedralen im Schlamm, unter Euch Moskau bebt wie ein roter Menschenwald von vielen Glocken, o runde Dächerblüten,

Mauern weich wie Bärte hinauf für die Menschen, Hoch von Spitzen und Kugeln grünes Fliehen über kupfernen Tag.

Boston, Chicago, über nackte Arme und Zylinderhüte hin zischt das Licht wie Riesenfunken von elektrischen Schnellbahnen,
Über San Franciscos Hotelgebirge leicht und hoch hinüber, durch Kulistädte, Ghettos, Spiegelschein in Fahrstuhlschachte, o Nimbus, Seligkeit, Frühling.

Halt!

Still und grell durch die donnernden Eisenschatten der Brücke New York.

Wir liefen unbekannt durch die weit klappernde Friedrichstraße.

Berlin, hinter schmalen grauen Asphaltgassen flog das rote brennende Fenster himmelsoben zu uns her, o unsere Herzen!

Nachmittags halb fünf, ein Wind ging kurz herüber, häuserleuchtend. Die Zeit war neu.

Fliegende Zeichen zu uns von runden Himmelsbögen.

Milde Zeichen, Himmelslichter neue Häuser zu bauen Sonnentürme,

Sterndächer, Berlin noch feucht, Gottesstadt, schwebend, gläsern hinauf.

Milde Himmelshand, ruhigste Palmglut, herunter zu uns über Schornsteinfassaden.

O Südseeblut, getrieben zu unserm Blut.

Aber wartet Ihr noch? Wir sehen uns um, Kamerad, (Wir kennen uns nicht!) bleich, stehenden Herzschlags, niemand merkt was.

Worauf wartet Ihr noch? Was habt Ihr zu denken?

Halt, Ihr wollt bummeln, schachern, Frauen be-
paaren, Ihr werdet essen, lesen, Nachrichten hören,
Ihr zählt Eure Stunden:
Aber die neue Zeit ist da. Ihr saht nicht das Licht
durch das feurige Fenster der Erde!

Die Menschen schwitzen blind. Die Dächer rollten
    auf in Angst und sanken zurück.
Die Fenster troffen dunkel trüb,
Die Häuser blähten grau löckerig Teigwände.
Menschen, Ihr lagt in den Städten wie gärende
    Wasserpflanzen,
Der Wind schoß über die Menschen, sie trieben
    scheppernd nach Geld,
Der Fächer des Himmels, in sieben Gluten, schlug
    auf, sie rückten die schwarzen Hüte, mit zuge-
    wachsnem Aug, angesoffen und dick.

DIESER NACHMITTAG

An diesem Nachmittag standen alle Kellerfenster offen, das faule Stroh wurde hinter den Polizeitritten auf die Straße geschmissen und zersank.

Die Fabriken stießen spinnwebene Fenster auf,
    Sauseluft um eiligen Ölgestank.
Unter den dumpfen Brückenbögen räkelten sich
    Geschwüre und blaßnacktes Fleisch, Fetzen, Lauslöcher, Wunden mit Maden.
Hinter den Bänken in grell dürren Parks, aus bestaubten Büschen krochen Beine hervor auf die feinen Promenaden.

In Paris, rauschend in Hell, in dem Hammerschlag New York, in Frisco voll Straßenbahndampf, dem harten, schattenlosen Madrid, London, dem gasflammengelben,

Im Leierkastengeklirr Berlins unter Springbrunnen sonnenstaub geklopfter Teppiche, im Neuen Heil Berlin, vorbei an den fetten Riesenbrotreihen der Straßen
Brachen bleiche Köpfe empor, Aufbruch unterirdischer Riesenpusteln,

Faserhaare dünn über gequetschten Wurmmäulern; brauenlos runde Augen wie von ertränktem Aas messen die Straßen ab, Fliegen steigen klebrig auf vom Geruch,

Die Erde erhebt das Haupt der Bleichen,

O unsichrer Marsch der Halbtoten, Nächtigen, ewig Versteckten. Blaßweiße Wurzelmienen, o Letzte, Unterste, Sarglose, ewig Halbeingegraben in kalten saugenden Dreck, tastender Zug in spähender Unsicherheit, die Nacht ist nicht da, sie dürfen sehen. Sie sehen.

Sie sehen.

Der Himmel lief ihnen wie ein dünner Faden blau über die Erde hin. Aber in der Straße sahen sie den langen aufschießend flammenden Finger des Lichts.
O gab es noch Häuser, schwere Straßen, Schutzleute mit harten Stiefeln? Das himmlische Licht bergan schmolz mild zur rötlichen Kugel halb hinter Dächern auf.

Es war eine Orange, wie in dem vornehmen, betteln verboten, Eßwarenverkauf,
Es war ein wildes Zehnmarkstück wie hinter dem Fenster der Wechselbank,
Ein rotes rundes Glas Bier aus einem Aschingerschank,

Ein Schinken, ein Mund, Weiberbrust, ein Hut mit 'nem Band, ein Loch das rot klafft,

Ein weiches buntes Kissen. Ein Vogel im Käfig. Eine Tabakpfeife pafft.
Eine Tür offen zu 'nem menschenleeren Kleiderladen,
Ein rotes Boot am lauen Fluß zum Baden.

An diesem Nachmittag sah der arme Mob das Licht.
Es lief vor ihm her. Die anderen sahen es nicht.

Sie schwankten unsicher hinein in den Strahl,
wie ein bleiches Rübenfeld kraftlos von schlechtem Dung.

Aus zerschlissenen Winkeln in den Städten der Welt brach göttlicher Glockenschwung.
O seliges Fliegen: Pustblumen im Hauch, die Stengel gefesselt und kahl,
Die zitternden Heere zerlumpten Leibs reckten gedunsene Köpfe zum himmlischen Strahl.
Um die ganze Erdkugel schwang tief durch die Winkel wie ein Klingelblitz das Licht.
Der Mob auf dem bewachsenen Ball hob hoch sein Kellergesicht.
Sie hatten wie sterbende Asseln wimmelnd im fauligen Dunkel gelegen,
Sie stürzten heraus, als gäbs Kinderfest, gelbe Luftballons mit buntem Bonbonregen.
Alle morschen Füße über die Meere hin stiegen zum Marsch, schmutzige Tücher wehten, da dehnten sich Arme, schwach und zerknüllt.

Sie schluchzten faltig und heiser, Riesenstimmen schrien über die Erde: die Zeit ist erfüllt!
Sie hatten wie Tote am Dunkel gesogen, sie warteten auf das Wunder und waren stinkend verreckt.

Aber heut hatte ihnen das Licht süß bis in den Magen geleckt.

Sie drängten eng durch die Straßen zum Himmel.
Über Omnibushöhen lief das Wunder auf die Köpfe
hin. Die vollen Straßenbahnen schoben in schallenden Scherbendeich.

Sie marschierten rund über die Erde. Nun gab
es ewig Musik und warmes Essen und das tausendjährige Reich!

DIE FEINDLICHE ERDE

Der Eiter der Erde lag in den Häusern. Unter
hellen Lichtern saßen schmatzende Jobber.

In Nebenzimmern ragten gelangweilt lange
schwarze Strümpfe, trägzuckende Schenkel über
schwere geile Rücken.

Hintern tanzten vor polierten Klavieren, dunkle
 Langhaare geigten.
Kluge hielten in seidnen Salons Vorträge, daß alles
 auf Erden immer gleich bleibe.
Weiche Bartlose sprachen unter sich von dem Ekel
 am Weibe.
In steinernen Museen schritten sanft die ausge-
 schlafenen Kenner.
In heißen Redaktionen schrieb man die Lebens-
 läufe berühmter Männer.

Die Zimmer der Stadt wölbten sich wie ein ungeheurer fetter Bauch, die Dachkuppeln lagen
krumm strähnig über der breiten flachen Stirne.
Hinter den Fenstern saßen schnaufend träge Menschen steil wie dicke Riesenfinger.

Die Häuser glotzten wie die Freßzähne an einem
 ungeheuren, gähnenden Jahrmarkts-Ringer.
Die Erde faulte länglich auf zur wimmelnden him-
 lischen Birne.
Der Himmel rollte herum dunkel funkelnd im
 schwarzen hohlen Oval.

Das Licht war eingesogen in stampfende Kessel
und Telegraphenstrahl.
Der Lampenschein strich klein durch die Straßen
wie Wurmaugen nachts im Korn.
Das Licht war fort von der kleinen Erde, niemand
saß in der Sonne oder blickte zum mondlichen
Horn.

Die Trägheit schlug an die Ufer, faulende Riesen-
algen wanden sich erdenrund um die Schimmel-
grüne.
Drunten im Trüben schrieben wimmelnde Menschen noch eilige servile Telegramme, Briefe, De-
nunziationen voll Ranküne.
Tänzerinnen, Barone, Agenten, Geheimräte, Schutzleute, Ehefrauen, Studenten, Hauswirte freuten sich
auf ihre dampfende Nacht.

Aber der arme Mob schaute das Wunder und war
zur neuen Zeit aufgewacht.
Die böse gestörte Wut zitterte über die verregneten
Telegraphenstangen,

Als die mürben Armen ohne Essen und Trinken
zum göttlichen Himmel marschierten, wurden sie
mit hartreißenden Flintenkugeln empfangen.

SIEG DER TRÄGHEIT

Die armen Buckel, demütige Schultern, zogen selig
   zur neuen Zeit und wußten nur dies.

 Die Erdschale blätterte zitternd vor ihnen ab, ein
Schlammgeschwür schwoll auf, klebrige Barrikaden
liefen ins Dunkel um, weich drohende Saugnäpfe
wie ein gieriger Blutegelfries.
 Die armen Menschenköpfe und Leiber stießen an
die mächtige Mauer von grauzitterndem Brei,
   Ein Schleim floß wie fette Aale nächtlich um sie
und vergurgelte ihr Geschrei.

Das schwarze Gebirg von langsamem Leim schloß
   hinter ihnen sein triefendes Tor,
Durch träge Blasen klatschten strudelnde Glieder
   wie versinkendes Stroh im Moor.
Schwankend bebt es herab und fließt zäh ab. Ein
   schwarzes Loch dreht sich schluckend und faul,
Eine kalte Riesenfresse wälzt auf, Bergfalten um
   ein zahnloses saugendes Maul.
Die Menschenwälder zappelnd zum Tod trieben
   erstickt mit sausendem Kreis hinab in den dunklen Schlauch.
O Aufstand zum Licht! o Erdengesicht! O Endnacht
   im trägen riesigen Bauch!

Kamerad, und wissen Sie noch, wie die blanke Polizei auf dicken Maschinenstiefeln aus den Nebenstraßen fiel?

Trafalgar Square war dunkel und hell wie ein schreiender Rohrteich, im Londoner Mittagswind.

In Berlin stampften Schüsse heiß ins Geschrei, die graugrüne Schloßkuppel lag lieblich über dem leeren langen Platz.

Wiehern in den Newski Prospekt, im Winterfrost drückten sie den Mob tot!

Und wissen Sie noch, daß schnelle Gefängnisse mit Wärtern und Prügelstrafen gebaut wurden?

In Japan Köpfe ab. Über Rußland standen frische Galgenbäume.

In New York die Faust vom dritten Grad den Angeklagten so lang ins Gesicht, Hunger und Heißfolterdurst, bis sie lieber im elektrischen Stuhl von Sing-Sing starben.

Aber Madrid, o Gefängnisse von Monjuich, blutstöhnend. Man schraubte eiserne Wechselstromhelme an die Schläfen zum Irrsinn. Und allen quetschte man Tag für Tag die Hoden langsam zusammen.

Der erste Blutstropfen hatte dick und schwarz die Erde erreicht.

Das himmlische Licht war verschwunden schräg zuckend über die spitzen Dächer hin.

Der Abend stieg wie Schnalzen aus dem Fett der geilen Städte.

Die bleichen Lampen bissen Schatten um Herren
 mit Mappen unterm schwitzenden Arm,
Dünne Frauen hoben vor ihnen die Röcke hoch.

O kleine Erde, was hast du vergessen!
Du feindliche hast das Licht Gottes gefressen.
Die Sterne wehren dein gieriges Kreisen mit strahlendem Dorn,
Aus deinen Wunden bricht in Blutsäulen der himmlische Zorn.
Deine Städte und Berge rollen taumelnd im nächtlichen Rund,
Bis unter deinen dumpfen Menschen gesiegt hat der geistige Bund.

DER MENSCH

Im heißen Rotsommer, über dem staubschäumenden Drehen der rollenden Erde, unter hockenden Bauern, stumpfen Soldaten, beim rasselnden Drängen der runden Städte
 Sprang der Mensch in die Höh.
O schwebende Säule, helle Säulen der Beine und Arme, feste strahlende Säule des Leibs, leuchtende Kugel des Kopfes!

Er schwebte still, sein Atemzug bestrahlte die treibende Erde.
 Aus seinem runden Auge ging die Sonne heraus und herein. Er schloß die gebogenen Lider, der Mond zog auf und unter. Der leise Schwung seiner Hände warf wie eine blitzende Peitschenschnur den Kreis der Sterne.
 Um die kleine Erde floß der Lärm so still wie die Nässe an Veilchenbünden unter der Glasglocke.

Die törichte Erde zitterte in ihrem blinden Lauf.

Der Mensch lächelte wie feurige gläserne Höhlen
  durch die Welt,
Der Himmel schoß in Kometenstreif durch ihn,
  Mensch, feurig durchscheinender!
In ihm siedete auf und nieder das Denken, glühende
  Kugeln.
Das Denken floß in brennendem Schaum um ihn,
Das lohende Denken zuckt durch ihn,
Schimmernder Puls des Himmels, Mensch!

O Blut Gottes, flammendes getriebnes Riesenmeer
im hellen Kristall.
Mensch, blankes Rohr: Weltkugeln, brennende
Riesenaugen schwimmen wie kleine hitzende
Spiegel durch ihn,

Mensch, seine Öffnungen sind schlürfende Münder,
er schluckt und speit die blauen, herüberschlagenden Wellen des heißen Himmels.

Der Mensch liegt auf dem strahlenden Boden des
Himmels,
Sein Atemzug stößt die Erde sanft wie eine kleine
Glaskugel auf dem schimmernden Springbrunnen
O weiß scheinende Säulen, durch die das Denken
im Blutfunkeln auf und nieder rinnt.

Er hebt die lichten Säulen des Leibs: er wirft
um sich wildes Ausschwirren von runden Horizonten hell wie die Kreise von Schneeflocken

Blitzende Dreiecke schießen aus seinem Kopf um
die Sterne des Himmels,

Er schleudert die mächtigen verschlungenen göttlichen Kurven umher in der Welt, sie kehren zu
ihm zurück, wie dem dunklen Krieger, der den
Bumerang schnellt.

In fliegenden Leuchtnetzen aufglühend und löschend
wie Pulsschlag schwebt der Mensch,
Er löscht und zündet, wenn das Denken durch ihn
rinnt,

Er wiegt auf seinem strahlenden Leib den Schwung,
   der wiederkehrt,

Er dreht den flammenden Kopf und malt um sich
die abgesandten, die sinkend hinglühenden Linien
auf schwarze Nacht:

Kugeln dunstleuchtend brechen gekrümmt auf
wie Blumenblätter, zackige Ebenen im Feuerschein
rollen zu schrägen Kegeln schimmernd ein, spitze
Pyramidennadeln steigen aus gelben Funken wie
Sonnenlichter.

Der Mensch in Strahlenglorie hebt aus der Nacht
seine Fackelglieder und gießt seine Hände weiß über
die Erde aus,

Die hellen Zahlen, o sprühende Streifen wie ge-
   schmolznes Metall.

Aber wenn es die heiße Erde beströmt (sie wölbt
   sich gebäumt),
Schwirrt es nicht später zurück? dünn und verstreut
   hinauf, beschwert mit Erdraum:

Tiergeblöke. Duft von den grünen Bäumen, bunt
auftanzender Blumenstaub, Sonnenfarben im Regen-
   fall. Lange Töne Musik.

O Erde! Der Mensch schwebt zu seiner Erde hinab,
Gottes Blutstropfen fror im eisigen Draußen dunkel
und spitz.
Sein Schnitt dringt in die Erde, und hinter ihm
zischt die blaue Luft wie Wolkenschwung von
tausend Geschützen.
Der Mensch drang in die Erde, die blaue Eishülle
seines Willens umstrahlt ihn noch.

Der Mensch drang in die Erde wühlend und scharf
wie ein Keim, der zum Schoß feindlich saust,
Die Erde barst klaffend, die Berge stoben zu grünem
Staub, die grauen Türme der Städte tanzten in
seiner Faust.
Er stieg aus den dunklen Höhlen, um ihn bebte
Trümmersturz und qualmender Brand.
Er schritt durch wehende Menschenrotten. Das
himmlische Licht war verborgen. Er blieb un-
erkannt.

DIE STIMME

O Mund, der nun spricht, hinschwingend in durchsichtigen Stößen über die gewölbten Meere.

O Licht im Menschen an allen Orten der Erde, in den Städten fliegen Stimmen auf wie silberne Speere.

O Trägheit der kreisenden Kugel, du kämpftest gegen Gott mit fletschenden Tierlegionen, Urwäldern, Säbeln, Schüssen, bösem Mißverstand, Mord, Epidemien:

Aber der Lichtmensch sprüht aus der Todeskruste heraus. In den Fabriken heulen Ventile über die Erde hin. Er hat seine Stimme in tausend Posaunen geschrien.

Eine Stimme schnellte hoch, glasschwirrend ein harter Stahlpfeil, der in Glut blank zerknallt.

Eine Stimme über Amerika, unter schweißigen Negern, die demütig das Weiße der Augen drehen; unter deutschen Flüchtlingen, bärtig zerpreßten Bettlern, unter hungernden Juden, die das glitschige Ghetto finster zusammenballt.

Eine Stimme unter den entkräfteten Arbeitern, drei
 Millionen, die alle Jahr einsam absterben nach
 neuen Fabriksystemen,
Eine Stimme unter zerfressenen Frauen im bunten
 Hemd, denen die Bordellmeister das Geld ab-
 nehmen.
Unter starren Chinesen im Hungergeruch, die Tag
 und Nacht feine Wäsche waschen,
Eine Stimme über den Broadways, wo Arbeitslose
 nach fortgeworfenen Speiseresten haschen.

 Eine Stimme schwang zart wie der dünne steigende
Schrei des Dampfs eh die vieltönigen Wasserblasen
aufkochen,
 Sie sprang wie Windsand in stumme Münder
hinein, sie glitt wie Flötenkraft müden Schleppern
über geduckte Knochen.

Durch steilschwarze Stuben schwebten Sonne und
 Mond, die Sterne zogen durch stinkende Tapeten
 aus rissigen Flecken.
O vielleicht geht das himmlische Wunderlicht auf,
 bevor alle zu Aas verrecken!
Eine Stimme flog und sog sich voll aus schmutziger
 Werkstättenzeit,
Die Wut und die Hoffnung kreisten wie Blut, und
 der Haß, der naß bespeit.
Eine Stimme haucht schwarz über schlechtes Pa-
 pier aus bankrottierten Druckermaschinen,
Eine Stimme las das Flüsterwort: Streik! in den
 roten Schächten der Coloradominen.

Sie liegt wie heißer Rauch auf schaukelnden Häfen;
mißtrauischen Kneipen; im verhungerten Dorf;
wenn der geplünderte Bauer sät;

In Städten schreit sie Signalgeklirr über wirre
Versammlungen hin, wo Polizei die Türen bespäht.

O Münder, daraus die Stimme des Menschen brennt!

O trockene Lippen, sechzigjährig, trauernd schlaff
umstoppelt, die sich flach öffnen, weil vor dem
Tod Einer bekennt.

O irre rote Zungenglut hinter weißen Negerzähnen,
die Stimme gurgelt im Glücksgesang.

O Mund, rundes schallendes Tor, Hall und Lust,
Volkschoral, daß der Saal mitschwang.

O bitterer Nähmädchenmund, der nach Gerechtigkeit klagt und schrill Groschen und Wiegpfunde
zählt.

O faltiger Rednermund, der auf und nieder wie
Eulenaug geht, und Effekte wählt.

O Mann im blauen Hemd, der in Fabrikpausen
hastig Propaganda treibt.

O sorgfältiger Beamter, der nach allen Poststationen
Briefe und Werbelisten schreibt.

O Demütiger, verlegenes Herz, der nur einmal
einem Guten die Hand drücken mocht.

O Stummer, der zum erstenmal spricht, und in
einem Satz sich prasselnd verkocht.

Eine Stimme flammt über Europas autofahrenden
Frauen, über krummen schweigsamen Kulis im
Australischen Strauch.

O Münder, wie viele warten auf Euch, Ihr schallt,
und sie öffnen sich auch!

Auf der runden Erde floß das Meer im Wind über
den Strand und zurück.

Schlapphutredner im Lichtstrahl, hinter Pulten,
bei geheimen Zusammenkünften, an nassen Kneip-
tischen, sprachen geläufig wirksam immer dasselbe
Stück.

Schwindler warben um Geld. Fastende Heilige
schmuggelten verbotene Zeitungen über die
Grenzen,

Gymnasiasten in ihren Aufsätzen wollten zum Zorn
der Lehrer mit neuem Wissen glänzen.

Einsame wurden über die runde Erdkugel hin von Worten getroffen wie Hafenstädte von aufgefischten Flaschenposten.

In allen Häusern drängen Frauenleiber ans Fenster, um das vorbeifliegende Abendlicht zu kosten.

DIE FRÜHEN

Die Stimme stieg aus der Erde, sie stieg wie Saft
der Erde in Menschengebein.

Aus bebenden Ländern trieben sie hoch wie Blasen
aus grünem Sumpf, einzeln und früh. Sie öffneten
runde Augen und schauten sich um.

O was sollten sie tun? In ihnen stieg und fiel
wie brennendes Blut das Gedächtnis ans selige
Licht. Ein Schein glomm aus der Ferne vor ihrer
rußigen Geburt.

Sie lachten laut über die elektrischen Bogenlampen, über die Cafés, über die stumpfen genährten
Armeen, über die zischelnden Börsenhallen,

Ihre Worte, einzeln und dünn, tropften ab wie
Perlengekicher von den Fenstern der steinernen
Parlamente.

O hinauf! Schweben über der satt glucksenden
Erde! O aufleuchten feurige Planetenflüge zwischen
den gefletschten Zähnen:

O glühendes Blut vom Himmel, das um ihre gekrümmten Körper rollt,

O schwebender Mensch, Feuermensch, Lichtmensch über den Himmel, Kamerad, Bruder, Genosse, fern, über der Erde, vor der Erde! Zu ihm!

Die dunkle Erde wälzt sich über die Augen der ganz Armen.
Sie steigt gebläht vor die Augen der Armen, ein feister schwarzer Ball.
O Dunkelheit, Schatten. Drüben ist das himmlische Licht.

O die Erde wegrollen! Aufreißen die schlammige Erdkugel, Löcher eintreiben, Schächte zum Licht!
Auseinanderballen den Erdklumpen, der feuchte Dunkelheit über die Augen schattet!
Hinein in die Erde, Sturmlauf, Ihr Brüder, an die starre gefräßige Mord-Erde,
O die Erde zersprengen zu Milliarden Staubplaneten in Brand,
Die Erde sprengen mit einem Ruck der göttlichen Hand in alle Höhlungen des schimmernden Himmels,
O Gottes brennender Finger sein, der das Träge winzig zerstäubt,

O leben im himmlischen Licht, Gemeinsamkeit mit dem göttlichen Menschen des Himmels, Bruderschaft, zu ihm, Chorgesang einer hellsteigenden Vielmundstimme durch das Sonnen-Universum!

Erde, was erhebst Du Deine mächtige Kugel vor dem Bruder des Menschen!

Kommt nun der Kampf? Und der Kamerad des Menschen zerstört Deine Finsternisse, und Du zerplatzest in leuchtende stille Trümmerflocken zum langen gewölbten Himmel?

Aus unreinen Barackenvorstädten schlichen nachts
Männer verhüllt durch enge Keller bei Juwelieren
ein, unentdeckt.
Männer in Masken sprangen schreiend am Mittag in die Banken, die Kassierer flohen erschreckt.

In Paris wurde die Straßenpolizei aus entschwindenden Autos niedergeschossen.
Im Londoner Hundswinkel belagerten straffe Truppen das ärmliche Haus der Genossen.
(O gekrümmte Whithechapel-Juden, Ihr seid jung,
Eure Eltern röchelten mit verdrehten Augen in hundert Pogromen,
Das eiserne Dach über Euch brach auf, wie ein finsterer Synagogenhimmel, der entschwebt; das Licht floß zu Euch.)

Sie lebten nicht weiter, sie wurden verraten, guillotiniert, oder krepierten in den Flammen.

O Städte alt in Süddeutschland, bärtige Schullehrer stiegen entrückt wie assyrische Priester auf den Turm unters Licht, und schossen mit rostigen Flinten das Menschengeschlecht unten zusammen.

Sie ergaben sich nicht. Sie standen im Licht. Sie kämpften bei Dachbrand, in den Kleidern Läuse und Kot.
Sie waren allein. Sie hörten die Brüder nicht schrein. O Lichtmensch im Dunkel. O Krieg, der kam. O Tod!

Augen wollten Licht nicht sehen. Ohren hörten keinen Hall.
Träge Erde war verstoßen, Feindschaft schuf den neuen Ball.
Die Menschenkugel zersprang.
O seht den göttlichen Lichtschein um Euch, dann dauert der Krieg nicht mehr lang!

DIE ANKUNFT

Ihr, die Ihr diese Zeilen nie lesen werdet. Dürftige Mädchen, die in ungesehenen Winkeln von Soldaten gebären,

Fiebrige Mütter, die keine Milch haben, ihre Kinder zu nähren.
Schüler, die mit erhobnem Zeigefinger stramm stehen müssen,
Ihr Fünfzehnjährige mit dunklem Augrand und Träumen von Maschinengewehrschüssen,
Ihr gierige Zuhälter, die den Schlagring verbergt, wenn Ihr dem Fremden ins Menschenauge seht,
Ihr Mob, die Ihr klein seid und zu heißen Riesenmassen schwellt, wenn das Wunder durch die Straßen geht,

Ihr, die Ihr nichts wißt, nur daß Euer Leben das Letzte ist, Eure Tage sind hungrig und kalt:

Zu Euch stäuben alle Worte der Welt aus den Spalten der Mauern, zu Euch steigen sie wie Weinrauch aus dem Dunst des Asphalt.
Ihr tragt die Kraft des himmlischen Lichts, das über Dächer in Euer Bleichblut schien.
Ihr seid der schallende Mund, der Sturmlauf, das Haus auf der neuen gewölbten Erde Berlin.
Ihr feinere dämliche Gelehrte, die Ihr nie Euch entscheidet hinter Bibliothekstischen,

Ihr Börsenspieler, die mit schwarzem Hut am Genick schwitzend witzelt in Sprachgemischen.

Ihr Generäle, weißbärtig, schlaflos in Stabsquartieren, Ihr Soldaten in den Leichenrohren der Erde hinter pestigen Aasbarrikaden,

Und Kamerad, Sie, einsam unter tausend Brüdern Kameraden;
Kamerad, und die Brüder, die mit allem zu Ende sind, Dichter, borgende Beamte, unruhige Weltreisende, reiche Frauen ohne Kind,

Weise, höhnische Betrachter, die aus ewigen Gesetzen den kommenden Krieg lehren: Japan-Amerika,

Ihr habt gewartet, nun seid Ihr das Wort und der göttliche Mensch. Und das himmlische Licht ist nah.

Ein Licht flog einst braunhäutig vom Südseegolf hoch, doch die Erde war ein wildes verdauendes Tier.

Eure Eltern starben am Licht, sie zeugten Euch blind. Aber aus Seuche und Mord stiegt Ihr.

Ihr soget den Tod, und das Licht war die Milch, Ihr seid Säulen von Blut und sternscheinendem Diamant.

Ihr seid das Licht. Ihr seid der Mensch. Euch schwillt neu die Erde aus Eurer Hand.

Ihr ruft über die kreisende Erde hin, Euch tönt 'rück Euer riesiger Menschenmund,

Ihr steht herrlich auf sausender Kugel, wie Gottes Haare im Wind, denn Ihr seid im Erdschein der geistige Bund.

Kamerad, Sie dürfen nicht schweigen. O wenn Sie wüßten, wie wir geliebt werden!

Jahrtausende mischten Atem und Blut für uns, wir sind Sternbrüder auf den himmlischen Erden.

O wir müssen den Mund auftun und laut reden für alle Leute bis zum Morgen.
Der letzte Reporter ist unser lieber Bruder,
Der Reklamechef der großen Kaufhäuser ist unser Bruder!
Jeder, der nicht schweigt, ist unser Bruder!

O zersprengt die Stahlkasematten Eurer Einsamkeit!
O springt aus den violetten Grotten, wo Eure Schatten im Dunkel aus Eurem Blut lebend schlürfen!

Jede Öffnung, die Ihr in Mauern um Euch schlagt, sei Euer runder Mund zum Licht!
Aus jeder vergessenen Spalte der Erdschale stoßt den Atemschlag des Geistes in Sonnenstaub!

Wenn ein Baum der Erde den Saft in die weißen Blüten schickt, laßt sie reif platzen, weil Euer Mund ihn beschwört!

O sagt es, wie die geliebte grünschillernde Erdkugel über dem Feuerhauch Eures lächelnden Mundes auf und ab tanzte!

O sagt, daß es unser aller Mund ist, der die Erdgebirge wie Wolldocken bläst!

Sagt dem besorgten Feldherrn und dem zerzausten Arbeitslosen, der unter den Brücken schläft, daß aus ihrem Mund der himmlische Brand lächelnd quillt!

Sagt dem abgesetzten Minister und der frierenden Wanderdirne, sie dürfen nicht sterben, eh hinaus ihr Menschenmund schrillt!

Kamerad, Sie werden in Ihrem Bett einen langen Schlaf tun. O träumen Sie, wie Frauen Sie betrogen; Ihre Freunde verließen Sie scheel.

Träumen Sie, wie eingeschlossen Sie waren. Träumen Sie den Krieg, das Bluten der Erde, den millionenstimmigen Mordbefehl,

Träumen Sie Ihre Angst; Ihre Lippen schlossen sich eng, Ihr Atem ging kurz wie das Blätterbeben an erschreckten Ziergesträuchen.

Schwarzpressender Traum, Vergangenheit, o Schlaf im eisernen Keuchen!

Aber dann wachen Sie auf, und Ihr Wort sprüht
ums Rund in Kometen und Feuerbrand.

Sie sind das Auge. Und der schimmernde Raum.
Und Sie bauen das neue irdische Land.

Ihr Wort stiebt in Regenbogenschein, und die Nacht
zerflog, wie im Licht aus den Schornsteinen Ruß.

O Lichtmensch aus Nacht. Ihre Brüder sind wach.
Und Ihr Mund laut offen ruft zur Erde den
ersten göttlichen Gruß.

DAS URTEIL

EINE GESCHICHTE
VON
FRANZ KAFKA

LEIPZIG
KURT WOLFF VERLAG
1916

Gedruckt bei E. Haberland in Leipzig-R.
September 1916 als vierunddreißigster Band
der Bücherei „Der jüngste Tag"

Copyright 1916 by Kurt Wolff Verlag · Leipzig

FÜR F.

ES war an einem Sonntagvormittag im schönsten Frühjahr. Georg Bendemann, ein junger Kaufmann, saß in seinem Privatzimmer im ersten Stock eines der niedrigen, leichtgebauten Häuser, die entlang des Flusses in einer langen Reihe, fast nur in der Höhe und Färbung unterschieden, sich hinzogen. Er hatte gerade einen Brief an einen sich im Ausland befindenden Jugendfreund beendet, verschloß ihn in spielerischer Langsamkeit und sah dann, den Ellbogen auf den Schreibtisch gestützt, aus dem Fenster auf den Fluß, die Brücke und die Anhöhen am anderen Ufer mit ihrem schwachen Grün.

Er dachte darüber nach, wie dieser Freund, mit seinem Fortkommen zu Hause unzufrieden, vor Jahren schon nach Rußland sich förmlich geflüchtet hatte. Nun betrieb er ein Geschäft in Petersburg, das anfangs sich sehr gut angelassen hatte, seit langem aber schon zu stocken schien, wie der Freund bei seinen immer seltener werdenden Besuchen klagte. So arbeitete er sich in der Fremde nutzlos ab, der fremdartige Vollbart verdeckte nur schlecht das seit den Kinderjahren wohlbekannte Gesicht, dessen gelbe Hautfarbe auf eine sich entwickelnde Krankheit hinzudeuten schien. Wie er erzählte, hatte er keine rechte Verbindung mit der dortigen Kolonie seiner Landsleute, aber auch fast keinen gesellschaftlichen Verkehr mit einheimischen Familien und richtete sich so für ein endgültiges Junggesellentum ein.

Was wollte man einem solchen Manne schreiben, der sich offenbar verrannt hatte, den man bedauern, dem man aber nicht helfen konnte. Sollte man ihm vielleicht raten, wieder nach Hause zu kommen, seine Existenz hierher zu verlegen, alle die alten freundschaftlichen Beziehungen wieder aufzunehmen — wofür ja kein Hindernis bestand — und im übrigen auf die Hilfe der Freunde zu vertrauen? Das bedeutete aber nichts anderes, als daß man ihm gleichzeitig, je schonender, desto kränkender, sagte, daß seine bisherigen Versuche mißlungen seien, daß er endlich von ihnen ablassen solle, daß er zurückkehren und sich als ein für immer Zurückgekehrter von allen mit großen Augen anstaunen lassen müsse, daß nur seine Freunde etwas verstünden und daß er ein altes Kind sei, das den erfolgreichen, zu Hause gebliebenen Freunden einfach zu folgen habe. Und war es dann noch sicher, daß alle die Plage, die man ihm antun müßte, einen Zweck hätte? Vielleicht gelang es nicht einmal, ihn überhaupt nach Hause zu bringen — er sagte ja selbst, daß er die Verhältnisse in der Heimat nicht mehr verstünde —, und so bliebe er dann trotz allem in seiner Fremde, verbittert durch die Ratschläge und den Freunden noch ein Stück mehr entfremdet. Folgte er aber wirklich dem Rat und würde hier — natürlich nicht mit Absicht, aber durch die Tatsachen — niedergedrückt, fände sich nicht in seinen Freunden und nicht ohne sie zurecht, litte an Beschämung, hätte jetzt wirklich keine Heimat und keine Freunde mehr, war es da nicht viel besser für ihn, er blieb in der Fremde, so wie er war? Konnte man denn bei solchen Umständen daran denken, daß er es hier tatsächlich vorwärts bringen würde?

Aus diesen Gründen konnte man ihm, wenn man noch überhaupt die briefliche Verbindung aufrecht erhalten wollte, keine eigentlichen Mitteilungen machen, wie man sie ohne Scheu auch den entferntesten Bekannten machen würde. Der Freund war nun schon über drei Jahre nicht in der Heimat gewesen und erklärte dies sehr notdürftig mit der Unsicherheit der politischen Verhältnisse in Rußland, die demnach also auch die kürzeste Abwesenheit eines kleinen Geschäftsmannes nicht zuließen, während hunderttausende Russen ruhig in der Welt herumfuhren. Im Laufe dieser drei Jahre hatte sich aber gerade für Georg vieles verändert. Von dem Todesfall von Georgs Mutter, der vor etwa zwei Jahren erfolgt war und seit welchem Georg mit seinem alten Vater in gemeinsamer Wirtschaft lebte, hatte der Freund wohl noch erfahren und sein Beileid in einem Brief mit einer Trockenheit ausgedrückt, die ihren Grund nur darin haben konnte, daß die Trauer über ein solches Ereignis in der Fremde ganz unvorstellbar wird. Nun hatte aber Georg seit jener Zeit, so wie alles andere, auch sein Geschäft mit größerer Entschlossenheit angepackt. Vielleicht hatte ihn der Vater bei Lebzeiten der Mutter dadurch, daß er im Geschäft nur seine Ansicht gelten lassen wollte, an einer wirklichen eigenen Tätigkeit gehindert, vielleicht war der Vater seit dem Tode der Mutter, trotzdem er noch immer im Geschäft arbeitete, zurückhaltender geworden, vielleicht spielten — was sogar sehr wahrscheinlich war — glückliche Zufälle eine weit wichtigere Rolle, jedenfalls aber hatte sich das Geschäft in diesen zwei Jahren ganz unerwartet entwickelt, das Personal hatte man verdoppeln müssen, der Umsatz hatte sich verfünffacht, ein weiterer Fortschritt stand zweifellos bevor.

Der Freund aber hatte keine Ahnung von dieser Veränderung. Früher, zum letztenmal vielleicht in jenem Beileidsbrief, hatte er Georg zur Auswanderung nach Rußland überreden wollen und sich über die Aussichten verbreitet, die gerade für Georgs Geschäftszweig in Petersburg bestanden. Die Ziffern waren verschwindend gegenüber dem

Umfang, den Georgs Geschäft jetzt angenommen hatte. Georg aber hatte keine Lust gehabt, dem Freund von seinen geschäftlichen Erfolgen zu schreiben, und hätte er es jetzt nachträglich getan, es hätte wirklich einen merkwürdigen Anschein gehabt.

So beschränkte sich Georg darauf, dem Freund immer nur über bedeutungslose Vorfälle zu schreiben, wie sie sich, wenn man an einem ruhigen Sonntag nachdenkt, in der Erinnerung ungeordnet aufhäufen. Er wollte nichts anderes, als die Vorstellung ungestört lassen, die sich der Freund von der Heimatstadt in der langen Zwischenzeit wohl gemacht und mit welcher er sich abgefunden hatte. So geschah es Georg, daß er dem Freund die Verlobung eines gleichgültigen Menschen mit einem ebenso gleichgültigen Mädchen dreimal in ziemlich weit auseinanderliegenden Briefen anzeigte, bis sich dann allerdings der Freund, ganz gegen Georgs Absicht, für diese Merkwürdigkeit zu interessieren begann.

Georg schrieb ihm aber solche Dinge viel lieber, als daß er zugestanden hätte, daß er selbst vor einem Monat mit einem Fräulein

Frieda Brandenfeld, einem Mädchen aus wohlhabender Familie, sich verlobt hatte. Oft sprach er mit seiner Braut über diesen Freund und das besondere Korrespondenzverhältnis, in welchem er zu ihm stand. „Er wird also gar nicht zu unserer Hochzeit kommen," sagte sie, „und ich habe doch das Recht, alle deine Freunde kennen zu lernen." „Ich will ihn nicht stören," antwortete Georg, „verstehe mich recht, er würde wahrscheinlich kommen, wenigstens glaube ich es, aber er würde sich gezwungen und geschädigt fühlen, vielleicht mich beneiden und sicher unzufrieden und unfähig, diese Unzufriedenheit jemals zu beseitigen, allein wieder zurückfahren. Allein — weißt du, was das ist?" „Ja, kann er denn von unserer Heirat nicht auch auf andere Weise erfahren?" „Das kann ich allerdings nicht verhindern, aber es ist bei seiner Lebensweise unwahrscheinlich." „Wenn du solche Freunde hast, Georg, hättest du dich überhaupt nicht verloben sollen." „Ja, das ist unser beider Schuld; aber ich wollte es auch jetzt nicht anders haben." Und wenn sie dann, rasch atmend unter seinen Küssen,

noch vorbrachte: „Eigentlich kränkt es mich doch", hielt er es wirklich für unverfänglich, dem Freund alles zu schreiben. „So bin ich und so hat er mich hinzunehmen", sagte er sich, „ich kann nicht aus mir einen Menschen herausschneiden, der vielleicht für die Freundschaft mit ihm geeigneter wäre, als ich es bin."
Und tatsächlich berichtete er seinem Freunde in dem langen Brief, den er an diesem Sonntagvormittag schrieb, die erfolgte Verlobung mit folgenden Worten: „Die beste Neuigkeit habe ich mir bis zum Schluß aufgespart. Ich habe mich mit einem Fräulein Frieda Brandenfeld verlobt, einem Mädchen aus einer wohlhabenden Familie, die sich hier erst lange nach Deiner Abreise angesiedelt hat, die Du also kaum kennen dürftest. Es wird sich noch Gelegenheit finden, Dir Näheres über meine Braut mitzuteilen, heute genüge Dir, daß ich recht glücklich bin und daß sich in unserem gegenseitigen Verhältnis nur insofern etwas geändert hat, als Du jetzt in mir statt eines ganz gewöhnlichen Freundes einen glücklichen Freund haben wirst.

Außerdem bekommst Du in meiner Braut, die Dich herzlich grüßen läßt, und die Dir nächstens selbst schreiben wird, eine aufrichtige Freundin, was für einen Junggesellen nicht ganz ohne Bedeutung ist. Ich weiß, es hält Dich vielerlei von einem Besuche bei uns zurück, wäre aber nicht gerade meine Hochzeit die richtige Gelegenheit, einmal alle Hindernisse über den Haufen zu werfen? Aber wie dies auch sein mag, handle ohne alle Rücksicht und nur nach Deiner Wohlmeinung."

Mit diesem Brief in der Hand war Georg lange, das Gesicht dem Fenster zugekehrt, an seinem Schreibtisch gesessen. Einem Bekannten, der ihn im Vorübergehen von der Gasse aus gegrüßt hatte, hatte er kaum mit einem abwesenden Lächeln geantwortet.

Endlich steckte er den Brief in die Tasche und ging aus seinem Zimmer quer durch einen kleinen Gang in das Zimmer seines Vaters, in dem er schon seit Monaten nicht gewesen war. Es bestand auch sonst keine Nötigung dazu, denn er verkehrte mit seinem Vater ständig im Geschäft, das Mittagessen nahmen sie gleichzeitig in einem Speisehaus ein, abends versorgte sich zwar jeder nach Belieben, doch saßen sie dann meistens, wenn nicht Georg, wie es am häufigsten geschah, mit Freunden beisammen war oder jetzt seine Braut besuchte, noch ein Weilchen, jeder mit seiner Zeitung, im gemeinsamen Wohnzimmer.

Georg staunte darüber, wie dunkel das Zimmer des Vaters selbst an diesem sonnigen Vormittag war. Einen solchen Schatten warf also die hohe Mauer, die sich jenseits des schmalen Hofes erhob. Der Vater saß beim Fenster in einer Ecke, die mit verschiedenen Andenken an die selige Mutter ausgeschmückt war, und las die Zeitung, die er seitlich vor die Augen hielt, wodurch er irgendeine Augenschwäche auszugleichen suchte. Auf dem Tisch standen die Reste des Frühstücks, von dem nicht viel verzehrt zu sein schien.

„Ah, Georg!" sagte der Vater und ging ihm gleich entgegen. Sein schwerer Schlafrock öffnete sich im Gehen, die Enden umflatterten ihn — „mein Vater ist noch immer ein Riese", sagte sich Georg.

„Hier ist es ja unerträglich dunkel", sagte er dann.

„Ja, dunkel ist es schon", antwortete der Vater.

„Das Fenster hast du auch geschlossen?"

„Ich habe es lieber so."

„Es ist ja ganz warm draußen", sagte Georg, wie im Nachhang zu dem Früheren, und setzte sich.

Der Vater räumte das Frühstücksgeschirr ab und stellte es auf einen Kasten.

„Ich wollte dir eigentlich nur sagen," fuhr Georg fort, der den Bewegungen des alten Mannes ganz verloren folgte, „daß ich nun doch nach Petersburg meine Verlobung angezeigt habe." Er zog den Brief ein wenig aus der Tasche und ließ ihn wieder zurückfallen.

„Nach Petersburg?" fragte der Vater.

„Meinem Freunde doch", sagte Georg und suchte des Vaters Augen. — „Im Geschäft ist er doch ganz anders," dachte er, „wie er hier breit sitzt und die Arme über der Brust kreuzt."

„Ja. Deinem Freunde", sagte der Vater mit Betonung.

„Du weißt doch, Vater, daß ich ihm meine Verlobung zuerst verschweigen wollte. Aus Rücksichtnahme, aus keinem anderen Grunde sonst. Du weißt selbst, er ist ein schwieriger Mensch. Ich sagte mir, von anderer Seite kann er von meiner Verlobung wohl erfahren, wenn das auch bei seiner einsamen Lebensweise kaum wahrscheinlich ist — das kann ich nicht hindern —, aber von mir selbst soll er es nun einmal nicht erfahren."

„Und jetzt hast du es dir wieder anders überlegt?" fragte der Vater, legte die große Zeitung auf den Fensterbord und auf die Zeitung die Brille, die er mit der Hand bedeckte.

„Ja, jetzt habe ich es mir wieder überlegt. Wenn er mein guter Freund ist, sagte ich mir, dann ist meine glückliche Verlobung auch für ihn ein Glück. Und deshalb habe ich nicht mehr gezögert, es ihm anzuzeigen. Ehe ich jedoch den Brief einwarf, wollte ich es dir sagen."

„Georg," sagte der Vater und zog den zahnlosen Mund in die Breite, „hör' einmal! Du bist wegen dieser Sache zu mir gekommen, um dich mit mir zu beraten. Das ehrt dich ohne Zweifel. Aber es ist nichts, es ist ärger als nichts, wenn du mir jetzt nicht die volle Wahrheit sagst. Ich will nicht Dinge aufrühren, die nicht hierher gehören. Seit dem Tode unserer teueren Mutter sind gewisse unschöne Dinge vorgegangen. Vielleicht kommt auch für sie die Zeit und vielleicht kommt sie früher, als wir denken. Im Geschäft entgeht mir manches, es wird mir vielleicht nicht verborgen — ich will jetzt gar nicht die Annahme machen, daß es mir verborgen wird —, ich bin nicht mehr kräftig genug, mein Gedächtnis läßt nach, ich habe nicht mehr den Blick für alle die vielen Sachen. Das ist erstens der Ablauf der Natur, und zweitens hat mich der Tod unseres Mütterchens viel mehr niedergeschlagen als dich. — Aber weil wir gerade bei dieser Sache halten, bei diesem Brief, so bitte ich dich, Georg, täusche mich nicht. Es ist eine Kleinigkeit, es ist nicht des Atems wert, also täusche mich nicht. Hast du wirklich diesen Freund in Petersburg?"

Georg stand verlegen auf. „Lassen wir meine Freunde sein. Tausend Freunde ersetzen mir nicht meinen Vater. Weißt du, was ich glaube? Du schonst dich nicht genug. Aber das Alter verlangt seine Rechte. Du bist mir im Geschäft unentbehrlich, das weißt du ja sehr genau, aber wenn das Geschäft deine Gesundheit bedrohen sollte, sperre ich es noch morgen für immer. Das geht nicht. Wir müssen da eine andere Lebensweise für dich einführen. Aber von Grund aus. Du sitzt hier im Dunkel, und im Wohnzimmer hättest du schönes Licht. Du nippst vom Frühstück, statt dich ordentlich zu stärken. Du sitzt bei geschlossenem Fenster, und die Luft würde dir so gut tun. Nein, mein Vater! Ich werde den Arzt holen und seinen Vorschriften werden wir folgen. Die Zimmer werden wir wechseln, du wirst ins Vorderzimmer ziehen, ich hierher. Es wird keine Veränderung für dich sein, alles wird mit übertragen werden. Aber das alles hat Zeit, jetzt lege dich noch ein wenig ins Bett, du brauchst unbedingt Ruhe. Komm, ich werde dir beim Ausziehn helfen, du wirst sehn, ich kann es. Oder willst du gleich ins Vorderzimmer gehn, dann legst du dich vorläufig in mein Bett. Das wäre übrigens sehr vernünftig."

Georg stand knapp neben seinem Vater, der den Kopf mit dem struppigen weißen Haar auf die Brust hatte sinken lassen.

„Georg", sagte der Vater leise, ohne Bewegung.

Georg kniete sofort neben dem Vater nieder, er sah die Pupillen in dem müden Gesicht des Vaters übergroß in den Winkeln der Augen auf sich gerichtet.

„Du hast keinen Freund in Petersburg. Du bist immer ein Spaßmacher gewesen und hast dich auch mir gegenüber nicht zurückgehalten. Wie solltest du denn gerade dort einen Freund haben! Das kann ich gar nicht glauben."

„Denk doch noch einmal nach, Vater," sagte Georg, hob den Vater vom Sessel und zog ihm, wie er nun doch recht schwach dastand, den Schlafrock aus, „jetzt wird es bald drei Jahre her sein, da war ja mein Freund bei uns zu Besuch. Ich erinnere mich noch, daß du ihn nicht besonders gern hattest. Wenigstens zweimal habe ich ihn vor dir verleugnet, trotzdem er gerade bei mir im Zimmer saß. Ich konnte ja deine Abneigung gegen ihn ganz gut verstehn, mein Freund hat seine Eigentümlichkeiten. Aber dann hast du dich doch auch wieder ganz gut mit ihm unterhalten. Ich war damals noch so stolz darauf, daß du ihm zuhörtest, nicktest und fragtest. Wenn du nachdenkst, mußt du dich erinnern. Er erzählte damals unglaubliche Geschichten von der russischen Revolution. Wie er z. B. auf einer Geschäftsreise in Kiew bei einem Tumult einen Geistlichen auf einem Balkon gesehen hatte, der sich ein breites Blutkreuz in die flache Hand schnitt, diese Hand erhob und die Menge anrief. Du hast ja selbst diese Geschichte hie und da wiedererzählt."

Währenddessen war es Georg gelungen, den Vater wieder niederzusetzen und ihm die Trikothose, die er über den Leinenunterhosen trug, sowie die Socken vorsichtig auszuziehn. Beim Anblick der nicht besonders reinen Wäsche machte er sich Vorwürfe, den Vater vernachlässigt zu haben. Es wäre sicherlich auch seine Pflicht gewesen, über den Wäschewechsel seines Vaters zu wachen. Er hatte mit seiner Braut darüber, wie sie die Zukunft des Vaters einrichten wollten, noch nicht ausdrücklich gesprochen, denn sie hatten stillschweigend vorausgesetzt, daß der Vater allein in der alten Wohnung bleiben würde. Doch jetzt entschloß er sich kurz mit aller Bestimmtheit, den Vater in seinen künftigen Haushalt mitzunehmen. Es schien ja fast, wenn man genauer zusah, daß die Pflege, die dort dem Vater bereitet werden sollte, zu spät kommen könnte.

Auf seinen Armen trug er den Vater ins Bett. Ein schreckliches Gefühl hatte er, als er während der paar Schritte zum Bett hin merkte, daß an seiner Brust der Vater mit seiner Uhrkette spiele. Er konnte ihn nicht gleich ins Bett legen, so fest hielt er sich an dieser Uhrkette.

Kaum war er aber im Bett, schien alles gut. Er deckte sich selbst zu und zog dann die Bettdecke noch besonders weit über die Schulter. Er sah nicht unfreundlich zu Georg hinauf.

„Nicht wahr, du erinnerst dich schon an ihn?" fragte Georg und nickte ihm aufmunternd zu.

„Bin ich jetzt gut zugedeckt?" fragte der Vater, als könne er nicht nachschauen, ob die Füße genug bedeckt seien.

„Es gefällt dir also schon im Bett", sagte Georg und legte das Deckzeug besser um ihn.

„Bin ich gut zugedeckt?" fragte der Vater noch einmal und schien auf die Antwort besonders aufzupassen.

„Sei nur ruhig, du bist gut zugedeckt."

„Nein!" rief der Vater, daß die Antwort an die Frage stieß, warf die Decke zurück mit einer Kraft, daß sie einen Augenblick im Fluge sich ganz entfaltete, und stand aufrecht im Bett. Nur eine Hand hielt er leicht an den Plafond. „Du wolltest mich zudecken, das weiß ich, mein Früchtchen, aber zugedeckt bin ich noch nicht. Und ist es auch die letzte Kraft, genug für dich, zuviel für dich. Wohl kenne ich deinen Freund. Er wäre ein Sohn nach meinem Herzen. Darum hast du ihn auch betrogen die ganzen Jahre lang. Warum sonst? Glaubst du, ich habe nicht um ihn geweint? Darum doch sperrst du dich in dein Bureau, niemand soll stören, der Chef ist beschäftigt — nur damit du deine falschen Briefchen nach Rußland schreiben kannst. Aber den Vater muß glücklicherweise niemand lehren, den Sohn zu durchschauen. Wie du jetzt geglaubt hast, du hättest ihn untergekriegt, so untergekriegt, daß du dich mit deinem Hintern auf ihn setzen kannst und er rührt sich nicht, da hat sich mein Herr Sohn zum Heiraten entschlossen!"

Georg sah zum Schreckbild seines Vaters auf. Der Petersburger Freund, den der Vater plötzlich so gut kannte, ergriff ihn, wie noch nie. Verloren im weiten Rußland sah er ihn. An der Türe des leeren, ausgeraubten Geschäftes sah er ihn. Zwischen den Trümmern der Regale, den zerfetzten Waren, den fallenden Gasarmen stand er gerade noch. Warum hatte er so weit wegfahren müssen!

„Aber schau mich an!" rief der Vater, und Georg lief, fast zerstreut, zum Bett, um alles zu fassen, stockte aber in der Mitte des Weges.

„Weil sie die Röcke gehoben hat," fing der Vater zu flöten an, „weil sie die Röcke so gehoben hat, die widerliche Gans," und er hob, um das darzustellen, sein Hemd so hoch, daß man auf seinem Oberschenkel die Narbe aus seinen Kriegsjahren sah, „weil sie die Röcke so und so und so gehoben hat, hast du dich an sie herangemacht, und damit du an ihr ohne Störung dich befriedigen kannst, hast du unserer Mutter Andenken geschändet, den Freund verraten und deinen Vater ins Bett gesteckt, damit er sich nicht rühren kann. Aber kann er sich rühren oder nicht?"

Und er stand vollkommen frei und warf die Beine. Er strahlte vor Einsicht.

Georg stand in einem Winkel, möglichst weit vom Vater. Vor einer langen Weile hatte er sich fest entschlossen, alles vollkommen genau zu beobachten, damit er nicht irgendwie auf Umwegen, von hinten her, von oben herab überrascht werden könne. Jetzt erinnerte er sich wieder an den längst vergessenen Entschluß und vergaß ihn, wie man einen kurzen Faden durch ein Nadelöhr zieht.

„Aber der Freund ist nun doch nicht verraten!" rief der Vater, und sein hin- und herbewegter Zeigefinger bekräftigte es. „Ich war sein Vertreter hier am Ort."

„Komödiant!" konnte sich Georg zu rufen nicht enthalten, erkannte sofort den Schaden und biß, nur zu spät, — die Augen erstarrt — in seine Zunge, daß er vor Schmerz einknickte.

„Ja, freilich habe ich Komödie gespielt! Komödie! Gutes Wort! Welcher andere Trost blieb dem alten verwitweten Vater? Sag — und für den Augenblick der Antwort sei du noch mein lebender Sohn —, was blieb mir übrig, in meinem Hinterzimmer, verfolgt vom ungetreuen Personal, alt bis in die Knochen? Und mein Sohn ging im Jubel durch die Welt, schloß Geschäfte ab, die ich vorbereitet hatte, überpurzelte sich vor Vergnügen und ging vor seinem Vater mit dem verschlossenen Gesicht eines Ehrenmannes davon! Glaubst du, ich hätte dich nicht geliebt, ich, von dem du ausgingst?"

„Jetzt wird er sich vorbeugen," dachte Georg, „wenn er fiele und zerschmetterte!" Dieses Wort durchzischte seinen Kopf.

Der Vater beugte sich vor, fiel aber nicht. Da Georg sich nicht näherte, wie er erwartet hatte, erhob er sich wieder.

„Bleib, wo du bist, ich brauche dich nicht! Du denkst, du hast noch die Kraft, hierher zu kommen und hältst dich bloß zurück, weil du so willst. Daß du dich nicht irrst! Ich bin noch immer der viel Stärkere. Allein hätte ich vielleicht zurückweichen müssen, aber so hat mir die Mutter ihre Kraft abgegeben, mit deinem Freund habe ich mich herrlich verbunden, deine Kundschaft habe ich hier in der Tasche!"

„Sogar im Hemd hat er Taschen!" sagte sich Georg und glaubte, er könne ihn mit dieser Bemerkung in der ganzen Welt unmöglich machen. Nur einen Augenblick dachte er das, denn immerfort vergaß er alles.

„Häng dich nur in deine Braut ein und komm mir entgegen! Ich fege sie dir von der Seite weg, du weißt nicht wie!"

Georg machte Grimassen, als glaube er das nicht. Der Vater nickte bloß, die Wahrheit dessen, was er sagte, beteuernd, in Georgs Ecke hin.

„Wie hast du mich doch heute unterhalten, als du kamst und fragtest, ob du deinem Freund von der Verlobung schreiben sollst. Er weiß doch alles, dummer Junge, er weiß doch alles! Ich schrieb ihm doch, weil du vergessen hast, mir das Schreibzeug wegzunehmen. Darum kommt er schon seit Jahren nicht, er weiß ja alles hundertmal besser als du selbst, deine Briefe zerknüllt er ungelesen in der linken Hand, während er in der Rechten meine Briefe zum Lesen sich vorhält!"

Seinen Arm schwang er vor Begeisterung über dem Kopf. „Er weiß alles tausendmal besser!" rief er.

„Zehntausendmal!" sagte Georg, um den Vater zu verlachen, aber noch in seinem Munde bekam das Wort einen toternsten Klang.

„Seit Jahren passe ich schon auf, daß du mit dieser Frage kämest! Glaubst du, mich kümmert etwas anderes? Glaubst du, ich lese Zeitungen? Da!" und er warf Georg ein Zeitungsblatt, das irgendwie mit ins Bett getragen worden war, zu. Eine alte Zeitung, mit einem Georg schon ganz unbekannten Namen.

„Wie lange hast du gezögert, ehe du reif geworden bist! Die Mutter mußte sterben, sie konnte den Freudentag nicht erleben, der Freund geht zugrunde in seinem Rußland, schon vor drei Jahren war er gelb zum Wegwerfen, und ich, du siehst ja, wie es mit mir steht. Dafür hast du doch Augen!"

„Du hast mir also aufgelauert!" rief Georg.

Mitleidig sagte der Vater nebenbei: „Das wolltest du wahrscheinlich früher sagen. Jetzt paßt es ja gar nicht mehr."

Und lauter: „Jetzt weißt du also, was es noch außer dir gab, bisher wußtest du nur von dir! Ein unschuldiges Kind warst du ja eigentlich, aber noch eigentlicher warst du ein teuflischer Mensch! — Und darum wisse: Ich verurteile dich jetzt zum Tode des Ertrinkens!"

Georg fühlte sich aus dem Zimmer gejagt, den Schlag, mit dem der Vater hinter ihm aufs Bett stürzte, trug er noch in den Ohren davon. Auf der Treppe, über deren Stufen er wie über eine schiefe Fläche eilte, überrumpelte er seine Bedienerin, die im Begriffe war heraufzugehen, um die Wohnung nach der Nacht aufzuräumen. „Jesus!" rief sie und verdeckte mit der Schürze das Gesicht, aber er war schon davon. Aus dem

Tor sprang er, über die Fahrbahn zum Wasser trieb es ihn. Schon hielt er das Geländer fest, wie ein Hungriger die Nahrung. Er schwang sich über, als der ausgezeichnete Turner, der er in seinen Jugendjahren zum Stolz seiner Eltern gewesen war. Noch hielt er sich mit schwächer werdenden Händen fest, erspähte zwischen den Geländerstangen einen Autoomnibus, der mit Leichtigkeit seinen Fall übertönen würde, rief leise: „Liebe Eltern, ich habe euch doch immer geliebt", und ließ sich hinabfallen.

In diesem Augenblick ging über die Brücke ein geradezu unendlicher Verkehr.

GEHIRNE

NOVELLEN

VON

GOTTFRIED BENN

LEIPZIG
KURT WOLFF VERLAG
1916

Gedruckt bei E. Haberland in Leipzig=R.
Oktober 1916 als fünfunddreißigster Band
der Bücherei »Der jüngste Tag«

COPYRIGHT 1916 BY KURT WOLFF VERLAG · LEIPZIG

GEHIRNE

RÖNNE, ein junger Arzt, der früher viel seziert hatte, fuhr durch Süddeutschland dem Norden zu. Er hatte die letzten Monate tatenlos verbracht, er war zwei Jahre lang an einem pathologischen Institut angestellt gewesen, das bedeutet, es waren ungefähr zweitausend Leichen ohne Besinnen durch seine Hände gegangen, und das hatte ihn in einer merkwürdigen und ungeklärten Weise erschöpft.

Jetzt saß er auf einem Eckplatz und sah in die Fahrt: es geht also durch Weinland, besprach er sich, ziemlich flaches, vorbei an Scharlachfeldern, die rauchen von Mohn. Es ist nicht allzu heiß, ein Blau flutet durch den Himmel, feucht und aufgeweht von Ufern, an Rosen ist jedes Haus gelehnt, und manches ganz versunken. Ich will mir ein Buch kaufen und einen Stift, ich will mir jetzt möglichst vieles aufschreiben, damit nicht alles so herunterfließt. So viele Jahre lebte ich, und alles ist versunken. Als ich anfing, blieb es bei mir? Ich weiß es nicht mehr.

Dann lagen in vielen Tunneln die Augen auf dem Sprung, das Licht wieder aufzufangen, Männer arbeiteten im Heu, Brücken aus Holz, Brücken aus Stein, eine Stadt und ein Wagen über Berge vor ein Haus.

Veranden, Hallen und Remisen, auf der Höhe eines Gebirges, in einen Wald gebaut — hier wollte Rönne den Chefarzt ein paar Wochen vertreten. Das Leben ist so allmächtig, dachte er, diese Hand wird es nicht unterwühlen können, und sah seine Rechte an.

Im Gelände war niemand außer Angestellten und Kranken; die Anstalt lag hoch; Rönne war feierlich zu Mute; umleuchtet von seiner Einsamkeit besprach er mit den Schwestern die dienstlichen Angelegenheiten fern und kühl.

Er überließ ihnen alles zu tun: das Herumdrehen der Hebel, das Befestigen der Lampen, den Antrieb der Motore, mit einem Spiegel dies und jenes zu beleuchten — es tat ihm wohl, die Wissenschaft in eine Reihe von Handgriffen aufgelöst zu sehen, die gröberen eines Schmiedes, die feineren eines Uhrmachers wert. Dann nahm er selber seine Hände, führte sie über die Röntgenröhre, verschob das Quecksilber der Quarzlampe, erweiterte oder verengte einen Spalt, durch den Licht auf einen Rücken fiel, schob einen Trichter in ein Ohr, nahm Watte und ließ sie im Gehörgang liegen und vertiefte sich in die Folgen dieser Verrichtung bei dem Inhaber des Ohrs: wie sich Vorstellungen bildeten von Helfer, Heilung, guter Arzt von allgemeinem Zutrauen und Weltfreude, und wie sich die Entfernung von Flüssigkeiten in das Seelische verwob. Dann kam ein Unfall und er nahm ein Holzbrettchen mit Watte gepolstert, schob es unter den verletzten Finger, wickelte eine Stärkebinde herum und überdachte, wie dieser Finger durch den Sprung über einen Graben oder eine übersehene Wurzel, durch einen Übermut oder einen Leichtsinn, kurz, in wie tiefem Zusammenhange mit dem Lauf und dem Schicksal dieses Lebens er gebrochen schien, während er ihn jetzt versorgen mußte wie einen Fernen und Entlaufenen, und er horchte in die Tiefe, wie in dem Augenblick, wo der Schmerz einsetzte, eine fernere Stimme sich vernehmen ließe.

4

Es war in der Anstalt üblich, die Aussichtslosen unter Verschleierung dieses Tatbestandes in ihre Familien zu entlassen wegen der Schreibereien und des Schmutzes, den der Tod mit sich bringt. Auf einen solchen trat Rönne zu, besah ihn sich: die künstliche Öffnung auf der Vorderseite, den durchgelegenen Rücken, dazwischen etwas mürbes Fleisch, beglückwünschte ihn zu der gelungenen Kur und sah ihm nach, wie er von dannen trottete. Er wird nun nach Hause gehen, dachte Rönne, die Schmerzen als eine lästige Begleiterscheinung der Genesung empfinden, unter den Begriff der Erneuerung treten, den Sohn anweisen, die Tochter heranbilden, den Bürger hochhalten, die Allgemeinvorstellung des Nachbars auf sich nehmen, bis die Nacht kommt mit dem Blut im Hals. Wer glaubt, daß man mit Worten lügen könne, könnte meinen, daß es hier geschähe. Aber wenn ich mit Worten lügen könnte, wäre ich wohl nicht hier. Überall wohin ich sehe, bedarf es eines Wortes, um zu leben. Hätte ich doch gelogen, als ich zu diesem sagte: Glück auf!

Erschüttert saß er eines Morgens vor seinem Frühstückstisch, er fühlte so tief: der Chefarzt würde verreisen, ein Vertreter würde kommen, in dieser Stunde aus diesem Bette steigen und das Brötchen nehmen: man denkt, man ißt, und das Frühstück arbeitet an einem herum. Trotzdem verrichtete er weiter, was an Fragen und Befehlen zu verrichten war, klopfte mit einem Finger der rechten Hand auf einen der linken, dann stand eine Lunge darunter, trat an Betten: guten Morgen, was macht Ihr Leib? Aber es konnte jetzt hin und wieder vorkommen, daß er durch die Hallen ging, ohne jeden einzelnen ordnungsgemäß zu befragen, sei es nach der Zahl seiner Hustenstöße, sei es nach der Wärme seines Darms. Wenn ich durch die Liege=

hallen gehe – dies beschäftigte ihn zu tief – in je zwei Augen falle ich, werde wahrgenommen und bedacht. Mit freundlichen und ernsten Gegenständen werde ich verbunden, vielleicht nimmt ein Haus mich auf, in das sie sich sehnen, vielleicht ein Stück Gerbholz, das sie einmal schmeckten. Und ich hatte auch einmal zwei Augen, die liefen rückwärts mit ihren Blicken, jawohl, ich war vorhanden: fraglos und gesammelt. Wo bin ich hingekommen? Wo bin ich? Ein kleines Flattern, ein Verwehn.

Er sann nach, wann es begonnen hätte, aber er wußte es nicht mehr: ich gehe durch eine Straße und sehe ein Haus und erinnere mich eines Schlosses, das ähnlich war in Florenz, aber sie streifen sich nur mit einem Schein und sind erloschen.

Es schwächt mich etwas von oben. Ich habe keinen Halt mehr hinter den Augen. Der Raum wogt so endlos, einst floß er doch auf eine Stelle. Zerfallen ist Rinde, die mich trug.

Oft, wenn er von solchen Gängen in sein Zimmer zurückgekehrt war, drehte er seine Hände hin und her und sah sie an. Und einmal beobachtete eine Schwester, wie er sie beroch oder vielmehr, wie er über sie hinging, als prüfe er ihre Luft, und wie er dann die leicht gebeugten Handflächen, nach oben offen, an den kleinen Fingern zusammenlegte, um sie dann einander zu und ab zu bewegen, als bräche er eine große, weiche Frucht auf oder als böge er etwas auseinander. Sie erzählte es den anderen Schwestern, aber niemand wußte, was es zu bedeuten habe. Bis es sich ereignete, daß in der Anstalt ein größeres Tier geschlachtet wurde. Rönne kam scheinbar zufällig herbei, als der Kopf aufgeschlagen wurde, nahm den Inhalt in die Hände und bog die beiden Hälften auseinander. Da durchfuhr es die Schwester, daß dies die Bewegung gewesen sei, die sie auf dem Gang beobachtet hatte. Aber sie wußte keinen Zusammenhang herzustellen und vergaß es bald.

Rönne aber ging durch die Gärten. Es war Sommer, Otternzungen schaukelten das Himmelsblau, die Rosen blühten, süß geköpft. Er spürte den Drang der Erde: bis vor seine Sohlen, und das Schwellen der Gewalten: nicht mehr durch sein Blut. Vornehmlich aber ging er Wege, die im Schatten lagen und solche mit vielen Bänken, häufig mußte er ruhen vor der Hemmungslosigkeit des Lichtes, und preisgegeben fühlte er sich einem atemlosen Himmel.

Allmählich fing er an, seinen Dienst nur noch unregelmäßig zu versehen, namentlich aber, wenn er sich gesprächsweise zu dem Verwalter oder der Oberin über irgendeinen Gegenstand äußern sollte, wenn er fühlte, jetzt sei es daran, eine Äußerung seinerseits dem in Frage stehenden Gegenstand zukommen zu lassen, brach er förmlich zusammen. Was solle man denn zu einem Geschehen sagen? Geschähe es nicht so, geschähe es ein wenig anders. Leer würde die Stelle nicht bleiben. Er aber möchte nur leise vor sich hinsehn und in seinem Zimmer ruhn.

Wenn er aber lag, lag er nicht wie einer, der erst vor ein paar Wochen gekommen war, von einem See und über die Berge, sondern als wäre er mit der Stelle, auf der sein Leib jetzt lag, emporgewachsen und von den langen Jahren geschwächt, und etwas Steifes und Wächsernes war an ihm lang, wie abgenommen von den Leibern, die sein Umgang gewesen waren.

Auch in der Folgezeit beschäftigte er sich viel mit seinen Händen. Die Schwester, die ihn bediente, liebte ihn sehr, er sprach immer so flehentlich mit ihr, obschon sie nicht recht wußte, um was es ging. Oft fing er etwas höhnisch an: er kenne diese fremden Gebilde, seine Hände hätten sie gehalten. Aber gleich verfiel er wieder: sie lebten in Gesetzen, die nicht von uns seien und ihr Schicksal sei uns so fremd wie das eines Flusses, auf dem wir fahren. Und dann ganz erloschen, den Blick schon in einer Nacht: um zwölf chemische Einheiten handele es sich, die zusammengetreten wären nicht auf sein Geheiß, und die sich trennen würden, ohne ihn zu fragen. Wohin solle man sich dann sagen? Es wehe nur über sie hin.

Er sei keinem Ding mehr gegenüber, er habe keine Macht mehr über den Raum, äußerte er einmal, lag fast ununterbrochen und rührte sich kaum.

Er schloß sein Zimmer hinter sich ab, damit niemand auf ihn einstürmen könne, er wollte öffnen und gefaßt gegenüberstehen.

Anstaltswagen, ordnete er an, möchten auf der Landstraße hin und her fahren, er hatte beobachtet, es tat ihm wohl, Wagenrollen zu hören: das war so fern, das war wie früher, das ging in eine fremde Stadt.

Er lag immer in einer Stellung: steif auf dem Rücken. Er lag auf dem Rücken, in einem langen Stuhl, der Stuhl stand in einem geraden Zimmer, das Zimmer stand im Haus und das Haus auf einem Hügel. Außer ein paar Vögeln war er das höchste Tier. So trug ihn die Erde leise durch den Äther und ohne Erschüttern an allen Sternen vorbei.

Eines Abends ging er hinunter zu den Liegehallen, er blickte die Liegestühle entlang, wie sie alle still unter ihren Decken die Genesung erwarteten, er sah sie an, wie sie dalagen: alle aus Heimaten, aus Schlaf voll Traum, aus Abendheimkehr, aus Gesängen von Vater zu Sohn, zwischen Glück und Tod — er sah die Halle entlang und ging zurück.

Der Chefarzt wurde zurückgerufen, er war ein freundlicher Mann, er sagte, eine seiner Töchter sei erkrankt. Rönne aber sagte: sehen Sie, in diesen meinen Händen hielt ich sie, hundert oder auch tausend Stück; manche waren weich, manche waren hart, alle sehr zerfließlich, Männer, Weiber, mürbe und voll Blut. Nun halte ich immer mein eigenes in meinen Händen und muß immer darnach forschen, was mit mir möglich sei. Wenn die Geburtszange hier ein bißchen tiefer in die Schläfe gedrückt hätte...? Wenn man mich immer über eine bestimmte Stelle des Kopfes geschlagen hätte...? Was ist es denn mit den Gehirnen? Ich wollte immer auffliegen wie ein Vogel aus der Schlucht, nun lebe ich außen im Kristall. Aber nun geben Sie mir bitte den Weg frei, ich schwinge wieder — ich war so müde — auf Flügeln geht dieser Gang — mit meinem blauen Anemonenschwert — in Mittagsturz des Lichts — in Trümmern des Südens — in zerfallendem Gewölk — Zerstäubungen der Stirne — Entschweifungen der Schläfe.

DIE EROBERUNG

AUS der Ohnmacht langer Monate und unaufhör=
lichen Vertriebenheiten —: Dies Land will ich
besetzen, dachte Rönne, und seine Augen rissen
den weißen Schein der Straße an sich, befühlten ihn, ver=
glichen ihn mit den Schichten nah am Himmel und mit
der Helle der Mauer eines Hauses, und schon verging
er vor Glück in den Abend, in die deutliche Verlängerung
des Lichtes, in dieses kühle Ende eines Tages, der voll
Frühling war.

Die Eroberung ist zu Ende, sagte er sich; es ist fester
Fuß gefaßt. Sie tragen ihre Ohnmacht noch in Farben
an ihre Hütten, in Schleifen, rot und gelb, und kleinen
Fahnen an der Jacke, aber vertrieben werden wir hier
zunächst nicht werden. Dagegen alles, was geschieht,
geschieht erstmalig. Eine fremde Sprache, alles ist haß=
erfüllt und kommt zögernd über einen Abgrund her. Hier
will ich Schritt für Schritt vorgehen. Wenn irgendwo, muß
es mir hier gelingen.

Er schritt aus; schon blühte um ihn die Stadt. Sie
wogte auf ihn zu, sie erhob sich von den Hügeln, schlug
Brücken über die Inseln, ihre Krone rauschte. Über Plätze,
vor Jahrhunderten liegen geblieben und von keinem Fuß
berührt, drängten alle Straßen hernieder in ein Tal, es
war ein Abstieg in der Stadt, sie ließ sich sinken in die
Ebene, sie entsteinte ihr Gemäuer einem Weinberg zu.

Er verhielt auf einem Platz, sank auf eine Mauer,
schloß die Augen, spürte mit den Händen durch die Luft

wie durch Wasser und drängte: Liebe Stadt, laß Dich doch besetzen! Beheimate mich! Nimm mich auf in die Gemeinschaft! Du wächst nicht auf, Du schwillst oben nicht an, alles das ermüdet so. Du bist so südlich, Deine Kirche betet in den Abend, ihr Stein ist weiß, der Himmel blau. Du irrst so an das Ufer der Ferne, Du wirst Dich erbarmen, schon umschweifst Du mich.

Er fühlte sich gefestigt. Er schwang über die Boulevards, es war ein Wogen hin und her. Er ging beschwingt, die Frauen trug er in seinen Falten wie Staub, die Entthronten, was gab es denn: kleine Höhlen und ein Büschel Erde in der Achsel. Einer Blonden wogte beim Atmen eine Rose hin und her. Die roch nun mit dem Blut der Brust zusammen irgendeinem Manne zu.

Ihr trieb er nach in ein Café. Er setzte sich und atmete tief: ja hier ist die Gemeinschaft. Er sah sich um: Ein Mann versenkte sein Weiches in ein Mädchen, die dachte, es käme von Gott, und strich sich glatt. Der Unterkiefer eines Zurückgebliebenen meisterte mit Hilfe von zwei verwachsenen Händen eine Tasse, die Eltern saßen dabei und verwahrten sich. Auf allen Tischen standen Geräte, welche für den Hunger, welche für den Durst. Ein Herr machte ein Angebot, Treue trat in sein Auge, Weib und Kind verernsteten seine Züge. Einer bewertete sachlich ein Gespräch. Einer kaute eine Landschaft an, der Wände Schmuck. Ja, hier ist das Glück, sagte er sich und blähte seine Nüstern, als versenke er sich, — das tiefe, gedehnte Glück. Nehmt mich auf in die Gemeinschaft!

Schon erhob er die Blicke wie zu seinesgleichen. Seine Augen schweiften wie die des Kauenden. Nicht mehr leugnen ließ sich, daß das Licht auf der Straße sich verdunkelte, und daß tief gebeugt ein Mädchen sang. Klar zutage lagen die Lüste zwischen den Soldaten und den

Frauen, und der Kellner gewann an Geltung. Und er fühlte, wie er wuchs und still ward, so kühl umstanden zu sein von lauter Dingen, die geschahen.

Nun wurde er kühner, er entlastete sich auf die Stühle, und siehe — sie standen da. Er verteilte, was er unter der Stirne trug, um der Säulen Samt. Die Marmorplatten wuchsen sich aus, die Klinken traten selbständig hervor. Er schweifte sich innen aus: auf die Borde, auf die Simse häufte er aus allen Höhlen und Falten Last um Last.

Nun hing sogar ein Bild an der Wand: eine Kuh auf einer Weide. Eine Kuh auf einer Weide, dachte er, eine runde braune Kuh, Himmel und ein Feld. Nein, was für ein namenloses Glück aus diesem Bild entstehen kann! Da steht sie nun mit vier Beinen, mit eins, zwei drei, vier Beinen, das läßt sich gar nicht leugnen, sie steht mit vier Beinen auf einer Wiese aus Gras und sieht drei Schafe an, eins, zwei, drei Schafe, — o die Zahl, wie liebe ich die Zahl, sie sind so hart, sie sind rundherum gleich unantastbar, sie starren von Unangreifbarkeit, ganz unzweideutig sind sie, es wäre lächerlich, irgend etwas an ihnen aussetzen zu wollen, wenn ich noch jemals traurig bin, will ich immer Zahlen vor mich her sagen, er lachte froh und ging.

Himmel um sein Haupt, blühte er durch das leise Spiel der Nacht. Sein waren die Gassen, für seine Gänge, ohne Demütigung vernahm er seiner Schritte Widerhall. Er fühlte ein Erschließen, er stieg auf, eine Pore war er, aus der es grünen wollte, eingeebnet fühlte er sich in das Schlenkern der Arme eines Mannes, der hastig über die Straße schritt, gehürnt von einem Ziel.

Weich und mahlend bewältigte er die Schaufenster durch Gedanken über Gegenstände in den Läden, stand herum prüfenden Blickes, als beabsichtige er einzu=

kaufen, ging weiter, nicht befriedigt von dem, was man ihm bot.

Hart heran an Gangart und Gesichtsausdruck von anderen Männern trat er, schloß sich dem an, glättete seine Züge, um sie gelegentlich aufzucken zu lassen in der Erinnerung an ein Vorkommnis im Laufe des Tages, sei es heiterer, sei es ernster Art. Einen belebten großen Platz vollends nahm er wahr, um plötzlich stehen zu bleiben, erschrocken mit der Hand an die Stirn zu fassen und den Kopf zu schütteln: nein, zu ärgerlich! nun hatte er etwas vergessen, entfallen war ihm etwas, das zu tun ihm oblag, ein Versäumnis lag vor, das trotz aller bevorstehender Verabredungen des Abends unverzüglich nachzuholen ihm die Pflicht gebot. Weitergehen erübrigte sich. Es hieß jetzt, der Umkehr ins Auge sehen und vollbringen, was einmal als Recht erkannt.

Erregt machte er kehrt, die einreihenden Gedanken der Nachblickenden wärmten ihn und trieben ihn an: Vielleicht erzählte nun einer von ihm zu Hause, vielleicht spöttelte er ein wenig, vielleicht sagte er etwas schadenfroh: ein Herr, der etwas vergessen hatte — vielleicht kam er nun zu spät zu seiner Verabredung — vielleicht blieb ihm nun die Tür verschlossen während der Ouverture, — er mußte noch einmal zurückgehen —wahrscheinlich in sein Bureau —, wahrscheinlich ein Brief an einen Geschäftsfreund —, man kennt das ja selbst — ja ja, so ist das Leben — man erzieht sich selbst — man muß manches opfern — aber nur den Kopf nicht sinken lassen —, erhebt die Herzen, — Sursum corda — der gestirnte Himmel — das dienende Glied.

Er bog in ein Friseurgeschäft und unterzog sich der Pflege.

Ein Herr bekam den Hinterkopf gepudert. Warum, fragte sich Rönne, ich bekomme ihn nicht gepudert. Er überlegte. Er war blond. Es geht daraus hervor, daß das Prinzip des Weißen mit dem Prinzip des Blonden für diesen Zweck identisch ist. Es dürfte sich um den Lichtreflex handeln, um den Brechungskoeffizienten so= zusagen. Jawohl, Brechungskoeffizient, sehr gut, und er verweilte einen Augenblick.

Man muß nur an alles, was man sieht, etwas an= zuknüpfen vermögen, es mit früheren Erfahrungen in Einklang bringen und es unter allgemeine Gesichts= punkte stellen, das ist die Wirkungsweise der Vernunft, dessen entsinne ich mich.

Stark und gerüstet dehnte er sich in dem Rasierstuhl. Der junge Mann tänzelte herum, tupfte hin und her und puderte und strich.

Er war wieder auf der Straße. Eine Frau bot einen flachen Korb herum mit Veilchensträußen, blau wie Stücke der Nacht, mit Orchideenbündeln, weichen Zusammen= flusses aus hellblau und orange.

Die Orchidee, lachte er selbstgefällig, die Blüte des heißen Afrika, der Liebling der Sammler, der Gegen= stand so mancher Ausstellungen des Inn= und Auslandes, jawohl, ich weiß Bescheid, jawohl, ich bin nicht unkundig, selbst zu einem Fachmann fände ich Beziehungen.

Da fiel sein Blick auf die Inschrift eines Hauses, die hieß etwa: Schlachthof.

Nun mußte er sich eingehend über Schlachthof äußern. Der Dresdener Schlachthof vergleichsweise, erbaut An= fang der siebziger Jahre von Baurat Köhler, versehen mit den hygienisch=sanitären Vorrichtungen modernsten Systems — bahnbrechend war in dieser Richtung die Entdeckung des Dänen Johannsen. Es war ein Junitag des denkwürdigen Jahres der finnischen Expedition. Da ging er am Morgen durch die Östergaade und sah zwei Kühe ankommen, alter jütländischer Art — — heraus

aus einer solchen Fülle des Tatsächlichen sprach er, so
äußerte er sich, so stand er Antwort und Rede, klärte
manches auf, half über Irrtümer hinweg, diente der Sache
und unterstand der Allgemeinheit, die ihm dankte.

Messer und Geräte, Griffe und Anerkennung des
Raumes Erforderndes, traten ihm entgegen. Nun wurde
er gar ein Jäger, eine starke, geschlossene Gestalt. Er
scheute sich nicht, durch grüne Joppe und Hornknöpfe
Aufschluß über sein Gewerbe jedem Vorübergehenden
zu geben. Er war wetterhart und gebräunt und einen
kräftigen Schluck zum zweiten Frühstück, jawohl die
Herren, und noch einmal! Er erzählte in einem größeren
Kreise von dem Sechserbock, wie er den Drilling an
die Backe nahm, und das Silberkorn flimmerte in der
Kimme. Er prüfte und begutachtete einen Standhauer,
erinnerte an die ungünstigen Erfahrungen mit dem Mo=
dell eines Försters aus der Nachbarschaft, er nickte be=
dächtig, schüttelte mit dem Kopf und sprach starken
Atems in die rauhe Morgenluft, kurz, er war der ge=
achtete Mann, dem im Umfang seines Faches Vertrauen
zukam, eine bodenständige Natur, festen Schrittes und
aufrechter Art.

Nun erkrankte ihm vollends sein Kind, an einem
Frühlingsmorgen, das junge Geschöpf! Er schluchzte
mit seinem Weibe, aber mit dem kurzen Daumen des
Broterwerbers strich er sich durch den Bart, den Schmerz
zu meistern. Er stand demütig vor dem Unbegreiflichen,
aller Rätsel wurde auch er nicht Herr, das Mythische
ragte in sein Leben hinein, die guten und die bösen
Dinge, die Träne und das Blut.

Allmählich aber war die Nacht tiefer geworden und
schloß ihn ein. Nun schwoll wirklich um ihn der Wald.
Er sank auf Moos unter Stern und stillen Lauten. Blau
stand zwischen Bäumen, Tier und Dorf. In ihrem Bett

die Quelle. In ihrem Silberheim die Hügel. Und im Schauer seiner Haut, im Sprunge seiner Glieder, im Trunk der Augen, in seines Ohres Rausch: er, als der Blüten eine, er, als der Tiere Beischlaf, unter einem Himmel, unter einer Nacht –

Im Taumel halb, und halb weil Klänge riefen, stieg er die Stufen hinunter in den Saal.

Da tanzte eine hinter Schleiern, die Brüste gebunden, und ein Korallengaumen, aus dem sie lachte. Zwei wehten mit ihren Händen an ihren Leibern vorbei und trieben Geruch und Lust den Männern zu. Eine stieß Leib und Brüste hervor nach Enthüllungen. Zwei, die sich lieben wollten, streiften die Ringe ab, die hatten rauhe Steine.

Er aber spürte die Hände alle auf den Hüften, den Drang, sich abzuflachen auf die Erde, die Zuckungen, das Zusammenströmen und den Aufwuchs, und plötz= lich stand vor ihm die Schwangere: breites, schweres Fleisch, triefend von Säften aus Brust und Leib, ein magerer, verarmter Schädel über feuchtem Blattwerk, über einer Landschaft aus Blut, über Schwellungen aus tierischen Geweben, hervorgerufen durch eine unzwei= felhafte Berührung.

Da sprang er eine an, brach sie auf, biß in Gebein, das wie seines war, entriß ihm Schreie, die wie seine klangen, und verging an einer Hüfte, erstürmt von einem fremden Rund. –

Dann stieß der Morgen hervor, rot und siegreich. Rönne schritt durch die Wellen der Frühe, durch das Meer, das über die Wolken brach.

Rein und klar sah er hinter sich die Nacht, nun ging er den Weg zu den Palmengärten am Rande der Stadt.

Das Licht wuchs an, der Tag erhob sich, immer der gleiche ewige Tag, immer das unverlierbare Licht.

Die letzten Straßen, Brut quoll aus den Kellern, vorbei schabte ein Mönch, der Triumph des Inhalts, Frauen, Geruch aus Nestern und Begattung hinter sich herschleifend, führten ihre bejahenden Versenkungen dem Nachbar zu. Zu ihnen gehörten sie alle: Der Jäger und der Krüppel, der Vergeßliche und der Tänzer, — alle glaubten, versteckt oder frei, an die großen Gehirne, um die die Götter schwebten.

Er, der Einsame, blauer Himmel, schweigendes Licht. Über ihm die weiße Wolke: die sanftgekappten Rande, das schweifende Vergehen.

Er wehte sich über die Stirn: Am Abend, als ich ausging, schien ich mir noch des Schmerzes wert. Nun mag ich unter Farren liegen, die Stämme anschielen und überall die Fläche sehen.

Die Türen sanken nieder, die Glashäuser bebten, auf einer Kuppel aus Kristall zerbarst ein Strom des unverlierbaren Lichts: — so trat er ein —.

Ich wollte eine Stadt erobern, nun streicht ein Palmenblatt über mich hin.

Er wühlte sich in das Moos: am Schaft, wasserernährt, meine Stirn, handbreit, und dann beginnt es.

Bald darauf ertönte eine Glocke. Die Gärtner gingen an ihre Arbeit, da schritt auch er an eine Kanne und streute Wasser über die Farren, die aus einer Sonne kamen, wo viel verdunstete.

DIE REISE

RÖNNE wollte nach Antwerpen fahren, aber wie ohne Zerrüttung? Er konnte nicht zu Mittag kommen. Er mußte angeben, er könne heute nicht zu Mittag kommen, er fahre nach Antwerpen. Nach Antwerpen hätte der Zuhörer gedacht? Betrachtung? Aufnahme? Sich ergehen? Das erschien ihm ausgeschlossen. Er zielte auf Bereicherung und den Aufbau des Seelischen.

Und nun stellte er sich vor, er säße im Zug und müßte sich plötzlich erinnern, wie jetzt bei Tisch davon gesprochen wurde, daß er fort sei, wenn auch nur nebenbei, als Antwort auf eine kurz hingeworfene Frage, jedenfalls aber doch so viel, er seinerseits suche Beziehungen zu der Stadt, dem Mittelalter und den Scheldequais.

Erschlagen fühlte er sich, Schweißausbrüche. Eine Krümmung befiel ihn, als er seine unbestimmten und noch gar nicht absehbaren, jedenfalls aber doch so gegeringen und armseligen Vorgänge zusammengefaßt erblickte in Begriffen aus dem Lebensweg eines Herrn.

Ein Wolkenbruch von Hemmungen und Schwäche brach auf ihn nieder. Denn wo waren Garantien, daß er überhaupt etwas von der Reise erzählen könnte, mitbringen, verlebendigen, daß etwas in ihn träte im Sinne des Erlebnisses?

Große Rauheiten, wie die Eisenbahn, sich einem Herrn gegenüber gesetzt fühlen, das Heraustreten vor den An=

kunftsbahnhof mit der zielstrebigen Bewegung zu dem Orte der Verrichtung, das alles waren Dinge, die konn= ten nur im geheimen vor sich gehen, in sich selber er= litten, trostlos und tief.

Wie war er denn überhaupt auf den Gedanken ge= kommen, zu verlassen, darin er seinen Tag erfüllte? War er tollkühn, herauszutreten aus der Form, die ihn trug? Glaubte er an Erweiterung, trotzte er dem Zusammenbruch?

Nein sagte er sich, nein. Ich kann es beschwören: nein. Nur als ich vorhin aus dem Geschäft ging, nach Veilchen roch man wieder, gepudert war man auch, ein Mädchen kam heran mit weißer Brust, es erschien nicht ausgeschlossen, daß man sie eröffnet. Es erschien nicht ausgeschlossen, daß man prangen würde und strömen. Ein Strand rückte in den Bereich der Möglichkeiten, an den die blaue Brust des Meeres schlug. Aber nun zur Versöhnung will ich essen gehn.

*

Durch Verbeugung in der Türe anerkannte er die Individualitäten. Wer wäre er gewesen? Still nahm er Platz. Groß wuchteten die Herren.

Nun erzählte Herr Friedhoff von den Eigentümlich= keiten einer tropischen Frucht, die einen Kern enthalte von Eigröße. Das Weiche äße man mit einem Löffel, es habe gallertartige Konsistenz. Einige meinten, es schmecke nach Nuß. Er demgegenüber habe immer ge= funden, es schmecke nach Ei. Man äße es mit Pfeffer und Salz. Es handelte sich um eine schmackhafte Frucht. Er habe davon des Tages 3—4 gegessen und einen ernstlichen Schaden nie bemerkt.

Hierin trat Herrn Körner das Außerordentliche ent= gegen. Mit Pfeffer und Salz eine Frucht? Das erschien ihm ungewöhnlich, und er nahm dazu Stellung.

Wenn es ihm doch aber nach Ei schmeckt, wies Herrn Mau auf das Subjektive des Urteils hin, gleichzeitig etwas wegwerfend, als ob er seinerseits nichts Unüberbrückbares sähe. Außerdem so ungewöhnlich sei es doch nun nicht, führte Herr Offenberg zur Norm zurück, denn z. B. die Tomate? Wie nun vollends, wenn Herr Kritzler einen Oheim aufzuweisen hatte, der noch mit 70 Jahren Melone mit Senf gegessen hatte, und zwar in den Abendstunden, wo Derartiges bekanntlich am wenigsten bekömmlich sei?

Alles in allem: Lag denn in der Tat eine Erscheinung von so ungewöhnlicher Art vor, ein Vorkommnis sozusagen, das die Aufmerksamkeit weiterer Kreise auf sich zu lenken geeignet war, sei es, weil es in seinen Verallgemeinerungen bedenkliche Folgeerscheinungen hätte zeitigen können, sei es, weil es als Erlebnis aus der besonderen Atmosphäre des Tropischen zum Nachdenken anzuregen geeignet war?

Soweit war es gediehen, als Rönne zitterte, Erstickung auf seinem Teller fand und nur mit Mühe das Fleisch aß.

Ob er aber nicht doch vielleicht eine Banane gemeint habe, bestand Herr Körner, diese weiche, etwas mürbe und längliche Frucht?

Eine Banane, wuchs Herrn Friedhoff auf? Er, der Kongokenner?? Der langjährige Befahrer des Moabangi? Nein, das nötigte ihm geradezu ein Lächeln ab! Weit entschwand er über diesen Kreis. Was hatten sie denn für Vergleiche? Eine Erdbeere oder eine Nuß, vielleicht hie und da eine Marone, etwas südlicher. Er aber, der beamtete Vertreter in Hulemakong, der aus den Dschungeln des Jambo kam?

Jetzt oder nie, Aufstieg oder Vernichtung, fühlte Rönne, und: wirklich nie einen ernstlichen Schaden be=

merkt? tastete er sich beherrschten Lautes in das Gewoge, Erstaunen malend und den Zweifel des Fachmanns: Vor dem Nichts stand er, ob Antwort käme?

Aber saß denn nicht schließlich auf dem Stuhl aus Holz er, schlicht umrauscht von dem Wissen um das Gefahrvolle der Tropenfrucht, wie in Sinnen und Vergleichen mit Angaben und Erzählungen ähnlicher Erlebnisse, der schweigsame Forscher, der durch Beruf und Anlage wortkarge Arzt? Dünn sah er durch die Lider, vom Fleisch auf, die Reihe entlang, langsam erglänzend. Hoffnung war es noch nicht, aber ein Wehen ohne Not. Und nun eine Festigung: mehreren Herren schien in der Tat die nochmalige Bestätigung dieser Tatsache zur Behebung von etwa aufgestiegenen Bedenken von Wert zu sein. Und nun war kein Zweifel mehr: einige nickten kauend.

Jubel brach aus, Triumphgesänge. Nun hallte Antwort mit Aufrechterhaltung gegenüber Zweiflern, und das galt ihm. Einreihung geschah, Bewertung trat ein, Fleisch aß er, ein wohlbekanntes Gericht, Äußerungen knüpften an ihn an, zu Ansammlungen trat er, unter ein Gewölbe von großem Glück, selbst Verabredung für den Nachmittag zuckte einen Augenblick lang ohne Erbeben durch sein Herz.

Aus Erz saßen die Männer. Voll kostete Rönne seinen Triumph. Er erlebte tief, wie aus jedem der Mitesser ihm der Titel eines Herrn zustieg, der nach der Mahlzeit einen kleinen Schnaps nicht verschmähte und ihn mit einem bescheidenen Witzwort zu sich nimmt, in dem Ermunterung für die andern, aber auch die entschiedene Abwehr jeglichen übermäßigen Alkoholgenusses eine gewisse Atmosphäre der Behaglichkeit verbreitete. Der Eindruck der Redlichkeit war er und des schlichten Eintretens für die eigene Überzeugung, aber auch einer anderweitigen Auffassung gegenüber würde er gern zugeben, da ist was Wahres dran. Geordnet fühlte er seine Züge, kühler Gelassenheit, ja Unerschütterlichkeit auf seinem Gesicht zum Siege verholfen, und das trug er bis an die Tür, die er hinter sich schloß.

*

Schattenhaft ging er durch den Gang, nun wieder im Gefühl des Schlafes, in den man sank ohne einen Wirbel über sich zu lassen, negativ verendet, nur als Schnittpunkt bejaht. Zwei Huren wuschen den Gang auf, von weitem schon ihn wahrnehmend, aber sich in die Arbeit versunken stellend, bis er da war. Nun erst trat in die Augen das jähe Erkennen, Keuschheit und Verheißung aus der Reife des Bluts.

Rönne aber dachte, ich kenne euch Tiere, über dreihundert Nackte jeden Morgen! aber wie stark ihr die Liebe spielt! Eine kannte ich, die war an einem Tag von Männern einem Viertelhundert der Rausch gewesen, die Schauer und der Sommer, um den sie blühten. Sie stellte die Form, und es geschah das Wirkliche. Ich will Formen suchen und mich hinterlassen, Wirklichkeiten eine Hügelkette, o von Dingen ein Gelände.

Er trat aus dem Haus. Helle Avenuen waren da, Licht voll Entrückung, Daphneen im Erblühn. Es war eine Vorstadt, Armes aus Kellern, Krüppel und Gräber, soviel Ungelacht. Rönne aber dachte, jeder Mensch dem ich begegne, ist noch ein Sturm zu seinem Glück. Nirgends meine schwere, drängende Zerrüttung.

Er ging langsam, er schürfte sich vor. Es war eine ungewohnte Straßenstunde, ihm seit Monaten nicht mehr bekannt. Er blätterte das Entgegenkommende behutsam auseinander mit seinen tastenden, an der Spitze leicht ermüdbaren Augen.

Aufzunehmen gilt es, rief er sich zu, einzuordnen oder prüfend zu übergehn. Aus dem Einstrom der Dinge, dem Rauschen der Klänge, dem Fluten des Lichts die stille Ebene herzustellen, die er bedeutete.

Es war eine fremde Gegend, durch die er ging, aber es mochte immerhin ein Bekannter kommen und fragen, woher und wohin. Und obschon er einen Patienten jederzeit hierfür zur Hand gehabt hätte, so war es doch nicht der Fall, und ihm graute vor dem Erlebnis, vor dem er stehen würde: daß er aus dem Nichts in das Fragwürdige schritt, im Antrieb eines Schatten, keiner Verknotung mächtig, und dennoch auf Erhaltung rechnend.

Scheu sah er sich um, höhnisch standen Haus und Baum, unterwürfig eilte er vorbei. Haus, sagte er zum nächsten Gebäude, Haus zum übernächsten, Baum zu allen Linden seines Wegs. Nur um Vermittelung handele es sich, in Unberührtheit blieben die Einzeldinge, wer wäre er gewesen, an sich zu nehmen oder zu übersehen oder, sich auflehnend, zu erschaffen? Ein bißchen durch die Sonne gehen, mehr wollte er ja nicht, es warm haben, und der Himmel hatte ein Blau: nie endend, mütterlich und sanft vergehend.

Weit war er noch nicht von seinem Krankenhaus entfernt, da übermannte ihn schon die Not. Wohin trug er sich denn, etwa in das All? War er der Träumer denn, weich streifend den Hang, oder der Hirt auf den Hügeln? Trat an die Maikastanie vielleicht er, den Ast beklopfend mit dem Hornmesser, bis in Saft vom Zweige die Rinde glitt und wurde die gehöhlte Flöte? Gesänge, hatte er sie? War er vielleicht der Freie, der in Segeln schritt, und überall die Erde, löschend mit seinem Blick? O, er war wohl schon zuweit gegangen! Schon schwankte vor der Straße Feld unter gelben Stürmen gefleckter Himmel, und ein Wagen hielt am

Saum der Stadt. Zurück! hieß es, denn heran wogte das Ungeformte, und das Uferlose lag lauernd.

Nun nahm ihn wieder die Straße auf, schnurgerade und unter einem flachen Licht. Von Tür zu Tür lief sie, und sachlich um den Fuß der Botenfrau, aus den Kellern über sie wehte die Küche Nahrung und Notdurft, vor dem Spiegel der Herr kämmte achtbar seinen Bart, klang der Fuß auf Metall, sorgte für Entwässerung das Gemeinwohl, lag ein Gitterchen an der Mauer, kam im Winter nicht der Frost, und in ihr Recht traten Förder und Schacht?

Wie einsam steht es um die Straße, dachte Rönne, sie ist eindeutig fixiert und wird entwicklungsgeschichtlich kaum durchdacht, aber schön und sicher ist es, hier zu wandeln, so dicht am Leib mündet sie, und eigentlich ist es kein Gehen mehr, sondern ein Träumen auf dem Rücken des Zwecks.

Dann prangten zwischen Pelz und Locken Damen in den Abend ihr Geschlecht. Blühen, Züngeln, Fliedern der Scham aus Samt und Bänder über Hüften. Rönne labte sich an dem Geordneten einer Samtmantille, an der restlos gelungenen Unterordnung des Stofflichen unter den Begriff der Verhüllung, ein Triumph trat ihm entgegen zielstrebigen, kausal geleiteten Handelns. Aber — und plötzlich sah er die Frau nackt — diese nicht, es müßte die Ernüchterte sein, die sich noch einmal krümmen ließe.

Da trat ein Herr auf ihn zu, und ha ha, und schön Wetter ging es hin und her, Vergangenheit und Zukunft eine Weile im kategorialen Raum. Als er fort war, taumelte Rönne. Sie alle lebten mit Schwerpunkten auf Meridianen zwischen Refraktor und Barometer, er nur sandte Blicke über die Dinge, gelähmt von Sehnsüchten nach einem Azimuth, nach einer klaren logischen Säuberung schrie er, nach einem Wort, das ihn erfaßte. Wann würde er der erzene Mann, um den tags die Dinge brandeten und des Nachts der Schlaf, der gelassen vor einem Bahnhof stände, wieviel Erde es auch gäbe, der Verwurzelte, der Unerschütterliche!

Reisen hatte er gewollt, aber nun schienen Gleise über die Straße, und schon sank sein Blick. Oh, daß es eine Erde gab, wirklich grün, stark irden, silbern verfernt, über die die Augen strichen wie ein Flügel, und Städte, flache weiße, an Küsten, und Kutter, braune, die man hinnahm, liebte und vergaß.

Oder ein Leben um das Radwerk einer Uhr. Um Hyazinthenknollen die Hand. Die Schulter, die das Fischnetz zog, silbern und ihr Abwurf auf den Strand.

Da, durch die helle dünne Luft, in die die Knospen ragten, und unter dem ersten Stern, kam eine Frau vorbei und roch blau und langte Rönne nach dem Schädel und legte ihn tief in den Nacken, bettend, und über der Stirn stand die frühe Nacht.

Rönne schluchzte auf: wer knirschte so tief wie ich unter dem Stoff, wer ist so geknechtet von den Dingen nach Zusammenhang als ich, aber eben dies schweifende Gewässer, tief, dunkel und veilchenfarben, aus dem Aufklaff einer Achsel — mich stäubt Zermalmung an.

Zwischen die Straßen rinnt Nacht, über die weißen Steine blaut es, es verdichtet sich die Entrückung, die Sträucher schmelzen, welches Vergehn! —

Nun fiel ein Regen und löste die Form. Wohnungen traten unter laues Wasser, in Frühlingsgewölke stand alle Stadt. Über ihr aber schwebte er, entrückt, einsam, mit einer Krone irgendwoher. Jäh wurde er der Herr mit Koffer, der auf die Reise ging durch Aue und Rand. Schon wogten Hügel heran, weich bewäldert, nun brüderlich die Äcker, die Versöhnung kam.

Er sah die Straße entlang und fand wohin.

Einrauschte er in die Dämmerung eines Kinos, in das Unbewußte des Parterres. In weiten Kelchen flacher Blumen bis an die verhüllten Ampeln stand rötliches Licht. Aus Geigen ging es, nah und warm gespielt, auf der Ründung seines Hirns, entlockend einen wirk= lich süßen Ton. Schulter neigte sich an Schulter, eine Hingebung, Geflüster, ein Zusammenschluß, Betastun= gen, das Glück. Ein Herr kam auf ihn zu, mit Frau und Kind, Bekanntschaft zuwerfend, breiten Mund und frohes Lachen. Rönne aber erkannte ihn nicht mehr.

Er war eingetreten in den Film, in die scheidende Geste, in die mythische Wucht.

Groß vor dem Meer wölkte er um sich den Mantel, in hellen Briesen stand in Falten der Rock, durch die Luft schlug er wie auf ein Tier, und wie kühlte der Trunk den Letzten des Stamms.

Wie er stampfte, wie rüstig blähte er das Knie. Die Asche streifte er ab, lässig, benommen von den großen Dingen, die seiner harrten aus dem Brief, den der alte Diener brachte, auf dessen Knien der Ahn geschaukelt.

Zu der Frau am Bronnen trat edel der Greis. Wie stutzte die Amme, am Busen das Tuch. Wie holde Gespielin! Wie Reh zwischen Farren! Wie ritterlich Weidwerk! Wie Silberbart!

Rönne atmete kaum, behutsam, es nicht zu zerbrechen. Denn es war vollbracht, es hatte sich vollzogen.

Über den Trümmern einer kranken Zeit hatte sich zusammengefunden die Bewegung und der Geist, ohne Zwischentritt. Klar aus den Reizen segelte der Arm, vom Licht zur Hüfte, ein heller Schwung, von Ast zu Ast.

In sich rauschte der Strom. Oder wenn es kein Strom war, ein Wurf von Formen, ein Spiel in Fiebern, sinnlos und das Ende um allen Saum.

Rönne, ein Gebilde, ein heller Zusammentritt, zerfallend, von blauen Buchten benagt, über den Lidern kichernd das Licht.

Er trat auf die Avenue. Er endete in einem Park.

Dunkel drohte es auf, bewölkt und schauernd, wieder aus dem Gefühl des Schlafs, in den man sank, ohne einen Wirbel über sich zu lassen, negativ verendet, nur als Schnittpunkt bejaht, aber noch ging er durch den Frühling, und erschuf sich an den hellen Anemonen des Rasens entlang und lehnte an eine Herme, verstorben weiß, ewig marmorn, hierher zerfallen aus den Brüchen, vor denen nie verging das südliche Meer.

DIE INSEL

DASS dies das Leben sei, war eine Annahme, zu der Rönne, einen Arzt, das von leitender Stelle aus Geregelte seiner Tage, das staatliche Genehmigte, ja Vorgeschriebene seiner Bestimmung wohl berechtigte.

Tat es etwas, daß die Insel klein war, übersehbar von einem Hügel, ein Streifen Stein zwischen Möwen und Meer — es gab das Gefängnis da mit den Sträflingen, daran Arzt zu sein er ausersehen, und dann gab es Strand, eine große Strauchwiese voll Gezwitscher, ein Vogelhort, und weiter unten ein elendes Dorf mit Fischern, das allerdings galt es noch näher zu beleuchten.

Ein Rachen war bepinselt, einer Meineidigen das Knie massiert, da erhob sich Rönne und verließ das ummäuerte Gehöft. Davor lag weißer Strand, darauf blühte Hafer und Distel, denn der Sommer war über das Meer gekommen wie ein Gewitter: der Himmel donnerte von Bläue und es goß Wärme und Licht.

Unter Gedanken, wie die freie Zeit, die ihm nach Erledigung seiner Dienstpflichten zur Verfügung stand, zweckmäßig zu verwenden sei, welches ihr Sinn sei in Hinsicht des Staates und der Person, schritt er aus. Er atmete tief die reine Seeluft ein, die schmächtige Brust ihr entgegen spülend, dem Gesundheitlichen, das die bekanntermaßen dem Wanderer bot, willig hingegeben. Eins fühlte er sich mit dem Geiste, der ihn hier herberufen und gestellt, der sich ohne Zaudern zur Sicherstellung der vorwärtszielenden bürgerlichen Verrichtung entschloß, der dem Schutze galt, die die Öffentlichkeit dem strebenden Bemühen schuldete, mit einem Wort: der die Ausmerzung des Schädlings anstrebte, ohne jedoch selbst hier außer acht zu lassen das allgemein Menschliche noch des Gefallenen und in einer Art stummer Anerkenntnis des großen allumschließenden Bandes des Seelischen schlechthin nicht die Vernichtung wollte, sondern den Arzt beigab.

Und nun, die karge Schindel der ersten Hütte, war sie nicht Hut gegen Sturm und Regen, der Unbill Abwehr, Traute und Behaglichkeit bedachend? Das Netz, das vom Fang kommend der Gatte ausbreitete, sorgsam über Pfahl und Stein, war es nicht umwittert vom Geruch der Diele, wo es sich vollzog, das Natürliche, das Urgesunde? Und nun wehte gar ein Windstoß an eine Ölkappe, und ein Arm griff an die Krempe ~: jawohl, auf Reize antwortete hier Organisches, betrieben wurden seine Symptome: der Stoffwechsel und die Vermehrung, der Reflexbogen herrschte, hier war gut ruhn.

Vor einer Kneipe saßen Männer. Ihr Sinn? Sie saßen! Sie gingen nicht, sie schonten Kraft. Sie tranken aus Krügen! Reine Lust? Niemals! Nährwert war nicht zu leugnen. Und wenn? Erholung von Mann zu Mann?! Erfahrungsaustausch?! Bestätigungen!!!?

Und der Düstere abseits? Der Grübeler, der sich ernster nahm? Flammte nicht auch auf seiner Stirn noch durch das Dämonische, selbst gegen Götter gerichtet, der geschlossenere Akt, der stärkere Aufbau, das Lichtbringerische in eventuellen Abgrund?

Kurz und gut: lauter Wahrnehmungen, die wohl befriedigen durften. Nirgends eine Störung, überall Sonne und heller Ablauf.

Rönne setzte sich. Ich habe etwas freie Zeit, sagte er sich, jetzt will ich etwas denken. Also, eine Insel und etwas südliches Meer. Es sind nicht da, aber es könnten da sein: Zimtwälder. Jetzt ist Juni, und es begönne die Entborkung, und ein Zweiglein bräche dabei wohl ab. Ein überaus lieblicher Geruch würde sich verbreiten, auch beim Abreißen eines Blattes ein aromatisches Geschehen.

Denn alles in allem: vier bis sechs Fuß hohe Stauden, weiche grüne lorbeerähnliche Blätter, indeß der Blütenstempel gelb getönt ist. Ist der Schößling daumenstark, tritt die Einsammlung heran und es erfordert viele Hände, Bündel, krumme Messer, Rinde und Bast, mit diesen Worten ist manches schon erwiesen, aber erst in der Hütte wird das Häutchen abgeschält.

Ja, das war eine Insel, die in einem Meer vor Indien lag. Es nahte sich ein Schiff, plötzlich trat es in den Wind, der das Land umfaßt hatte und nun stand es im Atem des bräunlichen Walds. Der Zimtwald, dachte der Reisende, und der Zimtwald, dachte Rönne. Schneeweiß war der Boden, und die Staude saftig. Und durch die Insel schritt er, zwischen Roggen und Wein, abgeschlossen und still umgrenzt. Sein Urteil ist Begehren, der Satzbau Stellung nehmend. Er grübelt, doch über die Polle einer Pflanze, denn er ist gewillt, sie einzusäen. Ferne ist die Zeit der Trauer, da er in der Bahn hierher fuhr mit den Damen: das ist sehr hübsch hier, sagte die Mutter zu den Töchtern, seht doch mal! und nun verarbeiteten sie aus den Kupeefenstern heraus die Hügelkette, matt im blauen Dunst, davor das Tal und eine Stadt, die hinter Wäldern und Klee versank, denn wenn die Mutter es nicht gesagt hätte, mußte Rönne mmer denken, wäre der Aufstieg nicht erfolgt.

Hier aber herrschten keine solchen vagen Ausrufe. Hier

wurde hingenommen, was ins Auge traf. Sachliche Verarbeitung trat ein in bezug auf ein Netz, im Hinblick auf eine Reuse. Und auch wenn er wie eben etwas dachte, lag Andersartiges vor, keine Bereicherung, mehr ein Traum.

Hell saß er am Strand. Er fühlte sich leicht und durchsichtig und schien sich nicht mehr unsauberer zu sein als ein bewegter Stein, als ein abgerundeter Block, gehalten von einer leichten Organisation.

Und wenn er auf die Insel aus dem Gefühl einer Aufgabe heraus gekommen war, an Gegenständen, die er möglichst isoliert unter wenig veränderlichen Bedingungen beobachten konnte, den Begriff nachzuprüfen, so spürte er jetzt schon etwas wie Erfüllung: Die Begriffe, schien ihm, sanken herab. Wie hatte zum Beispiel Meer auf ihm gelegen, ein sprachlicher Bestand, abgeschnürt von allen hellen Wässern, beweglich, aber doch höchstens als Systemwiesel, das Ergebnis eines Denkprozesses, ein allgemeinster Ausdruck. Jetzt aber, schien es ihm, wanderte er dahin zurück, wo es unabsehbare Wässer gab im Süden und im Norden brackige Flut, und Wellen eine Lippe unerwartet salzten. Leise schwand der Drang, es schärfer aufzurichten, es unantastbarer zu umreißen gegenüber Dünen und einem See. Leise fühlte er ihn vergessen, ihn zurückerstatten an seine Wesenheit, an die Möve und den Tang, den Sturmgeruch und alles Ruhelose. ~ ~ ~ ~ ~

*

Rönne lebte einsam seiner Entwicklung hingegeben und arbeitete viel. Seine Studien galten der Schaffung der neuen Syntax. Die Weltanschauung, die die Arbeit des vergangenen Jahrhunderts erschaffen hatte, sie galt es zu vollenden. Den Du=Charakter des Grammatischen auszuschalten, schien ihm ehrlicherweise notwendig, denn die Anrede war mythisch geworden.

Er fühlte sich seiner Entwicklung verpflichtet und die ging auf Jahrtausende zurück.

Die Umgestaltung der Bewegung zu einer Handlung unter Vorwegnahme des Zieles lag im Unentschleier= baren, wo der Mensch begann. Das war gegeben. Auch daß er hin und her die Augen aufschlug: in helle Himmel, über Wüsten, am Niel, und an den Myrtenlagunen die Geigenvölker — — aber hier im Norden drängte es zur Entscheidung: zwischen Hunger und Liebe war der dritte Trieb getreten. Aus dem schlechten Atem der Asketen, aus ermatteten Geschlechtlichkeiten unter den verdickten Lüften der Nebelländer wuchs sie hervor, die Erkenntnis, Hekatomben röchelnd nach der Einheit des Denkens, und die Stunde der Erfüllung schien gekommen.

Hatte Kartesius noch die Zirbeldrüse für den Sitz der Seele angenommen, da ihr Äußeres dem Finger Gottes: gelblich, langgestreckt, milde und doch drohend, gleichen mochte, so hatten die Hirnphysiologen festge= stellt, wann beim Einstich in die Hirnmasse Zucker im Harn, wann Indigo auftrat, ja wann korrelativ der Spei= chel floß. Die Psychologie hatte den Begleitcharakter des Gefühls zu den Empfindungen erkannt, den ihnen zu= stehenden generellen Wert der Abwehr des Schädlichen in genauen Kurven festgelegt, die Ablesbarkeit der in= dividuellen Differenzen war vollendet. Die Erkenntnis= theorie schloß ab, mit der Erneuerung Berkeleyischer Ideen einem Panpsychismus zum Durchbruch zu ver= helfen, der dem Wirklichen den Rang kondensierter Begriffe in der Bedeutung geschlechtlich besonders be= tonter Umwelt zum Zwecke bequemer Arterhaltung zuwies.

Dies alles gilt als ausgemacht, sagte sich Rönne. Dies

wird seit Jahrfünften gelehrt und hingenommen. Wo aber blieb die Auseinandersetzung innerhalb seiner selbst, wo fand die statt? Ihr Ausdruck, das Sprachliche, wo vollzog sich das?

Unter Grübeln trat er vor ein Feld mit einem Mann, den er aus der Anstalt mitgenommen hatte:

„Mohn, pralle Form des Sommers", rief er, „Nabelhafter: Gruppierend Bauchiges, Dynamit des Dualismus: Hier steht der Farbenblinde, die Röte=Nacht. Ha, wie Du hinklirrst! Ins Feld gestürzt, Du Ausgezackter, Reiz=Felsen, ins Kraut geschwemmt, — und alle süßen Mittage, da mein Auge auf Dir schlief letzte stille Schlafe, treue Stunden — — An Deiner Narbe Blauschatten, an Deine Flatterglut gelehnt, gewärmt, getröstet, hingesunken an Deine Feuer: angeblüht!: nun dieser Mann —: auch Du! Auch Du! — — An meinen Randen spielend, in Sommersweite, all mein Gegenglück — und nun: wo bin ich nicht?"

Wo bin ich nicht, dachte er, und wandte sich in der Richtung nach der Anstalt, und wo tritt das Ereignis nicht in das Gegebene? Da unten sind Zimmer. An Tischen sitzen Männer, Direktoren und Beamte, zwischen Denkanstößen geht der Zahnstocher hin und her.

Aus Ereignissen des täglichen Daseins und Rennberichten spielt der psychische Komplex sich ab. Es tritt auf das Befremdende, das Abweichende, ja bis zum Widersprechenden stellt es sich ein. Wachgerufen wird in den Bewußtseinsabläufen das Bestreben, das Ungeklärte zu entwirren, das Zweifelhafte sicherzustellen, der Überbrückung des Zwiespalts gilt das Wort. Es tritt die Erfahrung hervor, Beweis und Abwehr gibt sie an die Hand, und die Beobachtung, hier und da gemacht, wenn auch nicht eindeutig, soll sie völlig wertlos sein? Schon weicht das Dunkle. Schon glättet sich das

Krause, und daß kein Widerspruch mehr besteht, nun blau es herab.

Immer blaut bald etwas herab, zum Beispiel der Kalbs=
braten, den doch jeder kennt. Jäh tritt er an einem Stamm=
tisch auf, und es ranken sich um ihn die Individualitäten. Geographische Besonderheiten, Eigentümlichkeiten des Geschmacklichen werden hervortreten, der Drang zur Nuance um ihn sein. Es wird branden der Streit und das Erschlaffen, der Angriff und die Versöhnung um den Kalbsbraten, den Entfesseler des Psychischen.

Und das Morgendliche, wem begegnet es? Einer Frau, die sich außergewöhnlich in der Frühe erhebt, alle Kühle und sein Tau rinnen in das Wesen, das schreitet. Weiter=
leitung tritt ein, ein Ausruf wird erfolgen, Bestände von Erzählungen über frühe Gänge werden gebildet: — Überall stehen die Verarbeitungsbehälter und was und wird, ist längst geschehen.

Wann gab es Umströmte? Ich muß alles denken, ich muß alles zusammenfassen, nichts entgeht der logischen Verknüpfung. Anfang und Ende, aber ich geschehe. Ich lebe auf dieser Insel und denke Zimtwälder. In mir durchwächst sich Wirkliches und Traum. Was blüht der Mohn, wenn er sich enträtet, der Knabe spricht, aber der psychische Komplex ist vorhanden, auch ohne ihn. —

Die Konkurrenz zwischen den Associationen, das ist das letzte Ich — dachte er und schritt zurück zur Anstalt, die auf einem Hügel am Meere lag. Hängt aus meiner Tasche eine Zeitung, ein buchhändlerisches Phänomen, bietet es Anknüpfungen zu Bewegungsvorgängen an Mitmenschen, sozusagen zu einem Geschehnis zwischen Individualitäten. Sagt der Kollege, Sie gestatten das Journal, liegt ein Reiz vor, der wirkt, ein Wille, der sich auf etwas richtet, motorische Konkurrenzen, aber jedenfalls immer das Schema der Seele, die Vitalreihe ist es, die die Fallen stellt.

Wir sind am Ende, fühlte er, wir überwanden unser letztes Organ. Ich werde den Korridor entlang gehen, und mein Schritt wird hallen. Denn muß im Korridor der Schritt nicht hallen? Jawohl, das ist das Leben, und im Vorbeigehen ein Scherzwort an die Beamtin? Jawohl, auch dies! —

*

Da landete das Schiff, das alle Wochen an die Insel kam, und mit den Gästen stieg eine Frau ans Land, die eine Weile hier wohnen wollte.

Rönne lernte sie kennen, warum sollte er sie nicht kennen lernen: einen Haufen sekundärer Geschlechts= merkmale, anthropoid gruppiert.

Aber bald fragte er sich beunruhigt, ich suche ihren Umgang, doch das Denkerische ist es nicht, was aber ist es? Sie ist mittelgroß, blond, mit Wasserstoff gebleicht und grau an den Schläfen. Ihre Augen liegen in der Ferne, unverrückbar grau von Nebel die Pupille — aber ich spüre es wie Flucht, ich muß sie beformeln:

Ihr Wesen: sie liebt weiße Blumen, Katzen und Kristalle und sie kann des Nachts allein nicht schlafen, denn sie liebt es so, ein Herz zu hören, wo aber soll das Prinzip ansetzen und die Zusammenfassung er= folgen? Nie begehrt sie eine Zärtlichkeit, aber wenn man sich ihr nähert, tritt man unter das Dach der Liebe, und plötzlich steht sie über mir in einer Stellung, die ihr Schmerzen machen muß, unbeweglich und lange — — welch erschütternde Verwirrung!

Witternd Gefahr, hörend aus der Ferne einen Strom, der herangurgelte, ihn aufzulösen, schlug er um sich die soziologischen Bestände.

Wie, auf der Nachbarinsel war die Hirse stockig? War es gut gehandelt an dem kleinen Mann? Wo blieb Redlichkeit und Bruderkuß? Wenn die verging, was blieb? – Oder: wirklich hingegeben an die übliche Menge gemahlenen Tees, in einer Flasche geschüttelt, gefüllt, gekorkt und nochmals geschüttelt, und die übermittelt dem Bekannten, dem Nachbar oder dem Wißbegierigen redlichen Sinnes und helfender Gesinnung, was blieb dann noch der Verführung zugänglich, er, der schlichte Schamträger in seiner staatlichen Verquickung, – nun durfte wohl Friede sein, endlich, ja?

Aber schon wieder war die Lockung da, die Frau, das Strömende, und befreit atmete er der Wärterin entgegen, die kam: ein krankes Knie! Wie verdichtet es sich zur Wirklichkeit. Welch starke Formel! Amtlich verpflichtet zur Anerkennung meinerseits! Kniekrankheiten, Schwellungen, Entzündungsvorgänge. — Fester Boden – Männlichkeiten!

Dann wieder: Jede Erscheinung hat ihr oberstes Prinzip, und er schritt getröstet an den Strand; es gilt nur festzulegen, welches das ihre ist; das System ist allgütig, es enthält auch sie. Es enthält auch sie, die keine Treue und keinen Wortbruch kennt, die zur Stunde nicht kommen kann, weil die Fischerin eine Angel trug, und die Salpen glänzten — Erfahrung sammeln, Deduktionen, sein stiller Himmel auch über ihr! Aber dann: Ihre Hüfte, wenn sie neben ihm ging, rauschte wie das Sinnlose und ihre Schulter war behaart vom Chaos.

Tiefer warf er sich über seine Bücher, hämmernd seine Welt. Aber wie? In den angesehendsten naturwissenschaftlichen Journalen konnten neuerdings Raum finden, ja anerkennend besprochen werden Arbeiten dieses eigentümlichen Inhalts?

Das Werk eines unbekannten jüdischen Arztes aus Danzig, der wörtlich über die Gefühle aussagte, daß sie tiefer reichten als die geistige Funktion? Daß das Gefühl das große Geheimnis unseres Lebens sei und die Frage seiner Entstehung unbeantwortbar?? Um es vollends zu Ende zu denken: das Gefühl gehöre nicht mehr zu den Empfindungen??

Wußte er denn, was es bedeutete, wenn die Gefühle nicht mehr vom Reiz abhingen, wie er, Rönne, gelernt, wenn er sie den dunklen Strom nannte, der aus dem Leibe brach? Das Unberechenbare?

Wußte der Verfasser wohl, vor welche Fragen die Konsequenzen seiner neuen Lehre führten, wußte dieser völlig unbekannte Mann wohl die ganze Schwere seiner Behauptung, die er ohne jede Ankündigung, ohne Sichtbarmachung auf dem Titelblatt einfach in einem Buch mit farblosem grauen Deckel in die Welt schickte, wußte er vielleicht, daß er die Frage beantwortete, ob es Neues gäbe?

Rönne atmete tief. War dies etwa schon eine neue Wissenschaft, die nach ihm kam? Jede Befruchtung enthielte den Keim eines unerhört Neuen, der Zusammentritt von Einheiten war in der Generationsfolge fortgesetzt in der Gestalt der Zweigeschlechtlichkeit, und in ihr galt es, die gewaltige schöpferische Macht anzuerkennen, die das Leben zur Höhe erhoben hatte?

Rönne bebte. Er sah nochmals auf das Journal, das die Besprechung gebracht hatte, auf den Namen des Referenten, der die Kritik gezeichnet hatte: er war sein Lehrer gewesen.

Schöpferischer Mensch! Neuformung des Entwickelungsgedankens aus dem Mathematischen ins Intuitive —: was aber wurde aus ihm, dem Arzt, gebannt in das Quantitative, dem beruflichen Bejaher der Erfahrung?

Trat er vor einen Rachen, und die Schwellung war bedrohlich — war sie intuitiv coupierbar? mußte er sich nicht zusammenraffen zu analytischen Phänomenen, Empirien, zielstrebigen Gesten, dem ganzen Grauen bejahter Wirklichkeiten, zu einer Hypothese von Realität, die er erkenntnistheoretisch nicht mehr halten konnte, um des Kindes willen, das schon blau war, des Rachens halber, der erstickte, und der Geld abwarf und von Amts wegen?

Plötzlich fühlte er sich tief ermüdet und ein Gift in seinen Gliedern. Er trat an ein Fenster, das in den Garten ging. In dem stand schattenlos die Blüte weiß, und voll Spiel die Hecke; an allen Gräsern hing etwas, das zitterte; in den Abend lösten sich Düfte aus Sträuchern, die leuchteten, grenzenlos und für immer.

Einen Augenblick streifte es ihn am Haupt: eine Lockerung, ein leises Klirren der Zersprengung, und in sein Auge fuhr ein Bild: klares Land, schwingend in Bläue und Glut und zerklüftet von den Rosen, in der Ferne eine Säule, umwuchert am Fuß; darin er und die Frau, tierisch und verloren, still vergießend Säfte und Hauch.

Aber schon war es vergangen. Er fuhr sich über die Augen. Schon sprang der Reifen wieder um seine Stirn und eine Kühle an die Schläfen: was lag denn hier vor? Er hatte mit einer Frau zusammengelebt und hatte einmal gesehen, daß sie Rosenblätter, die welkten, von einer Kante zusammengelesen hatte, zusammen zu einem kleinem Haufen auf einen gesteinten bunten Tisch; dann setzte sie sich wieder, verloren an einen hellen Strauch. Das war alles, was er wirklich von ihr wußte; der Rest war, daß er sich genommen war, es rauschte und er blutete — — — aber wo führte das hin?

Hart wurde sein Blick. Gestählt drang er in den Garten, ordnend die Büsche, messend den Pfad. Und

nun kam es über ihn: er stand am Ausgang eines Jahr=
tausends, aber die Frau war stets, er schuldete seine
Entwicklung einer Epoche, die das System erschaffen
hatte, und was auch kommen mochte, dies war er!

Fordernd jagte er seinen Blick in den Abend und siehe,
es blaute das Hyazinthenwesen unten Duftkurven reiner
Formeln, einheitliche Geschlossenheiten, in den Garten=
raum, und eine versickernde Streichholzvettel rann teigig
über die Stufen eines Anstaltgebäudes unter Glutwerk
berechenbarer Lichtstrahlen einer untergehenden Sonne
senkrecht in die Erde. —

DER GEBURTSTAG

Allmählich war ein Arzt über neunundzwanzig Jahre geworden und sein Gesamteindruck war nicht darnach, Empfindungen besonderer Art zu erwecken.

Aber so alt er war, er fragte sich dies und das. Ein Drängen nach dem Sinn des Daseins warf sich ihm wiederholt entgegen: wer erfüllte ihn: der Herr, der rüstig schritt, den Schirm im Arm, die Hökerin, die vor dem Flieder saß, der Markt war aus, im Abendwehn, der Gärtner, der alle Namen wußte: Kirschlorbeer und Kakteen, und dem die rote Beere im toten Busch vorjährig war?

Aus der norddeutschen Ebene stammte er. In südlichen Ländern natürlich war der Sand leicht und lose, ein Wind konnte — das war nachgewiesen — Körner um die ganze Erde tragen, hier war das Staubkorn, groß und schwer.

Was hatte er erlebt: Liebe, Armut und Röntgenröhren, Kaninchenställe und kürzlich einen schwarzen Hund, der stand auf einem freien Platz, bemüht um ein großes rotes Organ zwischen den Hinterbeinen hin und her, beruhigend und gewinnend, herum standen Kinder, Blicke von Damen suchten das Tier, halbwüchsige Jugend wechselte die Stellung, den Vorgang im Profil zu sehen.

Wie hatte er das alles erlebt: er hatte Gerste eingefahren von den Feldern, auf Erntewagen, und das groß: Mandel, Kober und Kimme vom Pferd. Dann war der Leib eines Fräuleins voll Wasser und es galt Abfluß und Drainage. Aber über allem schwebte ein leises zweifelndes Als ob: als ob Ihr wirklich wäret Raum und Sterne.

Und nun? Ein grauer nichtssagender Tag würde es sein, wenn man ihn begrub. Die Frau war tot, das Kind weinte ein paar Tränen. Er hatte sich nie viel um es gekümmert, es war Lehrerin und mußte abends noch in Hefte sehen. Dann war es aus. Beeinflussung von Gehirnen durch und über ihn zu Ende. Es trat in ihr Recht die Erhaltung der Kraft.

Wie hieß er mit Vornamen? Werff.

Wie hieß er überhaupt? Werff Rönne.

Was war er? Arzt in einem Hurenhaus.

Was schlug die Uhr? Zwölf. Es war Mitternacht. Er wurde dreißig Jahre. In der Ferne rauschte ein Gewitter. In Maiwälder brach die Wolke auf.

Nun ist es Zeit, sagte er sich, daß ich beginne. In der Ferne rauscht ein Gewitter, aber ich geschehe. In Maiwälder bricht die Wolke auf, aber meine Nacht. Ich habe nördliches Blut, das will ich nie vergessen. Meine Väter fraßen alles, aus Trögen und Stall. Aber ich will mich, sprach er sich Mut zu, auch nur ergehen. Dann wollte er sich etwas Bildhaftes zurufen, aber es mißlang. Dies wieder fand er bedeutungsvoll und zukunftsträchtig: vielleicht sei schon die Metapher ein Fluchtversuch, eine Art Vision und ein Mangel an Treue.

*

Durch stille blaue Nebel, vom nahen Meer in das Land getrieben, schritt Rönne, als er am nächsten Morgen in sein Krankenhaus ging.

Das lag außerhalb der Stadt und aller Pflasterwege. Er mußte über Boden gehen, der war weich, der ließ

Veilchen durch, gelöst und durchronnen schwankte er um den Fuß.

Da aus Gärten warf sich ihm der Krokus entgegen, die Kerze der Frühmett des Dichtermunds, und zwar gerade die gelbe Art, die Griechen und Römern der Inbegriff alles Lieblichen gewesen, was Wunder, daß sie ihn in das Reich der Himmlischen versetzten? In Teichen von Krokussäften badete der Gott. Ein Kranz von Blüten wehrte dem Rausch. Am Mittelmeer die Safranfelder: die dreiteilige Narbe, flache Pfannen, Roß=haarsiebe über Feuern, leicht und offen.

Er trieb sich an: arabisches Za=fara, griechisches Kroké. Es stellte sich ein Korvinius, König der Ungarn, der es verstanden hatte, beim Speisen Safranflecke zu ver=meiden. Mühelos nahte sich der Färbestoff, das Ge=würze, die Blütenmatte und das Alpental.

Noch hingegeben der Befriedigung, so ausgiebig zu assoziieren, stieß er auf ein Glasschild mit der Auf=schrift: Cigarette Maita, beleuchtet von einem Sonnen=strahl. Und nun vollzog sich über Maita — Malta — Stränder — leuchtend — Fähre — Hafen — Muschelfressen — Verkommenheiten — der helle klingende Ton einer leisen Zersplitterung, und Rönne schwankte in einem Glück. Dann aber betrat er das Hospital: ein unnachgiebiger Blick, ein unerschütterlicher Wille: die heute ihm ent=gegentretenden Reize und Empfindungen anzuknüpfen an den bisherigen Bestand, keine auszulassen, jede zu verbinden. Ein geheimer Aufbau schwebte ihm vor, etwas von Panzerung und Adlerflug, eine Art Napo=leonischen Gelüstes, etwa die Eroberung einer Hecke, hinter der er ruhte, Werff Rönne, dreißigjährig, gefestigt, ein Arzt. *

Ha, heute nicht einfach, Beine breit und herab vom Stuhl, mein Fräulein, die feine blaue Ader von der

Hüfte in das Haar, die wollen wir uns merken! Ich kenne Schläfen mit diesen Adern, es sind schmale weiße Schläfen, müde Gebilde, aber diese will ich mir merken, geschlängelt, ein Ästchen Veilchenblut! Wie? Wenn nun das Gespräch auf Äderchen kommt — gepanzert stehe ich da, in Sonderheit auf Hautäderchen: An der Schläfe?? O meine Herren!! Ich sah sie auch an anderen Organen, fein geschlängelt, ein Ästchen Veilchenblut. Vielleicht eine Skizze gefällig? So verlief sie —, soll ich aufsteigen? Die Einmündung? Die große Hohlvene? Die Herzkammer? Die Entdeckung des Blutkreislaufes ~ ~ ~? Nicht wahr, eine Fülle von Eindrücken steht Ihnen gegenüber? Sie tuscheln, wer ist der Herr? Gesammelt steht er da? Rönne ist mein Name, meine Herren. Ich sammle hin und wieder so kleine Beobachtungen, nicht uninteressant, aber natürlich gänzlich belanglos, kleiner Beitrag zum großen Aufbau des Wissens und Erkennens des Wirklichen, ha! ha!

Und Sie, meine Damen, wir kennen uns doch! Gestatten Sie, daß ich Sie erschaffe, umkleide mit Ihren Wesenheiten, mit Ihren Eindrücken in mir, unzerfallen ist das Leitorgan, es wird sich erweisen, wie es sich erinnert, schon steigen Sie auf.

Sie sprechen den Teil an, den Sie lieben. In sein Auge sehen Sie, geben Seele und Hauch. — Sie haben die Narben zwischen den Schenkeln, ein Araberbey, große Wunden müssen es gewesen sein, gerissen von der lasterhaften Lippe Afrikas. — Sie aber schlafen mit der weißen ägyptischen Ratte, Ihre Augen sind rosarot, Sie schlafen auf der Seite, an der Hüfte das Tier. Seine Augen sind gläsern und klein wie zwei rote Kaviarkörner. In der Nacht befällt sie der Hunger. Über die Schlafende steigt das Tier. Auf dem Nachttisch steht ein Teller mit Mandeln. Leise steigt es zurück an die Hüfte, schnuppernd und stutzend. Oft erwachen Sie, wenn sich der Schwanz über die Oberlippe schlängelt, kühl und hager.

Einen Augenblick prüfte er in sich hinein. Aber machtvoll stand er da. Erinnerungsbild an Erinnerungsbild gereiht, dazwischen rauschten die Fäden hin und her.

Und Sie aus dem Freudenhaus in Aden, brütend an Wüste und Rotem Meer. Über die Marmorwände rinnt alle Stunde bläuliches Wasser. Aus Gittern am Boden steigen Wolken aus räucherndem Kraut. Alle Völker der Erde kennen Sie nach der Liebe. Ihre Sehnsucht ist ein bescheidenes Haus am dänischen Sund. Kommen letzte Wallungen, ein Billard, vor dem Knaben im leichten Anzug spielen. – Und Sie, in dem Bordell, durch das der Krieg gezogen, zwischen Geschirr und Leder täglich hundertfach zerborsten unter unbekannten Gliedern oder auch unter Ballen aus Blutungen und Kot.

Verklärt stand er vor sich selbst. Wie er es hervorspielte, ach, spielte! regenbogente! grünte! eine Mainacht ganz unnennbar! Er kannte sie alle. Gegenüber stand er ihnen, sauber und ursprünglich. Er war nicht schwach gewesen. Starkes Leben blutete durch sein Haupt.

Er kannte sie alle, aber er wollte mehr. An ein sehr gewagtes Gebiet wollte er heran, es gab wohl ein Bewußtseinsleben ohne Gefühle oder hatte es gegeben, aber unsere Neigungen – dieses Satzes entsann er sich deutlichst – sind unser Erbteil. In ihnen erleben wir, was uns beschieden ist: nun wollte er eine lieben.

Er sah den Gang entlang, und da stand sie. Sie hatte ein Muttermal, erdbeerfarben, vom Hals über eine Schulter bis zur Hüfte und in den Augen, blumenhaft, eine Reinheit ohne Ende und um die Lider eine Anemone, still und glücklich im Licht.

Wie sollte sie heißen? Edmée, das war hinreißend. Wie weiter? Edmée Denso, das war überirdisch, das war wie der Ruf der neuen sich vorbereitenden Frau, der kommenden, der ersehnten, die der Mann sich zu schaffen im Gange war: blond, und Lust und Skepsis aus ernüchterten Gehirnen.

Also: nun liebte er. Er spürte in sich hinein: Das Gefühl. Den Überschwang galt es zu erschaffen gegen das Nichts. Lust und Qual zu treiben in den Mittag, in ein kahles graues Licht. Aber nun mußte es auch flirren! Es waren starke Empfindungen, denen er gegenüberstand. Er konnte in diesem Land nicht bleiben. —: Südlichkeiten! Überhöhung!

Edmée, in Luxor ein flaches weißes Haus oder in Kairo den Palast? Das Leben in der Stadt ist heiter und offen, berühmt ist das Licht, klar vor Glut, und plötzlich kommt die Nacht. Du hast unzählige Fellachenfrauen zu deiner Bedienung, zu Gesang und Tänzen. Du wirst zu Isis beten, die Stirn an Säulen lehnen, deren Kapitäle an den Ecken die platten Köpfe mit den langen Ohren tragen, zwischen Stelzvögeln in Schluchten von Sykomoren stehen.

Einen Augenblick suchte er. Es war etwas wie Kopthe aufgestiegen, aber er vermochte es nicht zu fördern. Nun sang er wieder, der Weiche im Glück.

Der Winter kommt, und die Felder grünen, einige Blätter des Granatstrauchs fallen, aber das Korn schießt auf vor deinen Augen. Was willst du haben: Narzissen oder Veilchen das Jahr hindurch in dein Bad geschüttet morgens, wenn du dich spät erhebst, willst du nachts durch kleine Nildörfer streichen, wenn auf die krummen Straßen die großen klaren Schatten fallen durch den hellen südlichen Mond? Ibiskäfige oder Reiherhäuser? Orangengärten, gelbflammend und Saft und

Dunst über die Stadt wölkend in der Mittagsstunde, von Ptolomäertempeln einen geschnittenen Fries?
Er hielt inne. War das Ägypten? War das Afrika um einen Frauenleib, Golf und Liane um der Schultern Flut? Er suchte hin und her. War etwas zurückgeblieben?? War Hinzufügbares vorhanden? Hatte er es erschaffen: Glut, Wehmut und Traum?
Aber was für ein eigentümliches Wehen in seiner Brust! Eine Erregung, als ströme er hin. Er verließ das Untersuchungszimmer, durchschritt die Halle in den Park. Es zog ihn nieder, auf den Rasen zog es ihn, leichthingemäht.
Wie hat es mich müde gemacht, dachte er, mit welcher Stärke! Da durchschlug ihn, daß Erblassen die Frucht sei und die Träne der Schmerz –: Erschütterungen! Klaffende Ferne!
Üppig glühte der Park. Ein Busch auf dem Rasen trug Blattwerk wie Farren, jeder Fächer groß und fleischig wie ein Reh. Um jeden Baum, der blühte, lag die Erde, geschlossen, ein Kübel, ihn tränkend und ihm völlig preisgegeben. Himmel und Blüten: weich, aus Augen, kamen Bläue und Schnee.
– Schluchzender, Edmée, dir immer näher! Eine Marmorbrüstung beschlägt das Meer. Südlich versammelt Lilien und Barken. Eine Geige eröffnet dich bis in dein Schweigendes hinein. –
Er blinzelte empor. Er zitterte: Gegen den Rasen stürmte der Glanz, feucht aus einer goldenen Hüfte, und Erde, die den Himmel bestieg. Am Ranft gegen die Schatten rang gebreitet das Licht. Hin und her war die Zunge einer Lockung: aus ihrem Gefieder Blütengüsse entwichen der Magnolie in ein Wehen, das vorüberrieb.
Edmée lachte: Rosen und helles Wasser.

Edmée ging: Durch Steige, zwischen Veilchen, in einem Licht von Inseln, aus osmiumblauen Meeren, kurz von Quader und Stern; Tauben, Feldflüchter, hackten Silber mit den Schwingen.

Edmée bräunte sich, ein bläuliches Oval. Vor Palmen spielte sie, sie hatte viel geliebt. Wie eine Schale trug sie ihre Scham kühl durch die Beugung des erwärmten Schritts, auf der Hüfte die Hand schwer, erntegelb, unter Korn und Samen.

Im Garten wurde Vermischung. Nicht mehr von Farben hallte das Beet, Bienengesumm nicht mehr bräunte die Hecke. Erloschen war Richtung und Gefälle: Eine Blüte, die trieb, hielt inne und stand im Blauen, Angel der Welt. Kronen lösten sich weich, Kelche sanken ein, der Park ging unter im Blute des Entformten. Edmée breitete sich hin. Ihre Schultern glätteten sich, zwei warme Teiche. Nun schloß sie die Hand, langsam, um einen Schaft, die Reife in ihrer Fülle, bräunlich abgemäht an den Fingern, unter großen Garben verklärter Lust – –:

Nun war ein Strömen in ihm, nun ein laues Entweichen. Und nun verwirrte sich das Gefüge, es entsank fleischlich sein Ich –:

– Es hallten Schritte über das Gefälle eines Tals durch eine flache weiße Stadt; dunkle Gärten schlossen die Gassen. Auf Simsen und Architraven, die zerfallend Götter und Mysterien herhielten, verteilt durch ein florentinisches Land, lagen Tropfen hellen Bluts. Ein Schatten taumelte zwischen Gliedern, die stumm waren, zwischen Trauben und einer Herde; ein Brunnen rann, ein splitterndes Spiel.

Im Rasen lag ein Leib. Aus Kellern spülte ein Dunst; es war Essenszeit, Pfeifen und Grieben, der schlechte Atem eines Sterbenden.

Aufsah der Leib: Fleisch, Ordnung und Erhaltung riefen. Er lächelte und schloß sich wieder, schon vergehend sah er auf das Haus: was war geschehen? Welches war der Weg der Menschheit gewesen bis hierher? Sie hatte Ordnung herstellen wollen in etwas, das hätte Spiel bleiben sollen. Aber schließlich war es doch Spiel geblieben, denn nichts war wirklich. War er wirklich? Nein, nur alles möglich, das war er.

Tiefer bettete er den Nacken in das Maikraut, das roch nach Thyrsos und Walpurgen. Schmelzend durch den Mittag kieselte bächern das Haupt.

Er bot es hin: das Licht, die starke Sonne rann unaufhaltsam zwischen das Hirn. Da lag es: kaum ein Maulwurfshügel, mürbe, darin scharrend das Tier.

* * *

Was aber ist mit dem Morellenviertel, fragte er sich bald darauf? Hinter dem Palast, um dessen Pfeiler Lorbeer steht, brechen Gassen in die Tiefe, den Hang hinunter steht Haus bei Haus klein herab.

Einäugige lungern um Schneckenwagen. Sie legen Geld hin. Frauen kerben die Schale auf. Ein Schnitt im Kreis und das Fleisch hängt rosa aus der Muschel. Sie tauchen es in eine Tasse mit Brühe und beißen. Die Frau hustet, und sie müssen weiter.

Wahrsager mit Hilfe von Ideenübertragung klingeln unaufhörlich schrill namentlich an Damen gewandt und haben Batterien.

Zigeunerinnen vor Karren, Rochen, flacher, violett und silbern, mit abgehackten Köpfen, welche zur Hälfte gespalten, eingekerbt und zum Trocknen gehangen, dazwischen krumme, dürre Fische, kupfern und schillernd.

Es riecht nach Brand und alten Fetten. Unzählige Kinder verrichten ihre Notdurft, ihre Sprache ist fremd.

Was ist es mit dem Morellenviertel, fragte sich Rönne. Ich muß es bestehen! Auf! Hinab! Ich schwor mir, nie will ich dieses Bild vergessen: des Sommers, der eine Mauer schlug mit Büschen, flammend von Gefieder, mit Strauchgerten, beißend von dichten, blauen Fleischen, gegen eine Mauer, die nicht strömte, die feuchte, blaue Ranke!

Er jagte herunter. Um die hohe Gasse rann es zusammen: kleine Häuser, unterwühlt von langen, schmalen Höhlen, die spieen Gebein aus, Junges strotzend, Altes mürbe, hochgegürtet die Scham.

Was wurde verkauft: Holzpantoffeln für die Notdurft, grüne Klöße für das Ich, Ankerschnäpse für die Lust, Nötigstes des Leibes und der Seele, Salbenbüchsen und Madonnen.

Was ging vor sich: kleine Kinder vor Knieenden, dicht, eben ihrer Brust entsprungen; rauhe Stimmen, verkommen über verbranntes Gestein; tiefer als denkbar grub ein Herr in die Tasche; Schädel, eine Wüste, Leiber, eine Gosse, tretend Erde, kauend: Ich und du.

Auge, fernevolles, Blut, traumrauschend, rief er sich zu, deine Mittagsflüge, wehe sie! muß Rönne schon vergehen, unverschanzt?:

Große Woge ist die Frau, gute Mutter, die die Fische wendet hin und her, auf dem Rücken sind sie braun gefleckt, Bröckel Blütenstaub und Samenpulver?

Eines Rahmens wert erschien das schlichte Bild: Einbrecher, böser Mann am Kassentisch, die brave Besitzerin niedergeschlagen, letzter Blick vom Boden gilt dem Hund??:

Und du ins Gras gelümmelt, Mittagshengst — und jetzt schon Überwölkung??? Dreißigjährig — und Kahlkropf ungefiedert??

Er floh tiefer in die Gasse. Aber da: ein kleines

Denkmal: dem Gründer eines Jugendstifts: die Menschenseele, das Gemeinsystem, die Lebensverlängerung und der Stadtrat strotzten Vollbart und Vermehrung. Der Aufbau tat sich auf: Proben der Tüchtigkeit wurden abgelegt und zwar dies wiederholt, Untersuchungen vorgenommen, die zu Feststellungen führten.

Wo war sein Süden hin? Der Efeufelsen? Der Eukalyptos, wo am Meer? Ponente, Küste des Niedergangs, silberblaue die Woge her!

Er hetzte in eine Kaschemme, er schlug sich mit Getränken heißen, braunen. Er legte sich auf die Bank, damit der Kopf nach unten hinge wegen der Schwerkraft und des Bluts. Hilfe, schrie er! Überhöhung!

Stühle, Gegenstände für Herren, die bei nach vorn gebogenen Knien einen Stützpunkt unter der Hinterfläche der Beine haben wollten, trockneten dumpf und nördlich. Tische für Gespräche wie diese: Na, wie geht's, schelmisch und männlich und um die Schenkel herum liefen ehrbar durch die Zeit. Kein Tod schleuderte die triefäugige Mamsell stündlich, wenn die Uhr schlug, vor das Nichts. Krämer scharrten, keine Lava über den toten Schotter!

Und er? Was war er? Da saß er zwischen seinen Reizen, das Pack geschah mit ihm. Sein Mittag war Hohn.

Wieder quoll das Gehirn herauf, der dumpfe Ablauf des ersten Tages. Immer noch zwischen seiner Mutter Schenkel — so geschah er. Wie der Vater stieß, so rollte er ab. Die Gasse hatte ihn gebrochen, zurück: die Hure schrie.

Schon wollte er gehen, da geschah ein Ton. Eine Flöte schlug auf der grauen Gasse, zwischen den Hütten blau ein Lied. Es mußte ein Mann gehen, der sie blies. Ein Mund war tätig an dem Klang, der aufstieg und verhallte. Nun hub er wieder an.

Von Ohngefähr. Wer hieß ihn blasen? Keiner dankte ihm. Wer hätte denn gefragt, wo die Flöte bliebe? Doch wie Gewölke zog er ein: wehend seinen weißen Augenblick und schon verwehend in alle Schluchten der Bläue.

Rönne sah sich um: verklärt, doch nichts hatte sich verändert. Aber ihm: bis an die Lippen stand das Glück. Sturz auf Sturz, Donner um Donner, rauschend das Segel, lohend der Mast: Zwischen kleinen Becken dröhnte gestreckt das Dock: Groß glühte heran der Hafenkomplex:

Über die Felsen steigt das Licht, schon nimmt es Schatten an, die Villen schimmern und der Hintergrund ist bergerfüllt. Eine schwarze Rauchpinne verfinstert die Mole, indes mit der gekräuselten Welle das winzige Lokalboot kämpft. Über die Landungsbrücke, die schwankt, eilt der geschäftige Facchini, Hojo — tirra — Hoy —, klingt es, es flutet der volle Lebensstrom. Gegen tropische und suptropische Striche, Salzminen und Lotosflüsse, Berberkarawanen, ja gegen den Antipoden selbst steht der Schiffsbauch gerichtet, eine Ebene, die die Mimose säumt, entleert rötliches Harz, ein Abhang zwischen Kalkmergel, den fetten Ton. Europa, Asien, Afrika: Bisse, tödliche Wirkungen, gehörnte Vipern, am Kai das Freudenhaus tritt dem Ankömmling entgegen, in der Wüste schweigend steht das Sultanhuhn. —

Noch stand es schweigend, schon geschah ihm die Olive.

Auch die Agave war schön, aber die Taggiaska kam, feinölig, die blauschwarze, schwermütig vor dem Ligurischen Meer.

Himmel, selten bewölkt, Rosen ein Gefälle, durch alle Büsche der blaue Golf, aber die endlosen lichten Wälder, welch ein schattenschwerer Hain!

Wurde um den Stamm das Tuch gebreitet, lag Arbeit

vor. Gemisch von Hörnern, Klauen, Ledern und wollenen Lumpen, jedes vierte Jahr war Speisung gewesen. Jetzt aber schlugen Männer, sonst dem Kegelspiel mit spannungsvollem Eifer hingegeben, die Kronen, jäh den Früchten zugewandt.

In der Mulme der Rüsselkäfer. Eine Zygäne flackernd aus der Myrte. Kleine Presse wird gedreht, schieferner Keller still durchgangen. Ernte naht sich, Blut der Hügel, um den Hain, bacchantisch, die Stadt. —

Kam Venedig, rann er über den Tisch. Er fühlte Lagune, und ein Lösen, schluchzend. Scholl dumpf das Lied aus alten Tagen des Dogen Dandolo, stäubte er in ein warmes Wehn.

Ein Ruderschlag: Ein Eratmen, ein Barke: Stütze des Haupts.

Fünf eherne Rosse, die Asien gab, und um die Säulen sang es: manchmal eine Stunde, da bist Du, der Rest ist das Geschehen. Manchmal die beiden Fluten schlagen hoch zu einem Traum. Manchmal rauscht es: wenn Du zerbrochen bist.

Rönne lauschte. Tieferes mußte es noch geben. Aber der Abend kam schnell vom Meer.

Blute, rausche, dulde, sagte er vor sich hin. Männer sahen ihn an. Jawohl, sagte er, ihre Sommersprossen, ihr kahler Hals, über dessen Adamsapfel das Haar stachelt — unter meine Kreuzigung, ich will zur Rüste gehen.

Er bezahlte rasch und erhob sich. Aber an der Tür nahm er den Blick noch einmal zurück an das Dunkel der Taverne, an die Tische und Stühle, an denen er so gelitten hatte und immer wieder leiden würde. Aber da, aus dem gerippten Schaft des Tafelaufsatzes neben der leckäugigen Frau glühte aus großem, sagenhaftem Mohn das Schweigen unantastbaren Landes, rötlichen, toten, den Göttern geweiht. Dahin ging, daß fühlte er tief, nun für immer sein Weg. Eine Hingebung trat in ihn, ein Verlust von letzten Rechten, still bot er die Stirn, laut klaffte ihr Blut.

Es war dunkel geworden. Die Straße nahm ihn auf, darüber der Himmel, grüner Nil der Nacht.

Über das Morellenviertel aber klang noch einmal der Ton der Flöte: manchmal die beiden Fluten schlagen hoch zu einem Traum.

Da enteilte ein Mann. Da schwang sich einer in seine Ernte, Schnitter banden ihn, gaben Kränze und Spruch. Da trieb einer, glühend aus seinen Feldern, unter Krone und Gefieder, unabsehbar: er, Rönne.

ENDE.

WOLKENÜBERFLAGGT

GEDICHTE
VON
ERNST WILHELM LOTZ

LEIPZIG
KURT WOLFF VERLAG
1917

Gedruckt bei E. Haberland in Leipzig-R. Herbst 1916
als sechsunddreißigster Band der Bücherei
»Der jüngste Tag«

COPYRIGHT 1916 BY KURT WOLFF VERLAG · LEIPZIG

ERSTER TEIL

I.
GLANZGESANG

GLANZGESANG

Von blauem Tuch umspannt und rotem Kragen,
Ich war ein Fähnrich und ein junger Offizier.
Doch jene Tage, die verträumt manchmal in meine Nächte ragen,
Gehören nicht mehr mir.

Im großen Trott bin ich auf harten Straßen mitgeschritten,
Vom Staub der Märsche und vom grünen Wind besonnt.
Ich bin durch staunende Dörfer, durch Ströme und alte Städte [geritten,
Und das Leben war wehend blond.

Die Biwakfeuer flammten wie Sterne im Tale,
Und hatten den Himmel zu ihrem Spiegel gemacht,
Von schwarzen Bergen drohten des Feindes Alarm=Fanale,
Und Feuerballen zersprangen prasselnd in Nacht.

So kam ich, braun vom Sommer und hart von Winterkriegen,
In große Kontore, die staubig rochen herein,
Da mußte ich meinen Rücken zur Sichel biegen
Und Zahlen mit spitzen Fingern in Bücher reihn.

Und irgendwo hingen die grünen Küsten der Fernen,
Ein Duft von Palmen kam schwankend vom Hafen geweht,
Weiß rasteten Karawanen an Wüsten=Zisternen,
Die Häupter gläubig nach Osten gedreht.

Auf Ozeanen zogen die großen Fronten
Der Schiffe, von fliegenden Fischen kühl überschwirrt,
Und breiter Prärien glitzernde Horizonte
Umkreisten Gespanne, für lange Fahrten geschirrt.

Von Kameruns unergründlichen Wäldern umsungen,
Vom mörderischen Brodem des Bodens umloht,
Gehorchten zitternde Wilde, von Geißeln der Weißen um=
                                    schwungen,
Und schwarz von Kannibalen der glühenden Wälder umdroht!

Amerikas große Städte brausten im Grauen,
Die Riesenkräne griffen mit heiserm Geschrei
In die Bäuche der Schiffe, die Frachten zu stauen,
Und Eisenbahnen donnerten landwärts vom Kai. — — —

So hab ich nachbarlich alle Zonen gesehen,
Rings von den Pulten grünten die Inseln der Welt,
Ich fühlte den Erdball rauchend sich unter mir drehen,
Zu rasender Fahrt um die Sonne geschnellt. — — —

Da warf ich dem Chef an den Kopf seine Kladden!
Und stürmte mit wütendem Lachen zur Türe hinaus.
Und saß durch Tage und Nächte mit satten und glatten
Bekannten bei kosmischem Schwatzen im Kaffeehaus.

Und einmal sank ich rückwärts in die Kissen,
Von einem angstvoll ungeheuren Druck zermalmt. —
Da sah ich: Daß in vagen Finsternissen
Noch sternestumme Zukunft vor mir qualmt.

IN DEINEM ZIMMER

In deinem Zimmer fand ich meine Stätte.
In deinem Zimmer weiß ich wer ich bin.
Ich liege tagelang in deinem Bette
Und schmiege meinen Körper an dich hin.

Ich fühle Tage wechseln und Kalender
Am Laken, das uns frisch bereitet liegt,
Ich staune manchmal still am Bettgeländer,
Wie himmlisch lachend man die Zeit besiegt.

Bisweilen steigt aus fernen Straßen unten
Ein Ton zu unserm Federwolkenraum,
Den schlingen wir verschlafen in die bunten
Gobelins, gewirkt aus Küssen, Liebe, Traum.

DER TÄNZER

Ich weiß, daß ich in lichtem Traume bin,
Der mich bewege und mich himmlisch quäle:
Ich tanze über blanke Treppen hin,
Die auf und nieder gehn durch weite Säle.

Ich gleite ungehüllt auf nackten Füßen,
Viel Lichter breiten mir den Schaukelgang,
Mein Körper biegt sich spielend in dem süßen
Gefühl der Wellen und der Glieder Drang.

Und meine Augen langen in die Runde,
Wo drunten viele Hundert Männer stehn,
Die aufwärts starren mit beschämten Munde
Und lüstern meine rühren Reize sehn.

Vorüber tanze ich den langen Blicken,
Durchpulst von einem eigen=sichern Schwung:
Ich weiß, ich banne hundert von Geschicken
In meines Leibes weißen Wellensprung.

Die Wände dehnen sich. Die Sterne scheinen
Vereist herein. Getilgt sind Raum und Zeit.
Und aller Erde Mannheit, sich um mich zu einen,
Umwogt die runde Fahne meiner Mannbarkeit.

LICHT

Licht umzieht mich, umsingt mich, umfließt mich,
Spielend lasse ich meine Glieder im Fließenden plätschern —
Ein blankes Bassin umspannt mich die Straße,
Weit, weich, wiegend
Ich wasche mich ganz rein.
Aus euren Köpfen, ihr schwimmenden Straßenwanderer,
Die ihr nichts von mir wißt,
Gebrauche ich schimmerndes Augenweiß, meinen Leib zu bedecken,
Hell zu beschäumen,
Meinen jung sich hinbiegenden Schwimmerleib.
O wie ich hinfließe im Licht,
O wie ich zergehe,
Wie ich mich durchsichtig singe im Licht.

[1383]

FRÜHLINGSATEM

Eine Liebesfrohheit hat meine Wangen rot gepudert.
Mein Atem mischt sich weich dem Tagwind.

Wo ich die Straßen betrete, sind sie zum Festzug bereitet,
Ein blumiges Schauvolk festschreitet und gleitet.

Menschen erwartungs=groß haben sich aufgestellt,
Aus allen Fenstern kommen Blicke zu mir Sonntag=erhellt.
Mit bloßem Kopf und mit vor Jungkraft federnden Zehen
Muß ich immer und immer wieder durch Sonnenstraßen gehen.

Ich habe ein fernblaues Mädchen, am Ende der Straße erschaut,
Das liebruhelos Säulen von Sonnenstaub vor mir baut.

Und während ich gehe, geht in meiner Herzbrust jemand mit viel
Und ruft: Wir werden heut küssen!   [schnelleren Füßen.
Weichluft=umschlungen verzittert mein Jubelschrei hinab in die
Und mein Atem strömt ab in den Wind.   [Brust.
Von Dächern weht ein Gelächter.

DIE LUFT STEHT GRÜNVERSCHLEIERT...

Die Luft steht grünverschleiert in der Sonnenzeit.
Meine Fenster, die auf die Wasser zeigen,
Holen in ihre Rahmen herüber die Häuserbänke,
Die stromüber weiß in den Mittag schweigen.
Meine Zimmer saugen in sich volle Süßigkeit.
Und meine Augen, die in der lauen Luft entschweben
Müssen ihr eigenes Leben im Blauen leben.

[1385]

DER ZÄRTLING

Es werden Zeiten kommen, ernst, schwere,
Die mich umpacken mit beschwielter Hand,
Sie finden mich in unbereiter Wehre
Und Gliedern, solchen Zwanges unbekannt.

Dann werd' ich hingewühlt in Betten dämmern,
In Traumflucht hüten meinen müden Sinn
Und an der Adern matt gewohntem Hämmern
Verzärtelt wähnen, daß ich lebend bin.

Und Tage werden nah vorüberschreiten,
Freigütige Hände nach mir ausgestreckt,
Ich aber, in des Blutes Heimlichkeiten
Versponnen, träume weiter ungeweckt.

O ernste Träume werden mich durchhallen,
Und Sonnen werden pendeln durch mein Blut
Und junge Sterne sich zusammenballen
Um mich, gesäugt von meiner Schöpferglut.

Es werden Zeiten kommen, ernste, schwere,
Doch ich entgleite ihrer harten Zucht
Und gründe fern, in selbstgewollter Leere,
Ein Haus, durchdröhnt von meiner Träume Wucht.

[1386]

BEGREIFT!

Von Dumpfheit summt das halbe Kaffeehaus,
Das halbe ist getaucht in leichtes Glühen
Und flackert in den Lampentag hinaus,
Wo dünne Nebel an die Scheiben sprühen.

Es wollen ernste Freunde mich bedeuten,
Ich sei zu leicht für diese Gründerjahre,
Weil ich, statt kampfgenössisch Sturm zu läuten,
Auf blauer Gondel durch den Äther fahre.

Ich sah bisher nur Zeitungsfahnenwische
Und warte längst auf Barrikadenschrei,
Daß ich mich heiß in eure Reihen mische,
Besonnt vom Wind des ersten Völkermai!

Den Kopf ganz rot, malt ihr Kulissenbrand
Und überträumt die Zeiten mit Besingung.
Begreift: Ich wirke, spielend freier Hand,
Mein helles Ethos silberner Beschwingung!

[1387]

DER SCHWEBENDE

Meine Jugend hängt um mich wie Schlaf.
Dickicht, Lichter — berieselt. Garten. Ein blitzender See.
Und drüber geweht die Wolken, die zögernden, leichten.

Irrlichternd spiele ich durch greise Straßen,
Und aus dem Qualmen toter Kellerfenster
Lacht dumpfe Qual im Krampfe zu mir auf.

Da heb ich meine lächelnd schmalen Hände
Und breite einen Schleier von Musik
Sehr süß und müde machend um mich aus.

Und meine Füße treten in den Garten
Der Abend trank. Die Liebespaare, dunkel, tief, erglühend,
Stöhnen, verirrt ins Blut, auf vor der Qual des Mai.

Da schüttle ich mein weiches Haar im Winde,
Und rote Düfte reifer Sommerträume
Umwiegen meinen silberleichten Gang.

Blaß friert ein Fenster, angelehnt im Winde.
Drauß heiser greller Schrei und Weinen singen
Um einen Toten auf der dunklen Fahrt.

Ich schließe meine Augen, schwere Wimpern,
Und sehe Ländereien grün vor Süden,
Und Fernen zärtlich weit für Träumereien.

Ein glänzend helles Kaffehaus, voll Stimmen
Und voll Gebärden, lichtet sich, zerteilt.
An blanken Tischen sitzen meine Freunde.

Sie sprechen helle Worte in das Licht.
Und jeder spricht für sich und sagt es deutlich,
Und alle singen schwer im tiefen Chor:

Drei Worte, die ich nie begreifen werde,
Und die erhaben sind, voll Drang und Staunen,
Die dunkle Drei der: Hunger, Liebe, Tod.

II.
WOLKENÜBERFLAGGT

WOLKENÜBERFLAGGT

Blei=weiß die Fläche. Wolkenüberflaggt,
Darein zwei Segel schwarze Furchen graben.
Zwei Uferbäume ragen hochgezackt,
Die frühes Traumgrün auf den Zweigen haben.

Zwei Hunde keuchen übers Ufergras
Und wollen eine heiße Stunde jagen.
Zwei Schüler kommen, schlank und Bücher=blaß,
Die scheue Liebe wie zwei Leuchter tragen.

Ein junger Dichter wacht auf einer Bank
Und spricht, die Hände um sein Knie gefaltet:
„Wie sind die Dinge heute Sehnsuchts=krank!"

Und als er aufblickt, hat sich neu gestaltet
Die Welt und ist erschütternd tränenblank, —
„Was," ruft er, „hat mein Herz denn so zerspaltet!"

ICH FLAMME DAS GASLICHT AN...

Ich flamme das Gaslicht an.
Aufrollendes Staunen umprallt die vier Zimmerwände.
Ich fühle mich dünn in der Mitte stehn,
Verkrampft in Taschen klein meine Hände,
Und muß dies alles sehn:

Die Mauern bauchen aus, von Dröhnen geschwellt:
Die Tafeln von Jahrtausend=Meistern dröhnen in ihren Flanken,
Von Halleluja=Geistern hinziehend musizierende Gedanken!
Ich erblicke mich schwimmend klein da hinein gestellt
Mit winzigem Stöhnen und Krampf
Vor solchem wogenhaft wuchtenden Tönen
Und solchem siegsicher schwingenden Wolkenkampf!

O so Gott zwingende Werke!
Ein spitzer Pinselstrich zerstiebt mich blind
Mit machtheiterm Wind und lässiger Stärke!

Meine Brust empört sich über dies brausende Sein.
Tief ziehe ich die Luft der Wände ein
— Diese Flut, diese Glut! —
Und stoße sie aus mir mit Husten und Speien:
Blut! Blut!

Und versinke in eisdurchwehte Nächte.
Und weiß, der Tod reckt unten seine Arme aus. —
Doch über mich hin fährt ein Gebraus
Springender Hufen und Leiber und sonnhafter Prächte und Mächte!

WEISS ÜBER DEN WEITEN ...

Weiß über den Weiten
Blendet das Meer.
Und blaue Wolken rauchen,
Steht mit den Gezeiten
Segel=fächert ein stürmend großer Traum daher.
Und hält dumpf schattend. Die See geht schwer.
Aus dürren Masten hörst du graue Stimmen fauchen.
Dann ebbt es weg. Und deine Angst, die dich umschnürte,
Wird Sehnsucht, die Musik mit weichem Strahl berührte. —
Verstört fühlst du die Segel untertauchen.

SCHLAF=WACH

Zum Schlag der Nachtuhr schwingt mein Blut das Pendel.
Ich liege ausgereckt.
Und warte atmend. — Stunden rauschen auf.
Und jede Stunde hält ein kreisendes Licht.
Ein tief bedeckter Gang zeigt in die Ferne,
Vom Stundenlicht bedämmert.

Mein Auge starrt beglänzt.

Nachthelle Stunden!

Ihr könntet schaukelnde Schmetterlinge sein,
Maibunt bemustert und Pfauenaug=gefiedert.

Ihr könntet summen, getragen auf Akkorden,
Dom=Hallend, weit, durch Türen, Läden und Stille,
Herschwingende, versponnene Musik.

Die Nacht ist bunt und glücklich.
Vor meinen Augen baut sich ein taumelndes Kugelspiel aus
Glaskugeln.

Mit weichen Glöckchen macht sie ein Ohrengeklingel.

Dann zupft sie hoch von wasserrauschenden Bäumen
— Das wogt und fächert —
Viel erdbeergroße rote Beeren herab.
Sie spielt damit umher und schnellt sie und fängt sie
Und singt verweht einen Kinderreim.
Und nimmt sie zusammen und reiht sie und schwingt sie
Im Kreis bunt und rund
Und wirft sie um meinen Mund. —

Rotglühend brennt ein lutschend=süßer Kuß!

Die Nacht ist bunt und zeitlos glücklich.

ABENDSPIEL

Die kleinen Kinder sitzen auf den Stufen vor dem Haus,
Sind eng gerückt und spielen Große, die sich streng besuchen.
Manchmal fällt einem Mädchen ein Lachen aus dem Halse heraus.

Ich spiele auch. Ich spiele ein herzkindliches Spiel.
Ich spiele eine Kette von Kindern, einen rosinfarbenen Kranz,
Hinauf in die trunkene Luft, in der Sonne Untergangsspiel.
Ich spiele mich eifrig und heiß und rot und werde leuchtend in
                              unnatürlichem Glanz,
Mein Werkstaunen schwillt übergroß und wird mir zuviel: —

Stark in der Wolken hinschwingendes Lichten
Werf ich, jäh frei gekrallt aus meinem Leib, mein Herz, das
                              Flammen facht!
Zerdonnernd dumpf verschwimmt das Höhenspiel zu bleichen
                              Schichten,
Und wo ich hintraf, steht ein großer Stern und leuchtet und ist
                              ein tiefes Auge in die Nacht.

UND SCHÖNE RAUBTIERFLECKEN...

Bist du es denn?
Groß aus dem Weltraum nachts, der Spiegel ist,
Tönt dein zerwehtes Bildnis in meine Seele.
Die Sterne durchziehen harfend deine Brust.
Du aber . . .

Du glänzt vielleicht versehnt im weißen Federbett,
Traum liegt dir hart im Schoß. —

Oder ein junger Liebling
Zieht fühlsam mit zeichnendem Finger
Die festen Runden deiner Brüste nach.
Ihr seid sehr heiß.
Und schöne Raubtierflecken zieren eure Rücken.

ICH SCHLEPPE MEINE STUNDEN...

Laß mich meine Hände um deine Gelenke spannen
Und meine Stirn an deine Schulter lehnen,
O du umträumte Geliebte!

Ich schleppe meine Stunden durch Straßen, Kontore und windige
                                       Treppenhäuser,
Und alle Augen, die mir begegnen, sind behauchte Scheiben,
Hinter denen, in Rechnen=Folianten geduckt,
Ein Seelen=Jemand vor grün verdeckter Lampe dämmert.

Mädchen, wenn ich meine Augen in deine warmen Hände presse,
Dann steigt so dunkel und weich um mich auf,
Daß ich träume, ich sei bei meiner Mutter,
Tief bei meiner Mutter in der Blutnacht.

[1397]

SPÄT ÜBER DEN HÄUSERN...

Spät über den Häusern,
Wann die Dächer von Farben tropfen,
Kniest du bei mir am Fenster auf dem Schemel.
Ein Wundern bebt in mir,
Ich fühle deine Pulse klopfen,
Als lebte dein Blut in mir. —

Kannst du das fest begreifend sehen:
Wie ich am Fenster lehne
Und, weich beglüht,
Die Arme in das Licht hinüberdehne.
Mit meinen Fingern pflück ich aus den grünen Grüften
Die kleine abendfarbne Tanzmusik vom Kaffehaus.
In meinen Händen wird sie groß und lodert in den Sommerlüften.

Auf einmal wächst vom goldnen Horizont,
Weiß, riesengroß und spät besonnt,
Dein hingeträumter Leib heraus:

Da spanne ich meine Arme weit
Durch bunt verhängte Abenddämmerungen
Um deines Leibes Traumverlorenheit,
Mädchen! und halte dich dort über Dächern und der Zeit,
Wie hier am Fenster, märchenfest umschlungen!

[1398]

DEINE HÄNDE

Jetzt bin ich lüstern nach deinen Händen.
Wenn sie die meinen begrüßend drücken,
Können sie Weltraum=staunend beglücken.
Deine Hände führen ein selbstgewolltes, stilles Leben,
Ich habe mich deinen Händen ergeben!
Nun dürfen sie mich begreifen und fassen,
Zu deinen Höhen, mit Blicken nach Weiten,
Mich geschenkgütig heben.
Spielerisch aber werden sie mich übergleiten
Und am Wege hier liegen lassen.

[1399]

AN ERNST STADLER

Ich grüße dich in der Ferne, ich begrüße deine weit spannende
Du, den ich nicht kenne. [Nähe!
Aber ich sehe und erkenne hell deine ziehende Stimme
Hin durch die Abendzonen meines frühen Grams:

Die braunen Länder, die von Wolken triefen,
Sind noch vom Weilen meiner Füße jung,
Von Wünschen schwebend noch, die leuchtend aus mir riefen,
Neu wie das Meer, das sich dahinter weitet,
Darüber noch von jüngster Fahrt beschwingte Dünung kreisend
gleitet.

Meine Stimme, in deine Bezirke verschlagen,
Ward ergriffen, begriffen von dir
Und reif und gereinigt mir zugetragen.

In mancher Stunde verwitterter Nacht,
Bevor ich wußte von deinem durchbluteten Wesen,
Habe ich dich erdacht und lebendig gemacht
Und deine Bruderverse mir vorgelesen.

Und als ich dich sah, atmend nah, hell und zu glühenden
Worten gekühlt,
Wußte ich: Alles ist da! Alles lebt, was man mit Wünschen
erfühlt!

[1400]

III.
BILDER

DIE HEIDE=TOURISTEN

Sie liegen wie gemäht im Heidekraut.
In ihren Köpfen stecken kurze Pfeifen.
Rauch quillt. Verweht. — Ein harter Mittag blaut.
Licht glüht herab in breiten Strahlenstreifen.

Einer sitzt wach mit vorgestrecktem Haupt.
In seiner Hand blinkt eine Mandoline.
Sein Blick stößt vor, daß er der Landschaft raubt
Ein braunes Lied, das seiner Sehnsucht diene.

Um ihn die Schläfer träumen von der Stadt.
Der Traum warf sie zurück in ihre Zinnen,
Ins Trübe, das sie sonst umdüstert hat.
Die helle Heide sank von ihren Sinnen.

Doch jeder hat sein Mädchen dort. Das brennt
Jetzt rötlich auf in ihren müden Hirnen.
Und der, der einsam wacht und sieht, erkennt
Das kleine Licht auf ihren braunen Stirnen.

Und stark in gelbe Ferne späht er wieder.
Schwül wogt sein Blut und trübt ihm sein Gesicht. —
Hell auf den Höhen stehen viele Lieder,
Doch er ist sehnsuchtsblind und sieht sie nicht.

Die Mandoline blinkt auf seinen Knien.
Noch stumm und wartend, da die andern wachen.
Und langsam folgt er, als sie weiterziehn.
Und sonderbar tönt ihm ihr gutes Lachen.

ELBSTRAND

Der Strand glänzt prall besonnt und badehell.
Es wimmelt um die Zelte wie von Maden.
Die aufgesteckte Wäsche blendet grell,
Und Mondschein kommt von Leibern, welche baden.

Vom Meere weht ein Wind mit Salz und Teer
Und kitzelt derb die Stadt=verweichten Lungen.
Da springt ein Lachen auf dem Strand umher,
Und unvermutet redet man mit Zungen.

Ein großer Dampfer kommt vom Ozean.
Stark ruft sein Baß. Die Luft wird plötzlich trüber.
Man drängt ans Wasser kindlich nah heran.
Ein Atem braust. Die Woermann schwimmt vorüber.

Die Zeltstadt glänzt bevölkert wieder bald.
Wir wandern langsam durch die hellen Reihen.
Und hören hier: Es kam ein Palmenwald,
Ein ganzes Land mit Düften, Negern, Affen, Papageien.

[1404]

ERSTER MAI

Gesang der Scharen, vom Frühling geschürt, das wiegende Schreiten
gegliederter Prozessionen,
Schwank durch die Gartenbäume flammten ihre Farben, heiß und
vom Winde geschleift,
Irr in den Lüften taumelten ihre Worte, ihr Haß und ihr Traum
von zerbrechenden Thronen,
Kühn, maßlos war der Frühling zum Blühen und war verwintertes
Blut zu drohendem Atem gereift!

Klirrend erwachten aus Häuserfenstern verziekelte Bärte,
Kaum erfühlbar geschüttelt von blaß gerötetem Staunen ihr schüch=
terner Halt,
Brillenbepanzerte Professoren blinzelten schreckliche Härte
Und kauten manierliche Worte, belegt mit Attacken, mit Waffen,
Qualm und Gewalt!

Aber die Jünglinge, wirr entsprungene Söhne der fenstergehaltenen
Alten,
Folgten mit ängstlichen Wundern von ferne den schwer Fort=
ziehenden nach,
Und sie fühlten sich heldisch durchglüht, als sie verstohlene Fäuste
in Taschen ballten,
Leuchtend von Träumen des Tages, der Barrikaden und Flammen
versprach.

[1405]

DER PROPHET

Du schwankest gramvoll durch die Stadt, von Leuten
In Zobel und dem grauen Volk verhöhnt,
Und achtest scheu, wie sie Verlästrung deuten
Nach deinem Haupt, von Jahren grau gekrönt.

Plakate tragen sie, Karikaturen
Auf dich, der mühsam tastet, Schritt für Schritt,
Sie folgen kichernd deinen Spuren
Und lockend tuschelnd deine Freunde mit. —

Hell ein Barbier aus seinem Laden tänzelt,
Er schlägt das Seifenbecken mit der Hand.
Ein Schneidermeister kommt herangeschwänzelt
Und mißt zum Spott dich mit dem Meterband.

Ich messe, ruft er höhnisch, Ihre Größe:
Ein Kilometer reichte kaum! — —
Aufbäumt sich wiehernd ein Getöse
Und füllt mit Echo hoch den Straßenraum.

Ein großer Kaufmann schwenkt mit dem Zylinder,
Verbeugt sich tief und höhnt dich: Herrlichkeit! —
Das war ein Spaß für Narren und für Kinder.
Sie klatschen wild. Du gehst. Sie folgen breit.

Schwarz ist die Straße ganz von ihrem Drängen,
Wie Aufruhr laut und toll wie Karneval.
Die Tollheit brach aus träg gewohnten Strängen
Und feiert dir ein Narrenbacchanal.

Ihr kommt vorbei an hohen Kirchenstufen.
Du steigst hinauf. Dort bleibst du staunend stehn.
Tief, völkerstimmig brandet an ihr Rufen,
Wie hohes Meer geht ihrer Mützen Wehn.

Dann zischen sie nach Stille in der Runde.
Ein Schweigen kocht und summt zu dir heran.
Und lüstern starren sie nach deinem Munde:
Ein Wort vom großen, Spott=verhaßten Mann!

Fanatisch, wie die Blicke an dir saugen!
Sie fiebern schon. Und warten Gierde=steif.
Und sind gebannt von deinen Strahlenaugen.
Sind fromm. Und sind für deine Größe reif.

Wie liebe Kinder sind sie anzusehen,
So folgsam nun, als vorher übertoll. —
Ganz vorne konnte man ein Wort verstehen,
Das dir entfiel: Gott! Sie sind wundervoll!

DIE STRASSE

Auf violetten Dünsten schwimmen Lichter
Von brennend hohem Gelb. Du tauchst hinein,
Gewirbelt blindlings in ein Meer Gesichter,
Blaß, atmend nah. Versinkst. Und bist allein.

Nur du. Zum Prüfen fühlst du deine Hände
Und weißt, du träumst. Der Traum steigt weiß empor.
Vor dir erkennst du steile Straßenwände,
Behängt mit seltsam hellem Lichterflor.

Dein Ohr ist zu. Nur deine Augen fühlen.
Quer zeigt die Straße durch den Sternenwald.
Die Sternenzweige, die vorüberspühlen,
Bildtäuschen Göttergesten und manche Tiergestalt.

Du selbst ein Stern. Du tönst. Dich kannst du hören
Hinklingen durch das All. Du träumst und schwimmst
In Töne=Träumen, die dich leuchtend schön betören,
Daß du sie für der andern Wohllaut nimmst.

Wo ist die Sonne, die dich zirkelnd bindet?
Versäumt. Du steuerst fort. Es ist zu spät.
Um deine Feuerbahn nachschleifend windet
Sich hell ein Schweif. — Stürm glühend fort Komet!

KEINE STERNE

Die Straße dehnt sich lang in rote Ferne.
Die Lampen glühen prall das Pflaster an.
Ich blick hinauf. Sehr dringend. Doch die Sterne
Sind lichtverwischt und zeigen sich nicht an.

Das macht mich traurig in der lauten Gasse.
Doch ich bin jung und gräme mich nicht gern.
Ich schau umher. Und finde lauter blasse,
Totmatte Augen. Keinen Augenstern.

Entmutigt lasse ich mich vom Strome treiben,
Die Hände tief in Taschen, durch die Stadt.
Und weiß, ich werde heute Verse schreiben,
Verhängt wie Sterne und wie Augen matt.

ERSCHEINUNG

Ich tanze die Treppen herab mit federnden Sehnen.
Mit glänzend geöffneten Augen fühle ich Straßen hin.

Aber der Tag ist schwierig im Winterdämmern.
Die Straßen biegen aus und flackern davon.
Ein Schatten überspringt mich, ein schmerzliches Wundern:
Die Wagen und Autos meiden mich in Flucht,
Die Straßenbahnen kreischen auf in den Strängen,
Um die Ecke schnellend läuten sie Not.
Und Menschen, schwarz, heftig und windgeweht,
— Ihr rot umworbene Richter meiner Empfindungen! —
Stürmen vorüber, wirr fuchtelnd mit Fluchtgebärde,
Steif zeigen Finger nach meiner Stirn.
Und alles, was da war begriffen, ungreifbar,
Legt zwischen mich und sich einen Raum!
Staub hebt sich auf und begibt sich von dannen!

Nur — O Traum besonnter Beruhigung! —
Ein Fenster im Dach — Auge, blinkend verirrt!
Scheibe, zerscherbt und der Armen Lichtschenker! —
Hält sich, gern gebend, plötzlichem Strahl der Scheidesonne hin.
Rührend empfangen, senkt sich der Funke auf mich,
Daß ich in Geleucht starr stehe wie ein Gott in der Fremde. —

Kommen da nicht aus allen Winkeln,
Den Türen, Läden, den Fenstern und Wagen,
Aus schwarz quellender Fülle der Torwege,
Aus Seitengassen, wo Janhagel pfiff —
Kommen nicht lauter sehr schüchterne Lichter,
Still flackernde Augen her, her zu mir!

Das was ich suchen ging: Suchende Augen!
Was mich erschüttert und emporfedert!

Was mir wie schluchzendes Jauchzen nach Innen schlägt:
Gefundene suchende Augen!

Hell schwimmen sie mir entgegen, glitzernde Wellen.
Ich bade mich, umtastet von ihrem Staunen.

Heilig frierend, bin ich der Sieger, bin der Prophet und der König. —
Denn seht: Ich schöpfe die Frage aus euren Augen, den Glanz
                                       und das Leben

MOTIV AUS DER VORSTADT

Da nun die Stadt im fahlen Dampfe lagert
Und schwebend überwölkt von gelber Glocke,
Gehalten von den Lichtern tiefer Mauern,

Da dünn der Mond und wirklos in den Wolken magert
Und merklos spärlich manche Winterflocke
Herniederschneit und bleicht und schmilzt nach kurzem Dauern:

Wer hilft mir tragen dieses matte Scheinen
Unwirklicher Gebärden solcher Nächte!
Wer zündet mir den Schrei, der dies Gewebe

Traumzager Mächte zerreiße und diesen bleichen, feinen,
Spinnfadendünnen Gesichtern Zerrüttung brächte:
Daß plötzlich groß und glutdurchzuckt die Nacht auflebe!

ZWEITER TEIL

IV.
SÜDEN

GEBT MIR PARKETT.
ICH WILL DEN GANGES TANZEN...

Gebt mir Parkett. Ich will den Ganges tanzen.
Ich bin beschwingt und reif entkernt.
Von meinen Füßen kreisle Wüstenwind
In eure Unterröcke sanfte Damen.
Ich höre Sommer brodeln. Und die Affen
Schrieen die ganze Nacht in meinem Haar.
Mein Mund ist heiser von dem Rot der Wünsche,
Und meine Wellenhand ist blank von Krampf. —
Fallt, Uferlose! Oder atmet Süden.
Aus meiner Lenden hochgestrengtem Rausch! —
Ihr dumpfen Feinde meiner Leidenschaft:
Ich weiß von Gott nichts als das Amen,
Das meine Stirn im Niedersinken lallt.
Wenn glänzend fremde Zonen sie besonnten.
Und mein Gebet ist das besternte Staunen,
Das ich nicht sagen darf: — Denn alle Weiten
Der Ebenen, Meere und der Liebe Blutgestammel
Traten wie Traum heraus vor meinen Mund.

[1415]

IN GELBEN BUCHTEN SOGEN
WIR DER FERNEN...

In gelben Buchten sogen wir der Fernen
Verspühlte Lüfte, die von Städten wissen,
Wo Lüste grünen, angerührt vom Wahnsinn.
Wir schwammen auf dem Fieberschiff stromauf
Und sonnten unsre Leiber an dem Buhlen
Waldheißer Panther, die der Sommer quält.
Der Klapperschlange nacktes Schlammgeringel
Wand sich verstört, als wir vorüberkamen,
Und in verschlafenen Dörfern gurgelte die Lust.
Ein warmer, satter Wind strich durch die Palmen. —
Ich sah dich weiß von Schlaf.
Und als ich von dir ebbte, hoch gehoben
Von meinem stolzen, satt gestürmten Blut:
O Sturm der Nächte, der mich Blut=wärts zog
Zu kühnen, nie entdeckten Ländergürteln:
O schwül Geliebte! Strom der Geheimnisse!
Verschlafenes Land! Im Süden! O Sommer=Qual!

TORKELTE MIR VOM KOPF DER
SCHLAF...

Torkelte mir vom Kopf der Schlaf,
Stieß ich das Fenster auf in die Nacht,
Kamen die Süchte mit schneidendem Flügelschlagen
Und haben im Niederstürzen mich brandig gemacht.

Daß die Abende dürftiger flammen!
Und die Nächte windig und düster durchbrannt! —
Ehemals in verschlafenen Wasserbuchten
Weiß kamen die Träume und zitterten silbern zum Land,

Zogen die Vögel in sonnigen Streifen
Unter dem Nachtlicht nach Norden verweht,
Unsere Glieder tranken das Buchtengrün,
Und die Wälder der Tiefe vermählten uns spät. —

Haben wir uns im Rausche verloren,
Müde verspühlt vom Wasser, als Schlaf auf uns fiel? —
Meine Gesänge durchhallen die Meere
Und rufen nach Dir, meine Nächte versilberndes Spiel!

[1417]

DEINE HAARE WAREN MIR SOMMER UND GARTENGLÜCK...

Deine Haare waren mir Sommer und Gartenglück,
An die Vorstadt gebaut. Weite und Wehen.
Da fand ich Traum und Körper. Und den Wind,
Der meine frühen Nächte überflammte. —
Nun gleite ich manchmal kühl in Booten,
Mit hartem Hals:
Und ich begreife, daß ich einsam bin.

[1418]

ICH BIN EIN HAUS
AUS TIEF GEFÜGTEM GLAS...

Ich bin ein Haus aus tief gefügtem Glas.
Nun kommen alle Menschen, kühl wie Schatten,
In meine Brunst und feiern weiche Feste.
Glanz, meine Kuppel, die im Klaren tönt,
Ein leiser Riß durchzittert ihre Stimme:
Du Ferne. Gleitende. Du Klang im Wind!

Die Wagen, die in wachen Straßen
Schwebten,
Wissen um deinen Gang
In zager Nacht.

In dunklen Türmen, die den Abend riefen,
Versammeln sich die ungekühlten Fernen:

Ich wünsche Dich!
Das Eis zerriß in Schollen:
So schrien meine Hände
Nach dem Zwei!

Schon krönten junge Lauben meinen Schlaf,
Doch schrille Lichter blendeten den Frühling. —
O Taumellose. Groß. Im Städtewald!

[1419]

WIR FANDEN GLANZ, FANDEN EIN MEER, WERKSTATT UND UNS...

Wir fanden Glanz, fanden ein Meer, Werkstatt und uns.
Zur Nacht, eine Sichel sang vor unserm Fenster.
Auf unsern Stimmen fuhren wir hinauf,
Wir reisten Hand in Hand.
An deinen Haaren, helles Fest im Morgen,
Irr flogen Küsse hoch
Und stachen reifen Wahnsinn in mein Blut.
Dann dursteten wir oft an wunden Brunnen,
Die Türme wehten stählern in dem Land.
Und unsre Schenkel, Hüften, Raubtierlenden
Stürmten durch Zonen, grünend vor Gerüchen.

EINE FRANZÖSIN IM SÄCHSISCHEN SCHWARME...

Eine Französin im sächsischen Schwarme,
Kühne Frühlinge züngelt ihr Blick,
Seichte Gewässer
Spielen die Finger über den Tisch,
Träumen die Winde von ihrem Gelächter, —
Doch das Café, die Musike und wir und mein flackernder Stift
Kreisen belichtet, verebben, mit Bücklingen fließend,
Und lassen gekräuselt
Im Lächeln Madonna zurück.

NACHTWACHE. ROT.
EIN ATEM RINGT IN UNS...

Nachtwache. Rot. Ein Atem ringt in uns.
Ein Wind will auf. Voll Fremde, Heimweh=Schluchzen.
Wir suchen irr. Nach Fleisch, nach Welt. Nach Lachen.
Wir sind umragt von uns.
Der Durchbruch stockt. Die Fesseln. Schwer das Blut.
Versenkt die Brunst, die stöhnt und aufwärts möchte.

Wir wollen Glanz und Weite, helle Höhen,
Vom Meer umweht. Und Küsse, tief ins Fleisch
Lechzende Jagd durch flammende Gebirge
Nach Panthern, Affen, Frauen
Und nach Schlaf.
Nach süßen Nächten, die uns schlafen lassen.
Wir sind nach Inseln toll in fremden Welten.
Denn wir sind außer uns: Vor unsrer Enge!
Und bauen immer heiß an unserm Traum.

MEINE NÄCHTE SIND HEISER ZERSCHRIEEN...

Meine Nächte sind heiser zerschrieen.
Eine Wunde, die riß. Ein Mund
Zerschneidet gläsernes Weh.
Zum Fenster flackerte ein Schrei herein
Voll Sommer, Laub und Herz.
Ein Weinen kam. Und starke Adern drohten.
Ein Gram schwebt immer über unsern Nächten.
Wir zerren an den Decken
Und rufen Schlaf. Ein Strom von Blut wellt auf.
Und spült uns hoch, wenn spät der Morgen grünt.

V.
JUGEND

HART STOSSEN SICH DIE WÄNDE
IN DEN STRASSEN...

Hart stoßen sich die Wände in den Straßen,
Vom Licht gezerrt, das auf das Pflaster keucht,
Und Kaffeehäuser schweben im Geleucht
Der Scheiben, hoch gefüllt mit wiehernden Grimassen.

Wir sind nach Süden krank, nach Fernen, Wind,
Nach Wäldern, fremd von ungekühlten Lüsten,
Und Wüstengürteln, die voll Sommer sind,
Nach weißen Meeren, brodelnd an besonnte Küsten.

Wir sind nach Frauen krank, nach Fleisch und Poren,
Es müßten Pantherinnen sein, gefährlich zart,
In einem wild gekochten Fieberland geboren.
Wir sind versehnt nach Reizen unbekannter Art.

Wir sind nach Dingen krank, die wir nicht kennen.
Wir sind sehr jung. Und fiebern noch nach Welt.
Wir leuchten leise. — Doch wir könnten brennen.
Wir suchen immer Wind, der uns zu Flammen schwellt.

WIR WACHEN SCHON EIN WENIG HELLER AUF...

Wir wachen schon ein wenig heller auf,
Wenn uns der Mittag um die Stirnen lodert,
Wir sind schon etwas kühner und heißer gespannt.

Wenn wir im Spiegel erstrahlen noch jung von Schlaf,
Unsere Glieder betastend, prüfend das Spiel unserer Sehnen,
Sehen wir jedesmal silbriger uns erstarkt.

Die Häuser kommen, geflaggt mit Licht,
Leicht und befedert trägt uns das Pflaster,
Alle Passanten flammen auf und sind nah.

Elektrisch fühlen wir: Wir sind da!

Wir können schon sehen.
Wir können verstehen.
Wir können schon zeichnen
In unsern Augen,
Hart und zum Schreien wahr.

Und unterscheidend, entscheiden wir uns:
Wir haben uns unsre Verachtung gemerkt schneidend,
Und unser Ja.
Nachts,
Heimlich,
Kommen wir mit unsern Brüdern zusammen.

Wir haben den Wein aus dem Kreise verbannt:
Rausch ist unsre Gemeinsamkeit, unser Wunsch und das Schweben der Tat,
Beide umflackerten unsere Heimlichkeit.

Ein Wille schießt aus uns. — Erblaßt vom Warten:
Wir wissen schon den Tag. Wir fiebern schwer.

Und sind verdammt, verschwiegen uns die Zeit zu kürzen.
Wir sind in Gärten und Terrassen müßig hingelehnt,
Und oft will heiß das Blut nach unsern wilden Händen stürzen,
Weil sich der Tag zu langsam weiter dehnt.

DIE NÄCHTE EXPLODIEREN IN
DEN STÄDTEN...

Die Nächte explodieren in den Städten,
Wir sind zerfetzt vom wilden, heißen Licht,
Und unsre Nerven flattern, irre Fäden,
Im Pflasterwind, der aus den Rädern bricht.

In Kaffeehäusern brannten jähe Stimmen
Auf unsre Stirn und heizten jung das Blut,
Wir flammten schon. Und suchen leise zu verglimmen,
Weil wir noch furchtsam sind vor eigner Glut.

Wir schweben müßig durch die Tageszeiten,
An hellen Ecken sprechen wir die Mädchen an.
Wir fühlen noch zu viel die greisen Köstlichkeiten
Der Liebe, die man leicht bezahlen kann.

Wir haben uns dem Tage übergeben
Und treiben arglos spielend vor dem Wind,
Wir sind sehr sicher, dorthin zu entschweben,
Wo man uns braucht, wenn wir geworden sind.

AUFBRUCH DER JUGEND

Die flammenden Gärten des Sommers, Winde, tief und voll Samen,
Wolken, dunkel gebogen, und Häuser, zerschnitten vom Licht.
Müdigkeiten, die aus verwüsteten Nächten über uns kamen,
Köstlich gepflegte, verwelkten wie Blumen, die man sich bricht.

Also zu neuen Tagen erstarkt wir spannen die Arme,
Unbegreiflichen Lachens erschüttert, wie Kraft, die sich staut,
Wie Truppenkolonnen, unruhig nach Ruf der Alarme,
Wenn hoch und erwartet der Tag überm Osten blaut.

Grell wehen die Fahnen, wir haben uns heftig entschlossen,
Ein Stoß ging durch uns, Not schrie, wir rollen geschwellt,
Wie Sturmflut haben wir uns in die Straßen der Städte ergossen
Und spülen vorüber die Trümmer zerborstener Welt.

Wir fegen die Macht und stürzen die Throne der Alten,
Vermoderte Kronen bieten wir lachend zu Kauf,
Wir haben die Türen zu wimmernden Kasematten zerspalten
Und stoßen die Tore verruchter Gefängnisse auf.

Nun kommen die Scharen Verbannter, sie strammen die Rücken,
Wir pflanzen Waffen in ihre Hand, die sich fürchterlich krampft,
Von roten Tribünen lodert erzürntes Entzücken,
Und türmt Barrikaden, von glühenden Rufen umdampft.

Beglänzt von Morgen, wir sind die verheißnen Erhellten,
Von jungen Messiaskronen das Haupthaar umzackt,
Aus unsern Stirnen springen leuchtende, neue Welten,
Erfüllung und Künftiges, Tage, Sturmüberflaggt!

NACHWORT

Am 26. September 1914 fiel der Leutnant und Kompagnieführer E. W. Lotz auf dem westlichen Kriegsschauplatz.

E. W. Lotz wurde 1890 in Culm a. d. W. geboren, lebte in Wahlstadt, Karlsruhe, Plön und im Kadettenkorps Lichterfelde. Mit 17 Jahren wurde er Fähnrich im Infanterie-Regiment Nr. 143 zu Hamburg, nach dem Besuch der Kriegsschule in Cassel Leutnant im gleichen Regiment. Anderthalb Jahre war er Offizier, dann nahm er den Abschied.

Das Gedichtbuch „Wolkenüberflaggt" wurde von E. W. Lotz im Sommer 1914 für den Druck vorbereitet. Es enthält im wesentlichen Gedichte aus seinem letzten Lebensjahr.

Die Herausgabe des gesamten literarischen Nachlasses, soweit er bei kritischer Durchsicht der Veröffentlichung wert erschien, habe ich mir für die Zeit nach dem Kriege vorbehalten.

Henny Lotz

RUDOLF LEONHARD
POLNISCHE GEDICHTE

1918

KURT WOLFF VERLAG / LEIPZIG

BÜCHEREI DER JÜNGSTE TAG BAND 37
GEDRUCKT BEI DIETSCH & BRÜCKNER · WEIMAR

GESPRÄCH ZWEIER DEUTSCHEN

„— sei doch froh:
Ostern neunzehnhundertsoundso
wird die große Stunde schlagen.
O, sie kommt schon noch zurecht!"

„Ich kann es nicht ertragen,
wie Ihr über diese Fragen
mit verzerrtem Lachen sprecht.
Ernst ist alles, wo es sich um Menschen handelt!"

„Ja, wenn Ihr den Menschen erst verwandelt!
Glaubst denn Du, wir lachen, wenn wir lachen?"

„— aber Ihr sollt Euch ganz menschlich machen:
unfeierlich, gewiß; aber leidenschaftlich rein,
eine klingende Sehne sein,
tapfer und sanft, ein neues Geschlecht,
menschlich: groß und heilig sein!
Soll man uns denn noch heißer sieden?
Immer steht die Welt in Flammen:
werfen wir doch, endlich, unsre Brände zusammen!
Reinheit und Kampf — das heißt uns Frieden!"

„Wirst Du denn immer wiederholen —"

„Gewiß, ich werde. Sieh um Dich, sieh die Polen
in einen großen Willen sich befrein!"

„Ich bin kein Pole — wie soll ich es fühlen?
Ich weiß, daß dunkle Kräfte wühlen.
Des toten Adalberts Heiligenschein
wird — willst Du das grüßen? — auferblühn,
ich weiß, Sendboten sind entsandt,

[1435]

die Bauern warten, Advokaten mühn
sich eilig: und, ich weiß, der Mittelstand —
nein, Du, es ist nicht leicht, ein Volk, sogar ein Staat zu
sein."

„Bei Deinem Werke Du, hörst Du den Tritt von Millionen
Füßen
Arbeitender. Du bist ein Volk, Du mußt die Völker grüßen.
Was Du erreichst, darf jeder doch erstreben —"

„— und soll es, wirst Du mich belehren.
Aber um fühlen zu können,
muß ich mir ein vergewissertes Leben gönnen.
Ich bin ein Deutscher. Wird Polen sich gegen mich
kehren?"

„Frage nicht, was sie werden.
Wir leben auf Erden.
Sie und wir, ein neues Geschlecht.
Frag nicht nach Dir, nach ihnen nicht. Frag nach dem
Recht!
Du, ein Deutscher, sollst elysisch mit ihnen schweben.
Sieh herum!"

„Viele sind stolz. Manche glotzen dumm.
Schreie in meiner Brust bleiben stumm."

„— fühle doch, wie sie leben —!"

LIED DER POLEN AN EUROPA

Nicht Liebe sei es, daß Ihr unser Land befreit:
zweiundzwanzig Millionen,
die im Steinbruch ihrer Städte, im flachen Land geschart
                                       um Ströme wohnen,
ein Volk schreit
Euch zu: Gerechtigkeit!

Satt von Blut, unter der Schwere
Volkes keuchend, zerspalten, geschweißt von Leid
liegt ein Land — aber der Schatten schwankt der Heere.
Wir haben nur ein Wort bereit:
Gerechtigkeit!

Die Flüsse schlank durchpeitschen ihr Bette
im gleichen Maße der ewigen Zeit.
Mit spitzen Dächern starren die Städte.
Heute will jeder Stein, jeder Brocken Landes weit
ein Verlangen: Gerechtigkeit!

Wenn in Polen die Schranken
fallen, wenn den Polen Freiheit
gegnadet würde — wir haben nicht einmal zu danken.
Es ist die Zeit, es ist die Pflicht. Nicht uns — Ihr seid
es selbst, und schuldet Euch: Gerechtigkeit!

[1437]

DIE POLEN AN IRLAND

Brüder über den Wassern,
Hoffende, hört Ihr uns zu Euch singen?
Ringende, wißt Ihr Euch mit uns ringen?
Waffenfelder voll von Unterdrückern und Hassern
können unsre Liebe nicht dämpfen.

Gaswolken, über Menschen und Meere getragen,
schwellen in Schwaden und strömenden Fächern
geistig über Eure Insel und sagen
von den Rächern Grüße den Rächern:
daß wir alle um eines kämpfen!

Brüder! unsre Stimmen gesellt
sausen, daß alle schon befreiten Länder dem Schwange
                                                          sich beugen:
wo zuerst die unnatürliche Mauer zerschellt,
eine Freiheit ist in der Welt,
alle stehn des einen Rechtes Zeugen!

Da wir auf einer Kugel alle das ätherne All durchfliegen,
wendet Euch nicht, in fremden Kleidern!
Wälder wechseln mit Felsen, Wiesen tauschen sich gegen
                                                          Kohlen.
Die schon frei im leuchtenden Lichte liegen!
Keiner soll seinen Purpur schneidern.

Keiner hat sich von der Erde gestohlen.
Irland, höre die Stimme von Polen!
Eure Schmach wäre unser Leid,
unser Recht ist Eure Gerechtigkeit.

[1438]

AN AMERIKA

Von den genuesischen Hafenmolen
drängten bei jedem Sirenenpfiffe
Hunderte von Polen
schwarz auf die fahrtbereiten Schiffe.

Männer mit wirren Haaren auf den Backen, Blöcken
von Schultern und den runden Lippen dumpf gereizter
Tiere,
hastig schwatzende Weiber, stiere
Blicke unter den Tüchern haltend, lumpige Kinder in den
Röcken.

O die Auswandrer in den Zwischendecken,
wenn eng die Menge auf den Koffern hockt,
stumpf übers blendende Wasser sieht, verstockt
horcht, wie einer, einer nur kläglich die lange Harmonika
spielt,

und zusieht, wie ein Kind sich keuchend auf den Brettern
sielt;
und ausfährt, um drüben in gleichem Elend zu verrecken!

Aber keiner soll mehr hungern und verkommen.
Die Hallen brennen. Keiner soll verzichten.

Keiner wird hungern. Freiheit naht. Vernichten
wir uns nicht fürder. Leer
vom Volke ist der Hafen und das Meer
geblieben.

Alle hat die Urmutter an die Erdenbrust genommen.
Jeder wird sie und wird den andern lieben.
Wir wollen selbst die neue Welt errichten!

[1439]

LIED POLNISCHER STUDENTEN

Europa ist ein Garten
schwarzer Erde, in den Ozean gebettet,
eine verwachsne, verschwommene Insel —
o der zerfleischten Völker Gewinsel:
dienender Völker, die keiner rettet.
Aber wir Polen warten.

Manchmal knirscht die alte Schicht Europens. Vulkane
                         grollen.
Heiße Quellen geifern. Berge bersten, vor Alter gespaltne
                         Täler blasen Rauch.
Völker drängen sich in dichteren Kreisen auf dem Erden-
                         bauch.
Wir zittern nicht. Wir Polen wollen.

Über Europa kreisen die Erden
goldner Sterne, die lautlos in Ätherströmen rollen.
Wir atmen auf. Wißt Ihr, was die Polen wollen?
Wir wollen werden. Und wir werden.

Du Samenbringer! Träger Atems! Bote neuer Zeiten!
                         Wind!
Über Europa kommt Begeisterung:
Ihr Jünglinge mit herrischen Geberden,
mit Euch begeistert sind wir, reif und kindlich mit Euch,
                         wir sind jung:
Wir Polen sind!

POLNISCHE ERDE

Stanislaus Landri stürzte, fuhr mit gebrochner Hand
in den Boden,
grub eine Scholle polnischer Erde vor
und rief mit von schwarzer Erde starrenden Lippen:

„Sie mögen Deine Ströme abdämmen
und Dich zu einer Wüste überschwemmen —
unter den Wassern bleibst Du!
Sie können alle Deine Städte und Wälder verbrennen:
Neues bauen wir, neue Schößlinge, dünne, treibst Du
vor, sie können Dich, Erde, nicht aus Europa trennen.

Sie können Dich, Boden, nicht aus der Welt wegheben.
Erde aus Erde aller Erde
bist Du, weit geschwungen in Deiner ebenen Geberde —
die Polen leben!

Sie können Verfassungen meineidig machen,
können Reiche verteilen und Grenzen beschwören.
Wir treten die ewige Erde und lachen:
Völker sind nicht zu zerstören!"

[1441]

PONIATOWSKI AUF DEM BALKAN

Zu Horizonten in das Ungemeine!
Weit hinter meinem Lachen, hinter meinem stolzen Blick,
dem Flug
brausender Wagen über Ebenen blieb meine
Heimat zurück. Die Räder reißen meinen Zug
durch die vom Strom geteilte meilenweite Kammer der
Ukraine.

Dann brach die Donau unterm Schwung des Viadukts
vorbei.
In Rustschuk wurden Güter umgeladen.
Ich lächelte in meines Tages blaue Gnaden
und reiste lachend durch die Walachei.

Die breiten Wagen liefen langsamer und hörten auf zu
wiegen.
Ich sah im Schoße eines Abendbrandes,
steinern und bunt gedehnt, glitzernd vor Meer, Konstan-
tinopel liegen.
Stambul! Die Pforte des erträumten Morgenlandes!

Ich stand umher. Die flachen Wellen schlugen
an flache, kurz gesteppte Uferränder,
die nah sich schwangen, sich im Meer vertrugen.

Da faßte mich die Leidenschaft
der Heimat und der Rausch der Abendländer.
Ich stand in bunten Straßen aufgestrafft.
Armenier liefen, Levantiner, Griechen drängten
an meine Schulter — und ich lachte, wißt,
weil hier Europa sich am Orient entzündet,
weil jedes Land in Welt und Erde eingegründet,
weil auch das fernste Meer um Polen ist.

LIED DES JUNGEN WITOLD NAPIEROGOCKI

In Düsseldorf war ich.
Wild klingelte in meinen Schlaf das Telephon.
Janina sprach
davon, daß bald ein Krieg ausbrach.
Ihre zerrissne Stimme schüttelte mich.
Wild auf entstürmte ich zur Legion.

Durch die aufwogenden Provinzen dieses Fahren!
Fahrt durch den Tag, Fahrt unter grellem Mond;
Fahrt mit Verbrüderten, mit fremden Scharen,
und über die mit ruhiger Geberde
unter des stampfenden Zuges Beschwerde
in Ebenen, die unerschütterlich waren,
hingebreitete Erde!

Als ich nach Galizien kam,
lag es vom Kriege noch verschont.
Die Völker drängten an, sich zu bedrängen.

Und wundersam
in meinem aufgeregten Kopfe wohnt
Erinnerung, wie unter Schienensträngen
die Ebenen einer, einer Erde dröhnen!

Nein, noch ist Polen nicht verloren.
Mein Volk, Du wirst Dich neugeboren
blutend zwischen die blutenden Völker zwängen,
Völker, die in Wunden stöhnen,
Ostens und Westens zu versöhnen.

GESANG EINES POLNISCHEN DICHTERS

Einsame suchen die Einsamkeit.
Weinend gleiten, die schwarzen Flügel
hebend, die Schwäne, und ihre Tränen versinken
ungesehn in den flimmernden Teich.

Aber ins Gedränge,
um die Wärme menschlich Gestalteter nah zu fühlen,
in den singenden Haß hoffender Menge
hast Du Dich verstoßen,
zerrüttet von Melancholie.

Sieh, aus dem Scheitel,
der lange Stunden gebeugt war,
versank das Blut. Aber in mutlose feuchte Nacht
über den stummen Scheitel erhebt sich
Blut des Mondes.

Sag dieses Wort: „Mond." O
metallne Schönheit reimloser Verse.
Sei monden Deine Stirn, die
zerrüttet von Melancholie
sich aufhebt.

Aber Du wanderst mit den Soldaten,
zogst erstaunt über schmale Schultern
das Kleid der Legion.
Die geschliffne Glätte
schneidend prunkender Bajonette
prüfen eitel Deine waffenlosen Hände.

Dann klebte Schmutz an Kleidern und Gelenken.
Der Leib verfiel vor Hunger. Schreie
verröchelten in Schaum und Blut

neben Dir. Gewitter fiel
wöchentlich in die braunen Zelte.

Du knietest hin, und gut
weitetest Du Dein blindes Herz. Barbarisch erfüllte das
                                        Fleisch
der Menge Deine Gesänge,
Dein hartes Lächeln, Demokrat!

Du lagst auf mondenen Erden,
Du wundertest Dich, allein
ein Leib zu sein
und nicht die Flutenden alle,
Leiber wie Dein Leib,
zu werden.

Du hörtest nicht auf, mit gefalteter Stirn
und stumm zu fragen,
was Menschen ertragen,
wie — schwoll Dein Herz — mit Dir die Menschen leben
                                                   können.

LIED EINES BERITTENEN LEGIONÄRS

Nicht daß wir wieder die bunten Schabracken
mit dem weißen Adlerwappen
unsern Rappen
vor dem Aufsprung eilig auf den Rücken packen,
ist meinem Polenvolk ein Zeichen.

Daß wir die Konfederatka in den Nacken
mit den erregten Händen streichen,
daß unsre Frauen mit dem alten Kopfputz gehn,
ist nicht viel,
ist nur ein Spiel
und läßt nicht Polen auferstehn.

Des Jünglings nackter Leichnam aber, aus der Legion,
Freund seiner Freunde, einer Mutter Sohn,
kaum ausgebildet noch zu schmächtiger Bleiche
und auf den aufgewühlten Boden hingeworfen schon —

Da ich die knabenweiche
kalte Haut der toten Hüfte knieend mit der Hand betaste,
um den Leib steht eine Wolke:
glühnde Hoffnung, verzweifelte Tapferkeit, und Bleiche
männlicher Entschlossenheit — da weiß ich: ich erfaßte
Volk mit meinen Händen. Du bist aus dem Volke!

[1446]

POLNISCHE REITER

Als es abendete, war mit vorsichtigen Schritten
ein Soldat den Uferweg heraufgekommen.
Er hat sich einen Weg in die Mitte des Gestrüpps ge-
                        schnitten,
hat das Gewehr von der Schulter genommen
und hockte, vom Monde überglitten.

Er sah, wie im Monde die Felder schwammen.
Da kamen ein paar geritten,
massig hingen sie ihren stampfenden Tieren auf dem
                        breiten Rücken,
der Mond warf ihre Schatten zusammen:
vor seinem Versteck fielen die Pferde in einen harten Trab.

Zuckend flogen die Hufe, in den Bügeln wippten die
                        Sohlen,
die Reiter sah er tief sich auf die Pferdehälse bücken,
daß sie als Buckel auf den schweren Haufen Fleisches
                        fliegen;
sie ritten, als hätte ihnen einer ein Himmelreich ge-
                        stohlen,
das wollten sie aus der Hölle wiederholen.

Dumpf dröhnten die Hufe über das Grab
der Straße. Der Boden mußte sich unter den Reitern biegen!
Der Posten wußte nicht: waren es Deutsche, Russen,
                        Polen?
Er hielt die Flinte in den Händen liegen
und schoß nicht ab.

[1447]

BEGEGNUNG DER BRÜDER

Der eine, eng eingereiht in die Scharen
des weißen Zaren,
brach in Galizien ein.
Die Wege kennt er,
die, von Güssen geschwollen, vom Lichte geschwächt,
über die Grenze gehn.
In einem Gefecht
verbrennt er
mit zwein oder drein
eine von Polen in der Uniform der neuen Insurgenten-
                                            regimenter
besetzte Scheune. Geblendet bleibt er stehn,
überzuckt erkennt er
im Schein, im Schrein
unter den Wankenden der Legion
seiner Eltern jüngeren Sohn.

Eigensinnig stoßen die russischen Soldaten
gegen das Tor
der brennenden Scheune vor.
Die wenigen Legionäre suchen sich mit Handgranaten
einen Weg durch die Angreifer zu bahnen.

Auf allen Seiten flattern höher die Flammenfahnen.
Die Gesichter quellen unterm roten Puder
des Brandes. Die von der Legion
brüllen: „Polen! Ewiges Element,
Polen, das wartet, Polen, das brennt,
Du Element der Rebellion,
gegen den Kaiser, gegen die Welt!"
Einer, der die Granate schwingt,
der am lautesten mit allen Poren

[1448]

„Noch ist Polen nicht verloren"
singt,
nun erkennt auch er den Bruder.

Sie hören beide an ihren Armen die angerissnen Sehnen
klingen.
Die Handgranaten zerspringen.
Als der Legionär stolpert und fällt,
laufen seine Augen, von Brand und Blut verwirrt,
ein. „Polen! Polen in dieser Welt!
Wir müssen sterben, daß für Dich Friede wird."

Doch über der Wunde in seiner Schläfe schwebt
seines Bruders verwundete Hand,
der näher kam,
schwebt, ein geröteter Vogel, über ein ganzes Land.
Über ihn schluchzt ins Blut einer blutenden Stimme
Scham:
„Wir müssen leben, daß Polen lebt!"

WEICHSELÜBERGANG

Nicht ganz bis an das Ufer ging der Wald.
Schwer wälzten sich die Räder tief im Kote,
der nachgab, auffuhr, und die Deichsel überschwemmen,
die Pferdehufe zerren wollte. Sie mußten von den Sitzen
    springen
und keuchend in die Speichen ihre Fäuste stemmen:
jeder hatte einen Hammer ums rechte Handgelenk ge-
    schnallt —

Im Wasser aber lagen schon die Boote!
Mit halblaut unterdrücktem Fluch bedrohte
ein Mann die großen überangestrengten Pferde,
und kehrte sich: dies war kein Strom, dies war ein Meeres-
    arm,
vom Weltmeer breit her durch die ebene Erde
geschlungen, Polen an die Welt zu schlingen.

Da stand der Mann und sah. Trotz dem Verbote
entkam aus seiner Brust, ein Stöhnen fast, ein Singen
wild abgerissner Polenlieder. Diese Nacht lag warm
auf seiner Haut. Im Strom erschaute
man Strömung nicht, nur runde Schollen Wassers, das
    sich schwarz aufstaute
zu tintigem Spiegel, oder dunkel sank in seine eigne
    Lücke.

Weit drüben gab es wieder weites Land,
aus dem die Kronen von geduckten Bäumen
in Nacht hinauf schwarz, niedrig, rund aufschäumen.
Die Pfeilertrümmer der gesprengten Brücke
stehn eisig in den Strom hinausgesandt.
Ein Wagen knirschte. Heiser wieherte ein Gaul. Am
    Himmel wohnt
feucht ein bläulicher Mond.

DAS VERLASSNE DORF

Wild stiert der Mond über ein Fensterkreuz.
Am eingestürzten Zaune wächst ein Pumpenschwengel
Nachthimmels lauer Wüste eingedrückt.
Roh klafft das Dach, spitz starren schwarze Sparren.

Nicht einmal wilde Hunde, die nach Knochen scharren;
nicht einmal Ratten. In die Nacht gebückt
bleibt das Gehöft, bleibt breit und braun zerstückt,
und lautlos, da die Fledermaus nicht fliegt.

Aber der Mond hört nicht auf zu scheinen;
unversiegt
stürzt er blaues flutendes Weinen
auf einen nackten Leichnam, der mit gespreizten Beinen
bleich über aufgerissne Stubendiele liegt.

POLNISCHES BAROCK

Mit Wolkenwülsten steht die Stadt verrammelt.
Um Türme klammern hyazinthne Strahlen
geisternder Lichter sich. Der Mond versammelt
die Schatten, die um schwellende Dächer greifen.
Bauchige Rinnen stürzen in die Gassen, an Portalen
vorüber, deren Wölbungen ins Leere schweifen.

Der Mond geht um. Vereinzelt schlagen Uhren.
Die Schatten wichen auf die andern Straßenseiten,
schwarz hingedrückt. Leichenhafte Figuren
mit starren üppig aufgeschwellten Hüften
bäumen sich unterm Baldachin der kühnen Nacht in
                                                              Lütten,
die greifbar werden und entfesselt schreiten.

So viel geschieht. Hier gibt es kein Verweilen.
Hingeschlagen zerfallen Tote in den Grüften,
und über ihren eingewachsnen Spuren
schwingt sich hier alles, in überirdischen Zeilen
hinhorchend tatenlosen Qualen
in Trotz und Fülle schwer und irdisch zu enteilen.

DER POLNISCHE ADLER

Noch tierisch, Wappentier, und tierisch wirst Du bleiben,
mager, unschuldig, sehnig, alterslos im Alter —
doch Menschen recken sich als Deine Wappenhalter
an beiden Seiten Dir — Du kannst sie nicht vertreiben.

Du hörst nicht auf, aus den gesträubten Federklüngeln
der Kehle in die Falten, die Dich blutig rot umsäumen,
verdrehten Kopfs, gespaltnen Schnabels scharf hinein-
           zuzüngeln;
Du starrst, und willst Dich immer weißer bäumen.

Vergeßt die roten nicht, die blutigen, die Falten,
die, wenn der Wind anhob, es schwellend zu verkürzen,
ums weiße Tier, erregt mit ihm, in breiten Zügen wallten:
O nur bewegter sich, und sei's verzerrt und bleich, in
          Reinheit stürzen!

Regen verwusch den Adler nicht. Die Lüfte toben.
Du weißt nicht, Adler: schnelle Schritte schallen durch
          den Garten.
Geschärfte Blicke wenden sich nach oben
und sehn, helle geblähte menschliche Gedanken,
das rot umbrannte weiße Tier gereinigter Standarten
im großen Zug irdischen Windes schwanken.

ZUM KÖNIG VON POLEN

Er war nur noch ein Name, nur ein Bild,
ein Schatten noch auf einem Wirtshausschild,
jeder durfte sich seinen Willkommen holen:
Zum König von Polen.

Einst stieg er Stufen aufwärts zu den Göttern,
auf dem Gewirr geschwungner Säbelspitzen
war, überblendeter, sein Name schwebend,
trunken von Jubelrufen der Schlachzizen.

Dann ein Gespiel den Spöttern,
entthronter Schatten prunkender Leidenschaft,
Zaunkönig, Rattenkönig, und ein Bild
auf abendlichem Schild,
Reisende müden Suchens überhebend.
He, polnische Wirtschaft!

Aber um Polen ist ein Brand gekommen,
da sind die Farben abgeblättert.
Sie haben alle Wirtshausschilder heruntergenommen,
die waren verwaschen und bös verwettert.
Flammen fraßen in den Ritzen.

Im Grabe stöhnen die Schlachzizen.
Ein Mann galoppiert sich wendend auf einem blutigen
                                            Fohlen,
Flammen unter den Sohlen,
wo sein zuckender Huf aufschmettert,
schreit er in alle Ohren:
„Polen ist noch nicht verloren:
Polen — König von Polen!"

BILD EINES REPUBLIKANERS

Er ist sehr sanft. Er steht im Zimmer ganz alleine.
Die harte Stirn ist nachdenklich emporgefaltet.
Man fühlt, wie ihn die enge Luft umkaltet.
Aber seine Augen brennen wie zwei Edelsteine.

Man fühlt es rasch in seinen schwach erhobnen Adern
                                                    bluten.
Er wendet sich. Er lauscht tief in die Stunde,
leicht vorgebogen. Seine Leidenschaft
ist umgewandelt bis zum Grunde:
sie wurde, reiner, Leidenschaft zum Guten.

Er tritt zum Schreibtisch und beginnt zu schreiben.
Noch weiß er nicht, was er erschafft,
er zögert.
        Plötzlich ist er hitzig übergossen.
Er lächelt, während seine Augen streng verbleiben.
Ein Zucken zerrt an seinem etwas offnen Munde,
er wendet sich, und hält mit leichten Händen seinem
                                                    Hunde
die Schnauze verschlossen.

HEIMKEHR DES VERBANNTEN

Die Gärtenruhe; stumm verwachsenes Gezweige.
Lauheit des Mondes. Jähe Maste fragen.
Vorquellen in des Himmels fahle Neige,
breit ausgeseiht, schwammige Wolkenränder.

Rasch rollte an, am Gitter hielt der Wagen.
Der hat ihn und die Luft der Abendländer
in die Bewegung vor dem Hause, dem eröffneten, ge-
                                                         tragen.
Er drang in das gelüftete. Er hat die Tore zugeschlagen.
Ihn staunte das vergessne Wehn bunter Gewänder —

Er kreiste Hände groß zum Gruß. Neu hat er sich ver-
                                                      schworen.
Und ging nun fremd umher und wußte nicht, was wird,
und weinte fast: nein, Polen ist noch nicht verloren,
und ließ nicht ab, von einem Saal zum andern,
elend ein Fremder, in die Heimat verirrt,
lächelnd und voller Angst umherzuwandern.

VERWANDLUNG DES VERSCHWÖRERS

In Warschau, und im Winter war's.
In einer heimlichen Sitzung des verfolgten Nationalkomitees
trat einer ans Fenster, preßte die Haube schwarzen Haars
an die Scheiben und blickte über die Ebene weichen Schnees.

„O wie sie hinter meinem Rücken weiter raunen!
Ich fühle ihre Lippen unter schmalen Bärten zucken,
ich weiß, wie sie die Stirnen über raschelnde Papiere ducken,
und schon zusammenfahren, wenn einer schnell eintrat.

Wir können nicht mehr über unser Werk erstaunen,
wir fraßen uns hinein, es wurde dick;
Tun wurde wichtiger als die Tat.
Dies Hocken, Schieben, Flüstern heißt uns Politik!

Wie lange ist's, daß einer von uns stürmte, bat
und litt! Mich würgt der Ekel lange. Scham
in unsre Augen! Schmach, daß Ihr uns so verdarbt!
Daß nie ein Licht in diese Winkel kam!"

Er breitete die Hände vor. „Erwarbt
Ihr schleichend Euch die Zukunft denn? O nichts als Schein!
Sei laut, mein Volk. Blüh auf, mein Volk. O werde Staat!"

Er stieß das Fenster auf. Kalt strömte Luft herein.
Tausende Lichter dieser Stadt verschweben.
„O in die Städte treten, unter Menschen, schrein
zwischen die Menschen, unter Sonne, Wind und weißem Schnein!
Sprich doch, mein Volk. O groß und frei im Hellen bleiben!"

[1457]

DER MISCHLING

Das blonde Haar ist über seinem schmalen Schädel
in hoher Welle schräg zurückgestrichen.
Die Stirn, gebuckelt, ist graviert mit Strichen,
unter dem Sprung der Brauen unterjochen
wilde Augen die gewölbten Backenknochen;
kurz sprechend wirft er hastig seinen Schädel.

Dem wüsten Vaterhause ist er früh entwichen.
Auch in der Fremde blieb er unverhohlen
unglücklich. Er ist viel in Europa umhergestrichen,
tat viel und war sehr vielen Dingen nah,
war deutscher als ein Deutscher, polnischer als Polen.
Schließlich ging er mit einem Mädel,
das ihm ähnlich sah,
in die Kolonie,
entrann dem Rausch und fand etwas wie Glück.
Bei Kriegsausbruch kam er von Pondichéry
zurück.

Er sprang vom Schiff. Er übersprang die Grenzen, die
sie trennen,
er fühlte sie und fühlte sich mit gespaltner Flamme
brennen.
Er kannte Krieg und wußte, daß jedes Volk sich selbst
bekriegt.
Er half zum Siege und war selbst besiegt.
Er war geschaffen, ihre Tugenden zu kennen.
O wie sein schönes Herz zwischen den Völkern liegt!

POLNISCHE SCHAUSPIELERIN

Zerreißt das Tuch über schmerzender Brust,
sticht mit dem spitzen Finger in die taumelnden Brüste,
wirft die Augen zum Himmel auf,
zum Feste
der steifen über ihr prallen blauen Wölbung.
Die Gäste
lachen und rufen durcheinander.
Licht fällt dicht.

Sie hört sich selber nicht.
Sie windet Phantasien in polnischer Sprache.
Wogender werden ihre Gebärden.
„Keiner weiß, was der andre spricht.
Strömender Mantel ist meine Sprache.
Aber seht, wie ich ihn Menschen entgegenbreite!
Was für Schmerzen ich mir bereite!"
Sie sinnt. „O, auf Erden
im eignen Wort verstanden werden!"

WORTE ZU EINEM POLNISCHEN TANZ

Da sitzt das Quartett und ist schon müde.
Nur einer schwenkt das Kinn und stemmt die Fiedel,
und streicht den Bogen zu einer Etüde,
streicht, als wollte er ihn zerbrechen,
streicht immer die eine, immer die,
immer dieselbe Melodie,
verdreht zu einem kleinen Liedel —
hört auf, wir wollen nicht dazu sprechen!

Einer legt einem Mädchen die Hand an den Hals
und biegt sie. Wie zärtlich! Vor zwei Jahren, als
wir nach Jasnagora kamen, erblaßten
wir, weil zwei von unsern Damen
sich zum Tanzen eng um die Hüften faßten!
Hör doch auf. Wir vergaßen
alles, als wir tranken und saßen.

Adam aber wollte reiten.
Janina sollte ihn begleiten,
er hielt ihr ehrerbietig den Bügel,
als sie aber ein Stück
weiter waren, zitterte er
bis unter die Haut, atmete schwer,
ließ den Gaul ansprengen, packte ihren Zügel
und riß sie zurück —
Nie vergesse ich seine Augen.

Hör auf, sprich nicht, Du lenkst
mit Worten, die Worte aus allen Weiten saugen,
mich nicht von dem, woran Du denkst.
Daß Du Dich so in die Welt verschenkst!
Du hörst nur eines aus den vielen

Gängen der einen Melodie,
die sie wieder zum Tanze spielen.
Fluch Deiner heiligen Melancholie!

Du sollst keine Worte zum Tanze sprechen,
am Ende müssen wir alles blechen.
Starr' nicht so widerlich in den Wind!
Greif nicht mit so harter Faust in die rankenden Pflanzen.
O wie unglücklich wir Menschen sind —
was bleibt uns denn übrig, als zu tanzen!

JOHANN KASIMIR LANDRIS ERLEBNIS

Johann Kasimir Landri kam von dem großväterlichen
Gute.
Er fühlte noch zwischen den Schenkeln die bebenden
Flanken der silbernen Stute,
und das Wiegen, als unter den Hufen der Sand
gerieselt war; und das flüchtige Land,
Rausch der Weite seines Landes schwoll noch in seinem
Blute.

Vor der Rampe der Stadtwohnung hielt der Wagen.
Ein Diener öffnete den Schlag und hat ihn eilig zugeschlagen,
und folgte bepackt. Johann Kasimir sah im Enteilen
in der Pförtnerstube, zwischen dem steifen und engen
roten Mobiliar,
ein junges Stubenmädchen schmal
mit tief gesenktem kupfernem Haar
verweilen.

Er zögerte in der Mitte
der Treppe. Er behielt ein flüchtiges Bild ihrer Fessel —
hinter ihm kamen des Dieners leise zögernde Schritte —
und er wußte: oben, allein im räumigen Saal,
der eben breit zur Straße erleuchtet war,
wartete seine Mutter im Sessel.

Den Rest der Treppe hat er beklommen
langsam erstiegen. Aber das Licht
im Vestibül überflog
singend das Staunen seiner heiligen Scham.
Stürmisch lächelte sein Gesicht,
als er die gelassne Hand seiner Mutter nahm
und unters klopfende Blut seiner Lippen zog —:
„Es werden ganz neue Zeiten kommen!"

EIN STERBENDER MINISTER HINTER-
LÄSST DEN POLEN:

Es gibt keine Grenze, wo Deutschland an Polen stößt,
die Ströme treten ungehindert über in deutsches Land,
und der Flissak, der seine Stämme stromabwärts flößt,
hat nie erkannt,
ob es den heimischen Atem mit feindlicher Luft verheißt, — da ihn weiter das Wasser trägt   [tauschen
und hier wie dort
mit gleichem unverstandnem Wort
gluckend eine Welle über die Bretter schlägt,
und gleiche Melodie die Uferwälder rauschen.

Ich hörte an den Grenzsteinen
ein schmales Lettenmädchen lachen und weinen,
in meine Brust hinein;
vor schluchzenden Kadenzen ihrer Stimme versank der
                                             Stein —
Ich wußte: wo polnische Erde liegt,
ist sie in Streifen deutscher und russischer eingeschmiegt.
Der Strom von Erde, der um den Globus fließt,
ergießt
auch in Polen sein Gewicht.
Grenzen werden heißen, wo die Völker einander stützen —

Die besten Deutschen haben geschworen,
Polen sei noch nicht verloren;
einst werden die besten Russen Dich schützen —

Wer Dich zwang und besessen
hatte, Polen, sollst Du vergessen.
Aber, eh nicht der Stern zerfällt,
Polen, vergiß die Russen nicht,
Polen, vergiß nicht die Deutschen,
Polen, vergiß nicht die Welt!

[1463]

Das Nationalgefühl, wenn es über einen ohne sittliche Qualitäten wirkenden Instinkt zu einer Überzeugung gediehn ist, damit aber anders und höher aufrichtig wurde als der bisher geltende Urtrieb, und für sich und andre berechtigter, muß, neben andern Tugenden, die freudige Anerkennung jedes fremden Nationalgefühls zur Folge haben. Wovon ich überzeugt bin, daß ich — und nicht als der so oder so zufällig Veranlagte, sondern als der überhaupt Seiende — es darf, ja daß ich es soll, dessen Recht und mehr als Recht muß ich allen in gleichem Stande Seienden zugestehn. Das Bestehn der Nationen ist nicht nur die Voraussetzung des Internationalismus: Folge des eignen Nationalgefühls ist die Anerkennung des Prinzips der Nationen, und es ist bloße Anwendung, ist nur der letzte Schritt zum Wissen um die Vielfalt ihres Reichtums und bis zur Liebe der Nationen, zur Weltliebe. Ja, dieser Schritt ist schon getan — wie der wahre Individualist, der sich nicht nur obenhin fühlt, sondern sich menschlich, warm und interessiert liebt, die andern nicht hassen kann (und nur der fragwürdige Hasser sich auszunehmen nicht bereit, nicht naiv, sondern unaufmerksam genug ist) und, aus gläubiger Achtung vor lauter Individuen, die Menschen lieben muß: ein wahrer, ein besserer Sozialist.

Wer nicht andern Völkern das eigne Gute gönnt, nicht das Gedeihn andrer Länder wünscht, dem brauchen wir nicht zu glauben, daß er von Ländern und Völkern etwas weiß; auch vom eignen nicht — oder der ist nicht kühn oder stark genug, vor sich selbst die moralische Regel zu behaupten. Da uns bei der Arbeit die weite Festlichkeit einer prächtigen, sicheren, erregenden Melodie russischer dramatischer Musik im Ohr liegt und mehr als nur den Blick weitet, haben wir recht, uns sehr deutsch zu wissen. Und es heißt deutsche Überlieferung aufnehmen, die beste und deutscheste Überlieferung, wenn wir mit den Völkern in die Zukunft gehn, und die Hoffnungen eines schönen, stolzen und strebenden Volkes mitfühlen. Auch Deutsche kämpften bei Missolunghi und (im Politischen wohl falsch genug eingenommen) bei Ladysmith. Der Marquis San Bacco Heinrich Manns, in den Romanen der Herzogin von Assy, kämpft in allen Erdteilen für die Völker, die ihre Freiheit suchen, ohne Besinnen und Bedenken; so sehr hat der Garibaldianer seines Volkes Freiheit geliebt. Wir haben noch San Baccos; ihnen wären, wüßte ich sie namentlich zu nennen, diese Gedichte leidenschaftlich gewidmet.

Diese Gedichte werden vielleicht einem Vorurteil entgegengehn, da sie der übel beleumundeten Gattung der politischen Lyrik angehören. Es bleibt am besten ihnen selbst überlassen, sich und ihre Familie zu rechtfertigen und diesem Vorurteil zu begegnen. Es werde nur bemerkt — neben dem Hinweise, daß auch alle berühmte Kriegslyrik zur politischen gehört — es werde nur bemerkt, daß die Bezeichnung als „politische Lyrik" eben nur, und zwar in stofflicher Hinsicht, eine Gattung bezeichnet und gar nichts über den möglichen und wirklichen Wert der politischen Lyrik aussagt. Sie verheißt nicht mehr als etwa „Liebeslyrik", und es wird meistens übersehn, daß es auch unter den politischen Gedichten gute und schlechte gibt! Darum braucht von der notwendig verführenden Wirkung aller Lyrik hier gar nicht erst gesprochen zu werden.

Diese Zeilen aber sollen diese Gedichte nicht etwa entschuldigen, und müssen sie, hoffe ich, nicht erläutern.

Sie sollen nur bei ihnen stehn wie die Bezeichnung von Gang und Art bei der Musik, nur anzeigend: presto alla polacca — der Leser fühle selbst, wo hier das Andante zum Largo erstarrt, wo zum Furioso sich aufschleudert.

Göttingen, Ende September 1916

Rudolf Leonhard

Verkettung

Gedichte

von

Martin Gumpert

Leipzig
Kurt Wolff Verlag
1917

Gedruckt bei E. Haberland in Leipzig-R.
Januar 1917 als achtunddreißigster Band
der Bücherei „Der jüngste Tag"

Die Gedichte sind 1914—16 entstanden,
sie gehören meinen toten Freunden

Nicht mehr will ich den Tag vertrinken
Unter allen der abseits Weinende sein,
Wortlos und müde hinauszusinken
Die Arme empor des Nachts zwischen Kissen zu
                                schrein.

Oder in Straßenbahnen voller Gesichter
Plötzlich hochrot und in Tränen Erwachter zu stehn
Um dann erfüllt, doch bezwungen vom Spruche der
Flackerndes Feuer geduckt zu vergehn. [Richter

Heute begriff ich die jammernden Stunden des
                                Knaben,
Flehend, bei Spielen der andern mitjubeln zu können,
Nicht immer nach Wildheit der Lechzende sein,
                           erschüttert von Gaben,
Die sich unzeigbar verschenken und selten zu nennen.

Harte Schwielen wünscht ich mir in die Hände
Oder auf Bäumen zu sitzen und Zweige zu brechen,
Doch mir wuchsen die Tage in endlose schmerzende
                                Brände
Und ich verschloß mich stumm, meine Schlaffheit
                                zu rächen.

Ich trug die Gesichter der groben ungläubigen Lehrer
In meine zitternden Träume, zaghaften Nächte
                                hinein,
Wurde mir selber aufhorchend und wundernd der
Ließ mich gleiten, wurde in Qualen gemein, [Hörer,

Ließ mich verleiten von jedem, das mich bewegte,
Der nicht mehr da war, dunkel und trunken den Blick,
Was mich so maßlos erbitterte und erregte
Von mir gebracht fiel dröhnend auf mich zurück.

Jugend, Verrat, schwerträumend, bewußtlos verübt,
Geschändet, verstoßen, verschlossen, wehrlosen
                                       Willens.
Großes, hartherziges Grauen der höhnenden Stadt,
Lachende, riesige Menschen, die mich in Händen
                                       gehabt,
Die mir zerknickten die wachsenden Glieder zum
                                       Stoß:
Ich blieb an den Wolken hängen
Ich blieb an den himmlischen Winden hängen
Ich sank in die Wiesen, Gras nickte mir zu,
Den hohen Gesängen
Der wissenden Wälder
Gab ich mein brennendes brüderlich: Du.

Aufgehender Tag, teilhaft des Sinns solcher Zeit,
Mutter, Dein Schoß regt sich verkündungsvoll,
Stolz Deines Sohnes will donnernd erwachen,
Heiliger Stunde dröhnt das Geläute der Welt.
Kirchen stürzen zerschmettert, Gott geht zu Gast,
Der fromme Geist zeigt schluchzend sein Herz,
Süß liegt die ruhende Kraft bereit,
Unseliger Schlaf auftut die Augen
Zu vollstrecken des Geistes Geheiß:
Denn Gott ist zornig, ist streng und zornig!

Durch Jungsein leergebrannt
Die eingekreiste Glut,
Vielmals vergossen
Weg abendlicher Qual.

Denn da genügt kein Wort,
Ist nirgends ein Wort,
Das der Nacht Verhängnis
Gerecht ermißt.

Wir sehen uns an Wänden
Verrunzelt winzig stehn,
Zwischen weichen Fingern zermalmend
Überschreitet uns riesig die Frau.

Wir strecken um ein wenig Glück
Die Hand, um enge Güte,
Um einen Hof der Scham, uns stürzt
Zärtlichkeit vom Angesicht.

Aber Feindschaft ist so groß,
Kein Schoß verheißt Empfang,
Ekel überspannt den Leib
Seiner Unzulänglichkeit.

Blühte doch ein Tal der Ruhe,
Käme Zeit des Morgens,
Der ins Innen dringt
Und Erlösung kennt.

Auf dem Rücken der Stadt
Hockt der häßliche Zwerg,
Die kreischende Nacht,
Das Tor voll Qual.

Tränenlied

Soll ich mein kleines
Lustliedlein singen,
Mein Herzlein bringen
Vor Deinen Mund,
Knie will ich falten,
Hände hinhalten,
Mach mich gesund!

Hebe mir Schwere
Vom Haupt,
O ich ersticke,
Aller Geschicke
Steh ich beraubt.
Laß mich die Leere
Mit meinen bloßen
Armen durchstoßen,

Bin ich doch nackt
Ausgegossen in Deine Hände,
O so beende
Was mich da packt.

Zärtlichkeit hasse ich,
Schwäche versehrt mich,
Liebe zerstört mich,
Ich bin gar unfähig.

Im Fensterriß errötend rings von Tag
Der Häusermauern eckiges Gesicht,
Beglotzt den Traum, lang rasselndes Gewicht,
Das mich die ganze starre Nacht umlag.

Der Baum im Hof erhebt sich kraß und dicht
Sirenenbrunst und kurzer Uhrenschlag;
Das schon ganz tief im hellen Himmel stak:
Erschrocken unterm Dach verlischt ein Licht.

Hundegebell, es häufen sich die Zeichen,
Ich werde bald mich aufrecht stehend wissen,
Wind wird mich, zärtliches Gefühl, umschleichen,

Ich fand mich nie zurecht in meinen Kissen,
Ich will die Sonne sehn, sie soll Dir gleichen,
Soll Mädchen sein und meine Augen küssen.

[1475]

Der Alternde
1

Mein Frauenhimmel zerstürzt,
Mein Freundeswille erstickt,
Unnatur ist der Kampf.

Und war doch einst ein Fließen
Und Händereichen
Und Hingeben.

Meine Tage verstreut,
Mein Blut zu Ende,
Meine Zärtlichkeit tot.

Schwäche besteigt das Haupt,
Darauf ruht keine Hand.

2

Die Nächte stehen leer von Tanz,
Die höchsten Feste sind versäumt,
Die Kette der Freundschaft ist einender Haß,
Der macht unseliger noch verloren.

Die Männer sind vor Scham verwüstet,
Sie wagen nicht, sich zu erkennen,
Überall sind Freunde einzeln
Ohne Frau, Gewalt und Inbrunst.

Der Mensch ist entzweigeteilt!
Er will Erniedrigung,
Aber ich lasse den Himmel nicht los.

Ein hohes Feuer ist meine Not,
Es hüllt die Erde ein
In edle Trunkenheit!

[1477]

Hohler Spalt, offner Schlaf
Hört den Wind der Reise,
Wo er Traumeskreise traf
Rauschen Ähren leise.

Meine Hand führt Deine Hand
Feuerfluß der Sterne,
Rings ist still ein Wellenland
Lockung in die Ferne.

Stadtgesicht schwillt wüst empor
Maul bis zu den Ohren,
Fürchterlich erdröhnt ein Chor:
Du auch bist verloren.

In der schweren gelben Luft
Hängt ein Meer von Armen,
Steine fallen, Stimme ruft
Gellend um Erbarmen.

Welche Reise muß ich tun?
Selig sei Du, weine,
Traum zerreiße, Nacht will ruhn,
Weiße Sonne, scheine!

Beim Tode einer alten Frau

Wir werden uns leise
Um sie versammeln,
Zu Häupten zwei graue
Zu Füßen zwei weiße,
Einer wird mitten zur Hülle gesunken
In Händen halten Haut wie Laub. —
Schön sind Blumen
Rings gelegt.

Wir hörten Worte toll Sturm durch die
                          Straßen rollen,
Die sind auf einmal still geworden.
Wir müssen uns ganz nah begeben,
Sonst trägt, was kommen wird, uns weit.
Kannst du laut lachen einmal,
Zerteilen mein' Angst,
Ich glaube — wir sind nicht mehr.

Wir wandern alle schon im Herbst,
Auch was so neu und kühn: ist Herbst;
Wir werden bald uns wechseln müssen,
Schon löst die Krone sich vom Haupt.
Ich bin schon alt wie hundert Jahr,
Mein Blut ist früh so schwer geworden,
Alte Frau, ich bin Dir nah.

Sind Deine Augen immer zu,
Ich bin aus Dir ein Blätterbaum,
Viel Zweige werden von mir gehn,
Blitz fällt mich kaum.
Ich bin geschehn
Stark dazustehn,
Doch Du brauchst Ruh.

Abendgang

Zu doppelt Teil zerfällt der Kern,
Wenn die anschwellende Grauenfrucht
Durchstieß die Narbe, verschlang die Hüllen:
Entsetzen — Gelächter.

Gegen die Augen Stoß der Dächer,
Und die Erde will in den Mund,
Musik und Ruf durchstechen das Ohr,
In mich flüchtet der ganze Lärm

Aber wenn ich ins Weite will
Versagt ein jedes und ist am Ende.
Verheißungslos in mein Fleisch zurück:
In kahler Kammer bin ich da.

Zuviel dies Land zerfurcht von Blut,
Mord regungsloser Turm darin.
Hier kann mir keine Heimat sein,
Hilf suchen doch mein fernes Land.

Wenn sich die Nacht nun an mich hängt,
Die treibt durch Straße, Park, Café,
Erst lachen wir, dann weinen wir,
Dann schließt uns Wahn die Augen zu.

1

Ich liege wie ein Unheil auf der Stadt,
Ich liege ganz berauscht von Stadt,
Meine Worte sind Gift.

Jetzt kommen alle, wollen kosten,
Geschlagen sein, zu nichte sein,
Von mir das Sterben erfahren.

Die Schwachen wollen sich zügeln lassen,
Ich kann ihre wunden Augen nicht sehn,
Sie sind, Verachtete, feige im Licht.

Kinderhände ringen um Führung,
Hände auch verkrüppeln vor Angst,
Hände können die Tränen nicht halten.

Durch mich, in mich stürzt alles zurück,
Ich singe hart, grausam laut:
Ich liege wie ein Unheil auf der Stadt.

2

Ihr Gottersfüllten in der Zeit
Von jeher Euer Erbe Inbrunst:
Des Gottes Ehre ist mißbraucht.

Sein Tempel ist ein offnes Haus,
Sein heilig Blut tropft schwer dahin:
Des Gottes Ehre ist mißbraucht.

Schreit auf, da Euch Gebet versagt,
Ihr wart die Hüter, Ihr das Tor:
Des Gottes Ehre ist mißbraucht.

Ihr seid der Welt Verderber,
Des großen Sterbens seid Ihr schuld:
Des Gottes Ehre ist mißbraucht,

Sein hehrer Leib klagt krank und wund,
Ein Grauenvolles starrt sein Mund,
O, meines Gottes Ehre ist zerstört!

3

Tragt seinen Fluch in Euren Tod,
Es soll ein neuer Glanz geschehn,
Ein Fest wird sein, ein strahlend Rot

Soll über Euren Häuptern stehn
Und Wirklichkeit, die furchtbar droht,
Aus leeren Augen auf Euch sehn.

Uns komme Licht, uns sei das Wort,
Ein Gang auf Wellen, Hand in Hand,
Gesang, an dem die Kraft verdorrt,

Die heute nicht Erlösung fand.
O erster Morgen, letzter Mord,
Rauchender Welt entsteigt mein Land!

Loslösung

Während ich mit Euch bin, mit Euch teile
Trennt sich schon tastend die suchende Saat,
Einheit versagt sich zu jagender Meile,
Heilige Forderung wird der Verrat.

Sind wir mit waltenden Waffen Bescherte,
Trifft uns vereinsamt gemeinsames Ziel,
Nur wer den Geist seines Gottes versehrte,
Bröckelt verlodernd am eignen Gefühl.

Gestern im Tempel der treuste der Wächter,
Heute der Schänder am heiligsten Gut,
Dennoch gewertet als Harter, Gerechter,
Wehrlos gewappnet der Wut nur durch Blut,

Das schon vom donnernden Schalle durchrauscht
Keinen vermag der Gestürzten zu schonen,
Entrückt dem rasenden Trommelklang lauscht
Kommender Revolutionen.

[1485]

Eroberte Stadt

Die ganze Stadt ist eine große Kirche
Voll Andacht, Inbrunst, Reue und Gebet,
Vom Gipfelsturm der Glocken überweht.
Der Tag erbraust in Tätigkeit und Kraft,
Doch nirgends ist ein emsig Herz am Werke,
Die Seelen alle sind zu Gott erschlafft,
Die Augen ruhn, in sich dahingerafft,
Nur in den Glocken rast noch Sinn und Stärke.

Da fällt ein Beben auf die Stadt herab
Und ein Erzittern und ein Fliehenwollen,
Die Mauern stöhnen qualvoll, und ein Grollen
Hebt an und alle Tore spreizen sich
Und aus den übervollen
Jammergetränkten Wänden birst ein Schrei
Und Schreien,
Von Flammen, Steinen überschüttet
Steigt das Grauen
Steil in die Luft:
„Wir taten nichts,
Wir nahten
Uns Dir in Blöße,
Wir ahnten Deines Angesichts
Endlose Größe,
Doch Du spiest Granaten."

1916

Zersprengte Jugend!
Uns die Zeit
Zerbiß die Stirn,
Es schreit, schreit,
Kann nicht ruhn,
Lauert bereit
Ohne zu tun.

Abendgang,
Nacht in Straßen,
Zwang zu hassen
Hilflos, krank, —
Verflucht solche Jugend,
O Alter und Ende,
Pack fort das Grauen,
Zerhauen
Sind unsere Hände,
Die schaffen sollen!

Durchlöchert, zerfressen
Rinnen wir aus,
Wir wollen
Hinaus!

Sonst Mord! Sonst Mord!
Raserei
Laßt uns frei!
Laßt uns fort!

Totes Europa
Ist ohne Jugend,
Ach erschlagen
Ist die Jugend.

Offnes Grab,
Kalt und hart,
Narren, Helden,
Entflammte Juden,
Überreste
Erreichen die Wüste!

Im dritten Jahr ist der Gruß Geschrei,
Mattes Ächzen, gestöhnte Qual
Hebt an, stimmt ein!
Im Genick die modernde Faust verhöhnt.

Meiner Freunde zerfressene Augen,
Die zerbrachen im ersten Sturm,
Sind gewandert in jedes Gesicht.
Beinhaus Erde! Es wandeln die Toten.

Du bist mir fremd, da Du noch bist,
Es quillt noch Blut, wenn man Dich sticht,
Wer lebt, ist Mörder, Euch liebe ich nicht.

Du warst mein Freund? So stürze ein,
Geschleift, gestoßen vor ein Gericht
Wollen wir Feindschaft in uns schrein!

Haß, den vereint wir schufen
Als letzten Feind,
Aus Nacht, aus Bett gerufen
Krumm und verweint.

Fremder, mit dem ich ging,
Soll ich Dich schlagen,
Qual, die Dich rings umhing,
Muß ich nun tragen.

Alles liegt da zerdrückt
Kraft, Weichheit, Wut,
Haß, auf den Sinn gezückt,
Haß, Du bist gut.

[1489]

Auge

Was soll die Furcht vor diesen fremden Augen!
Komisches Grauen wirft mich rücklings hin,
Sie schleppen schwarzes Feuer in den Brauen,
Asche wie Blut betropft das Kinn.

Gehöhlt gezackte Landschaft, hoch zu schauen,
Bergkreuz der Augen: der durchbohrte Sinn,
Er will sich wütend in die Sonne bauen,
Dort steht auf Mauern, brausend, der ich bin.

Jed' Wesen ist nur Käfig für sein Leid,
Gefüllt mit Tränen, ausgebrannte Kehle,
Nur noch ein Wimmern, weinend, unbefreit.

Faust, brich hernieder in die Augenhöhle,
Spreize die Finger, zerreiße die Seele,
Rasende Faust meiner „herrlichen" Zeit.

Komme über alle
Starre Wut,
Totes Auge
Und der Glieder Besessenheit.

Dumpf versunken
In der Not Anblick,
Stumm für Zuruf,
Unfähig der Tat.

Nicht sich verlieren
Nur stierend sagen
Hassend kalt sagen:

Da — ist — Mord
Da — ist — Schande
Da — ist — Mord.

Ich weiß nicht mehr
Wie Morgen ist
Und Tag beginnt.

Sind noch die Wasser
Und das Tal,
Mond, dem die Nacht erliegt?

Niemehr kommt Sommer,
Ganz gefangen
Starrt mein Gesicht,

Lauert grausam
Und erwürgt
Die kleine Hoffnung.

Schon tänzelt um mich
Die Dirne
Im Kreis,

Heißer Atem,
Ein Fetzen
Zur Haut.

Werft doch alle
Euch hin
Wo Ihr seid,

Stoßt doch alle
Heraus!
Euer Leid

Im Schrei
Erdrosselt
Die Zeit.

Jungfrau

1

Unmut hängt von der Stirn,
Ich schlage lang in Härte.
Wölfe überfallen mich
Und die drohend erstandene Nacht.

Ich will mich niederwerfen,
Den Kindern kommt Hilfe,
Aber mein Wachstum erstickt,
Ich habe schlecht getan.

Grausamer Traum
Nistet sich ein,
Mit meiner Verhöhnung
Bedeckt sich die Leere.

Ich tat nichts,
Doch trifft mich Schuld.
Trotz und Demut
Einen sich.

2

Das Mal der Gerecktheit,
In die man verfällt
Außer sich trunken,
Ist kein Makel an mir.

Mich zeichnet Erschlaffung
Nach so viel Aufruhr.
Käme der Herr jetzt,
Mich tötete Scham.

Ich verginge.
Vor seiner Güte
Ich müßte knieen,
Ich könnte weinen.

3

Nun bin ich die Herrin der Tänze
Im Kreis meiner Mühe.
Mich durchschreiten die Paare
Am Tag der Vermählung.

Vor so viel Entzücken
Erreicht meine Seele
Einsamen Schmerz,
Ich darf nicht teilen.

Doch kommt das Feuer
An meinen Brunnen,
Ich stürze es in mich
Ohne Abwehr.

Mein Tag
Ist der Tag Gottes,
An dem
Ich ohne Volk bin.

Tahiti

1

In Tahiti kämmen am Meer die Mädchen schweres
                Haar mit schwankenden Händen,
Zu dem nahen Ton der Muscheln neigen sie die
                braunen Nacken,
Frucht verheißt des Landes Fülle,
Sonnenfeuer folgt zur Frühe jeder Nacht voll
                fremder Kühle.

In Tahiti weht der Meerwind weiße Vögel durch
                die Luft,
Kleine Federn fallen wirbelnd in den flinken Tanz
                der Kinder,
Zarte Finger, steif vor Vorsicht, fassen die verlornen
Weiße Zähne funkeln Freude,   [Flocken,
Flache Hände fordern mehr.

Nicht am Tor fragt die Arbeit jeden Morgen,
Aller Traum wird ausgeträumt,
Reif verlangt das Weib zum Manne
Und die Falter fliegen nie vergebens
Und die Feinde fliehen nie einander.

In das Spiel des Alltags klingt die Flöte,
Doch zur Feier tönen weiche Harfen
Von den Ufern Duft der Wasserblumen

Und die leise Fahrt der bunten Kähne,
In den dunklen Wäldern Sturm der Wipfel
Und das Flüstern schlankgewachsner Gräser.

Über Wiesen in Tahiti fließen rieselnd frische Bäche,
Streifen leichte Weidenzweige hauchgebeugt die
                                         helle Nässe,
Gelber Sand und grüner Halm fangen wechselnd
Jeder Blick ermahnt zu bleiben   [schmale Füße,
Jede Ferne treibt zu eilen.

Karge Männer gehen nach einem nimmermüden
Wenn ihr Steinbeil Stämme fällt   [Werke,
Sehn sie stumm der Frauen Sorgfalt,
Und die Liebe lichter Lieder mischt sich ihrem rauhen
                                         Sange.

[1497]

2.

Spruch der Frauen

Solln wir schaun zur Gruft der Fluten
Und des Sturmes Gut ergründen?
Hundert schlug sein Zorn zurück.
Oder solln in weiter Wölbung
Augen wandern, wundersuchend,
Der Gestirne Gang zu folgen?

Soll der Sprung die Glieder tragen
Über Gräben und Gemäuer,
Und der Schlag der Herzen fliegen
Bis wir matt an Eure straffen
Muskelschweren Kniee sinken?

Oder Eure kleinen Söhne
Mit uns nehmen, gehen lehren,
Ihren guten Schlaf bewachen
Und den ahnungslosen Augen
Täglich Ding zu schauen geben?

3

Spruch der Mutter fürs Kind

Sei nicht Führer vieler,
Weiser sei am Weg
Wachsend zwischen Wolken
In den reinsten Himmel.
Suche nicht nach Glück,
Anderen vergönnt
Sei dem Herz kein Sänger,
Wecker sei der Seele.
Sieh nicht ins Gesicht der Welt
Wenn Du schweigst, sind andre stumm,
Und Dein Wort durchstürzt das Fleisch
Un — endlich.

Weich von Elend
Überstürmt von Tod
Halten wir Güte
In geschloßner Faust.

Wir sind so
Wie die Kinder,
Bloß daß wir
Schreiten müssen.

Da steigen uns
Schwere verworrene
Heimlichkeiten
Vor die Sinne.

Die stürzen uns
In Härte,
Sonst frißt uns
Fremde Lockung.

Güte ist kein Weg,
Helfen kann nur Weisung,
Der Führer ist
Geht einsam voran.

Er kennt kein Opfer,
Ihm sticht das Licht
Der eigenen Augen
Erinnerung aus,

Nur im Schlafe
Umrauscht ihn
Eine Ahnung
Kommender Liebe.

[1500]

„Fleisch hat die Augen geschlagen,
Ich muß darein gehn,
Wie soll ich nun sehn?"
„Fleisch wird Dich aufwärts tragen."

„Da ist der Leib sehr wund,
Verzehrt, schwach und heiß.
Wie wird mein Leib nun weiß?"
„Liebe macht ihn gesund."

„Doch wer gelangt zu mir
Und reicht bis an ein Ende.
Wer greift an meine Hände?"
„Gott ist genug in Dir."

„Wo find ich seine Zeichen
Und weiß sie zu erfüllen?
Wer kann so hohem Willen
Mit seiner Armut gleichen?"

„Feuer begehrt Dich schwer,
Laß Dich erfassen
Außer allen Maßen
Ist der Geist Dein Herr.

Wachse an diesem Berg,
Wie wirst Du glühend sehn,
Wie wird Dir groß geschehn,
Höchste Lust im Werk."

Zukunft

1

Der ich schon längst nicht schenke
Aus kleinem Krug an Mensch und Welt,
Wohin es mich auch lenke
Bleibst Du mir immer beigesellt.

Aussend ich wilde Mannheit
Um Deinen milden Frauenleib,
Eingehen mußt Du meiner Zeit,
Zu geben großes Bild vom Weib.

Ich will aus Dir herlesen
Was in der Zeit noch grauend liegt,
Einbrechen in Dein Wesen
Wie man in glühend Eisen biegt.

Gewiß verbirgt Dein guter Schoß
Das Sterben und die ganze Not,
Verschlossen hüpft und riesengroß
In Dir schon unser aller Tod.

Drum laß ich nieder, wo Du bist,
Die müdgespannte Muskellast
O sei Du heilig rein geküßt
Da Du mich eingelassen hast.

2

Die Erde tat am Mond Verrat,
Nun kann ihr keine Obhut sein,
Rot Feuer fällt auf unsere Stadt,
In Trümmern Du und ich allein.

Zweifach durch schwarze Nacht gescheucht
Scharlachentzündet Firmament,
O mein zerschrienes Herz schrill keucht,
Daß mein Gesicht Dich nicht mehr kennt.

Da nimmst Du meinen Kopf an dich,
Aus der unsagbar Edles spricht,
Ins Auge ungeheuerlich
Bricht überströmend neu das Licht.

3

Schwingt Anemonen trunken
Der traumersehnte See,
Die Zeiten sind gesunken,
Aus Blumen bleicht der Schnee.

Die Schädel vieler Leichen
Sind in die Luft gepflanzt,
Auf Feldern ohnegleichen
Wird wundersam getanzt.

Aus Klängen Bäche bluten,
In Eins zuspitzt die Welt,
Aus Lärm und Ruf und Gluten
Wird Heiland neu bestellt.

*

Die jungen Juden haben
Dräuend die Hand gestreckt,
Was ihre Herzen gaben
Hält süß ihn zugedeckt.

Aus ihren Hungergassen
Wächst Jubel langsam auf,
Noch können sie nicht fassen,
Starr geht ihr Blick hinauf.

Doch dann sind sie unbändig
Und Leid bricht rot heraus,
Das schleudern tausendhändig
Sie in die Zeiten aus.

*

Es ist nur ein Gesicht,
Das auf der Erde geht,
Nur einer ist, der spricht,
Jed Wort wird zum Gebet.

Den Schnitter in der Hitze
Springt Grausen gellend an,
Kein Zweiter bleibt, der stütze,
Nicht kennt sich Weib noch Mann.

Gott sind die Menschen alle
Und Auge, das erlischt,
Sie schrein, bereit zum Falle,
Einander ins Gericht.

*

Hört Glockenrasen ragen,
Hell aufgebäumt von Stoß,
Die schuldig sind, sie sagen
Sich voneinander los.

[1505]

Ein heulend Stürzen nieder
Gepackt von aller Last
Zerspringen ihre Glieder —
Gott hat sie angefaßt.

Die Erde überwehen
Kühler und schwarzer Wind.
Dann bleibt die Erde stehen.
Gott wurde trauernd blind.

*

Schwingt Anemonen trunken
Der traumersehnte See,
Die Zeiten sind versunken,
Aus Blumen bleicht der Schnee.

Still kommen hergefahren
In Nachen singend Lied
Unzählbar Seelenscharen,
Aus denen Himmel blüht.

Sie tragen ihre Helle
An den verwünschten Ort.
Aufnimmt sie Sonnenwelle,
Sie leben herrlich fort!

4

Du gib die überhelle Kraft,
Aus der der Stern der Güte stammt,
Zerspreng die Haft, gib Wissenschaft
Und unermeßlich machtvoll Amt.

Was gab denn Haß, da ich vergaß
Und Liebe, die in Qual verrann,
Wenn ich mich alles des vermaß
Sag an, was blieb mir dann!

Mein Schlaf schwimmt in verzagten Tag
Und ahnt die Ufer nicht,
Wie leicht erlag dem starren Schlag
Mein helles Traumgesicht.

So gib, daß ich der Hüter einst
Nah Deinem Atem bin,
Wenn Gott Du weinst, Licht, wenn Du scheinst,
Wie stürzt da alles selig hin!

Aus dem Dienst

Die weiße Straße führt heraus ins Weite,
Am Wege rasten Schnitter, rufen Grüße,
Sanft steigen Berge nackt aus weichen Wiesen,
Am Felsen hockt Kind Schnee, schwankt hin Ge=
Mit aufgerissnen Augen blauer See   [strüpp,
Singt stille Fahrt und müde Gondellieder.

Den heißen Hals küßt ferner Wind,
Ein Wolkennacken überm Dorf sich stemmt,
Beugt an den Mauern Blumen bunt zu Boden.
Es läuten Glocken, Mittag träumend liegt,
Heim kommen Herden, Kinder knien im Hof;
Am Baum ein Mädchen: Mund und Haar und
                                        Erde.—

Schweigende Trauer am Himmel gelehnt
Führe heran deine milden Hände,
Gleite um Schulter kühler Hauch,
In die Augen drücke die Schmerzenlast —
Einhalten die Glieder und ein Wirbel
Stürzt durch dich. Da schreit dein Haupt.

Die Sonne floh, um uns ist Nacht,
Wir sinken eisig in schwarze Starre,
Nur ein Krächzen noch laut,
Dunkeljammernde hasten vorüber —
Drücke, Trauer, mir sanft die Kehle tot:
Atmen kann ich nicht mehr.

[1508]

KOBOLZ

GROTESKEN
VON
HANS REIMANN

KURT WOLFF VERLAG
LEIPZIG

Bücherei
Der jüngste Tag
Bd. 39/40

COPYRIGHT KURT WOLFF VERLAG, LEIPZIG 1917
GEDRUCKT BEI G. KREYSING IN LEIPZIG

«Memento vivere!»

[1511]

BEDRUCKTES PAPIER

VOR mir liegt ein weißes Blatt Papier. —
O du weißes Blatt Papier!

Du liegst unter meinen Augen — wehrlos, unschuldig, schön. Glatt bist du und ohne Makel. Wie sollt' ich dich beschreiben?

Ich beschreibe dich nicht.

Ich wage nicht, dich zu beschreiben.

Du bist so weiß!

O du weißes Papier!

Was ist dir?

Und was ist mir??

— — Ich starre auf das leere Blatt und lese Sätze — wie von meiner Hand geschrieben.

Bin ich irre? Spukt es mich an?

Ich lese Sätze, die ich nie geschrieben, ich lese Sätze, die ich nie gedacht.

Hier stehen sie gedruckt, wie ich sie sah.

Das Blatt jedoch ist weiß wie Schnee.

Vor meinen Augen flirrt's.

Der grause Schrecken faßt mich an, mich schüttelt's wie im Fieber:

Mit langen Beinen, ekel angehaarten, stolziert ein giftig grünes Hirngespinst quer über meinen weißen Bogen.

Und er, der eben leer, ist vollgekrakelt.

Mir bleibt es, in die Druckerei zu schicken, was drauf steht.
Ich tu's.

2

LITERATUR

WIR alle sind sehr verdorben.
Wir lesen und fabrizieren Literatur, die an Intensität und Gesteigertheit nichts zu wünschen übrig läßt.

Ich empfehle zwecks Erholung und Reinigung der hirnlichen Zustände das folgende barbarische Mittel: kauft euch Dr. H. Loewes spanische Unterrichtsbriefe und lest darin! Lest darin, ohne spanisch lernen zu wollen!

Lest die Sätze:

«Die Welt ist groß. Ihr habt ein Stiergefecht in Sevilla gesehen. Der boshafte Räuber nimmt das Geld weg. Ich habe die Witwe des Generals geküßt. Das schöne Fräulein hatte einen unglücklichen Vater. Sie erzürnten den Zwerg, indem sie Bohnen in sein Gesicht warfen. Der Allmächtige erhält die Welt, welche er erschuf. Du gibst mehr Geld aus, als nötig ist Seid immer fleißig und aufmerksam! Die Kartoffeln wurden im Jahre 1580 nach Europa gebracht. Wie kannst du über das Unglück anderer lachen?»

Je mehr ihr dieser weltgebornen Sätze leset, um so weiter werden eure Herzen von der modernen Literatur hinwegrücken!

‹Oder etwa nicht??›

[1515]

SCHERZHAFTE NOVELLETTE

DER Schreibtisch liegt im Scheine der flackernden Kerze. Im Ofen knistert das Holz. Draußen ist kohlrabenschwarze Nacht.

Ephraim schreibt an einer Novellette, die folgendermaßen anhebt:

«Der Schreibtisch liegt im Scheine der flackernden Kerze. Im Kamine knistert das Holz. Draußen ist kohlrabenschwarze Nacht.»

Der Anfang dieser seiner Novellette hat vielerlei für sich. Vor allen Dingen ist er von unanfechtbarer Wahrhaftigkeit und Sachlichkeit — bis auf den Kamin, der durch einen ordinären Ofen repräsentiert wird.

Ephraim kann nicht weiter. Er nimmt einen auf dem Tische befindlichen Zirkel ⟨— neue deutsche Literaten, darunter auch meine Wenigkeit, brächten es nicht übers Herz, das simple «befindlich» anzuwenden, vielmehr würden sie sich eines aparten Zeitwortes wie etwa «Vagabundieren» oder «Dahinträumen» bedienen! —⟩, spreizt dessen Schenkel, daß sie eine Gerade bilden, faßt ihn mit der Rechten und stochert in einem der hintersten Backzähne.

Der Mensch tut manches Unschöne, so er sich unbeobachtet glaubt.

Sodann erhebt sich Ephraim, bohrt mit beiden Zeige=

fingern in beiden Gehörgängen, lehnt sich rückwärts an die Tischplatte und schaut vor sich hin.

Mählich gewöhnen sich die Augen an das Halbdunkel des Stübchens und verweilen auf den Gegenständen.

Ephraim blickt auch auf das Fenster.

Draußen ist Nacht.

Ephraim blickt hinaus in die Nacht.

Er erschrak nicht, er zuckte nicht zusammen, er geriet nicht aus der Fassung, kein Muskel regte sich in seinem Angesicht, als er den Kopf sah.

Draußen stand ein Mann und hatte seine Pupillen stier auf Ephraim gerichtet.

Zwei Augenpaare bohrten sich ineinander.

Der in der Stube erschauderte.

Er schwankte. Sollte er tun, als habe er nichts bemerkt, und sich wieder an den Schreibtisch setzen, — oder sollte er . . . .

Ach wo, und er schritt zur Tür, öffnete sie, — zwei, drei Schritte, und er stand vor dem Fremden.

«Fedor Ignaz Deichsel» stellte sich dieser vor ⟨die Stimme klang piepsig und dünn⟩ und verbeugte sich trotz der Dunkelheit.

Es war also nicht Sherlock Holmes!

«Sehr erfreut!» entgegnete Ephraim, stellte sich seinerseits vor und lud den Fremden ein, näher zu treten.

Der Fremde folgte dem Dichter in die Stube.

Erst redeten sie keine Silbe — — späterhin ging es recht lebhaft zu.

Erst standen sich die zwei wie die Pflöcke gegen= über — — zuguterletzt schlossen sie Brüderschaft.

Der Fremde war nämlich auch ein Dichter.

Er wollte eine Novellette schreiben und hatte sich das sehr schön ausgemalt: wie er den Mann in der Stube beobachten würde, um ihn abzukonterfeien und sein Tun zu schildern. Der Anfang, den er im Kopfe trug, lautete:

«Kohlrabenschwarze Nacht. Der Schreibtisch liegt im Scheine der flackernden Kerze . . .»

Weiter war er nicht gekommen, und es ist fraglich, ob er sich für «Ofen» oder «Kamin» entschieden hätte.

— Ich, ich schöpfe das Fett ab.

⟨Diese Malefizliteraten!⟩

DER NACHTWÄCHTER

ALS der Herr schlief, machten sich die Holzpan=
toffel auf die Wanderschaft.

Zuerst kamen sie in ein Dorf, wo die Hunde bellten.
Dann kamen sie in ein Dorf, wo keine Hunde bellten.
Dann kamen sie in ein Dorf, wo wiederum Hunde
bellten. Und endlich kamen sie in ein Dorf, wo nicht
ein Hund bellte.

Da gefiel es ihnen, und sie trippeltrappelten kreuz
und quer durch alle Straßen und Gassen.

Da kam der Nachtwächter und erfüllte seine Pflicht,
indem daß er tutete.

Die Pantoffel, zu jedem Schabernack aufgelegt, klap=
perten im Kreise um ihn herum.

Als der Nachtwächter die tanzenden Pantoffel sah
und das Geklapper hörte, wunderte er sich nicht schlecht
und glaubte, er habe einen sitzen.

Aber er hatte keinen sitzen, sondern es war wirklich
wahr: die Pantinen hupften und sprangen und tram=
pelten um ihn herum.

Da zog er seine Doppelkümmelflasche aus dem Busen
und tat einen tiefen Zug, um sich zu stärken.

Als er die Holzdinger immer noch hupfen und springen
sah, tat er auf den Schreck und als gründlicher Beamter
einen zweiten Zug.

[1519]

Als aber die Tüffel gar nicht aufhören wollten, ihn zu umklappern, pietschte er die ganze Buddel aus.

Was war die Folge?

Er taumelte stockbetrunken durch das Dorf und kam sich von hunderttausend Holzpantoffeln umhopst vor.

Er torkelte heimwärts und fiel seiner Frau Gemahlin angstschlotternd um den Hals.

Die Pantoffel hatten nun genug und trippeltrappelten mopsfidel zurück zu ihrem Herrn.

Der Nachtwächter jedoch — ein sogenannter Pantoffelheld — nahm die Schläge hin, die seine Frau Gemahlin ihm zugedachte.

* * *

Moral: Bedudle dich! Aber bedudle dich heimlich und nicht ohne den triftigsten Grund.

GEFALLEN

WER hätte es noch nicht mit Entzücken betrachtet, das reizende Gemälde «Vom Himmel gefallen»? Ein Baby, ein allerliebstes, in taufrischem Gefilde!

Und wer hat noch nicht mit liebevoller Genugtuung festgestellt, daß jenes Würmchen bei seinem Sturz vom Himmel nicht Hälslein und Beinlein gebrochen hat, sondern völlig unversehrt geblieben ist?

Reden wir nicht davon, begnügen wir uns vielmehr damit, zur Kenntnis zu nehmen, daß sich das vom Himmel gefallene Baby allem Anscheine nach pudelwohl fühlt auf dieser vom Himmel himmelweit verschiedenen Erdkugel.

Der Maler sah es, malte und ging seiner Wege; für ihn war die Sache abgetan.

Das Gemälde ward vervielfältigt — vervielzuvielfältigt! —, ward in den Kunsthandlungen ausgestellt und ward mit Entzücken betrachtet und wird es noch.

Um das ⟨seinerzeit⟩ vom Himmel gefallene Menschenkind kümmerte sich niemand. In taufrischem Gefilde saß es und freute sich seines Daseins.

Ach, wie edelmütig von den Herren Künstlern, den Lebensweg der vom Himmel Gefallenen und der anderweitig wunderkindlich Veranlagten idyllisch auf sich be=

ruhen zu lassen und nicht aus der Schule des Lebens zu plaudern!

Wenn etwas am schönsten ist, wird's gemalt und damit basta.

Aber ich will dem Maler jenes Würmchens einen groben Strich durch sein Werk ziehen und will ausplauschen, was geschah, und was sich begab.

Also das kleine Wesen saß und saß und freute sich des Lebens. Der Maler war längst über alle Berge.

Aber dann kriegte es Hunger, und dann wurde es müde, und dann kam die Nacht.

Es fror, daß Gott erbarm, und da machte es sich auf seine kleinen Strümpfchen und batterte in die Dunkelheit hinein.

Selbstverständlich gelangte es an den bekannten Abgrund, in den zu stürzen allerdings kein rettender Engel es verhinderte, oh nein: es purzelte hinein in den Abgrund, brach jedoch infolge seiner Übung im Fallen weiter nichts als das dritte Gliedchen des vierten Fingerchens des linken Patschhändchens.

Da lag es nun und plärrte ob des Wehwehchens, wie wenn es am Rost gebraten werden sollte.

Da kam der bekannte Köhler, der seine Hütte in weiser Voraussicht in nächster Nähe erbaut hatte, und nahm es und trug es heim und verband das Wehwehchen des dritten Gliedchens des vierten Fingerchens des linken Patschhändchens und bettete das Kindelein und wartete sein.

Die bekannten Jahre strichen ins Land, und die Köhlerstochter erblühte zur Jungfrau.

Und dann kam aber keineswegs der bekannte tugend= hafte Prinz, um die schöne Köhlermaid heimzuholen, im Gegenteil, es kam niemand.

Und da niemand kam, sprach die Jungfrau zu sich selbst: «Ach wat!» und bestieg ihr Veloziped und fuhr bis zur Bahnstation, und dort setzte sie sich in die Eisenbahn und dampfte nach der Stadt und wurde daselbst Bardame und ergab sich, huh, dem bekannten liederlichen Lebenswandel.

Dies zu erfahren, ist zwar nicht hocherfreulich, doch ist es die Wahrheit.

Ich halte es für meine Pflicht und Schuldigkeit, meinen Lesern reinen Wein einzuschenken, und sei er noch so herb.

— So oft ich eines unschuldigen, wie vom Himmel gefallenen Menschenkindes ansichtig werde, denke ich an das Urbild jenes bekannten Gemäldes — an das Urbild, das erst vom Himmel und dann auf der Erde und somit in der Wertschätzung der lieben Mit= menschen fiel.

[1523]

DIE DAME OHNE KOPF

⟨1⟩

AUF der Terrasse des Esplanade=Hotels in Biarritz.

Urban, Rüdiger und Martin, drei tadellos an= gezogene junge Herren, blicken auf das Meer hin= aus.

Martin mahnt zum Aufbruch und zieht die Brief= tasche. Er will bezahlen.

Rüdiger klopft mit dem Löffel an sein Teeglas.

Urban beobachtet absichtslos die Handbewegungen Martins.

Da fällt aus dessen Brieftasche eine Akt=Photo= graphie.

Martin bückt sich, Urban bückt sich. Rüdiger dreht seinen Schnurrbart.

Martin hat die Photographie aufgehoben und steckt sie in ein Fach seiner Brieftasche. Er hat einen feuer= roten Kopf.

«Was war das?» fragt Urban.

«Oh, weiter nichts!» gibt Martin zur Antwort.

Aber der eine Blick, den Urban auf die Photographie geworfen hat, hat genug enthüllt.

Urban ersucht den verlegenen Martin, ihm die Photo= graphie zu zeigen.

Martin holt die Photographie heraus und reicht sie Urban hin. Mit dem Daumen verdeckt er den Kopf der Dame.

Rüdiger wirft einen flüchtigen Blick auf das Bild und putzt sodann umständlich seine Brillengläser.

Das Bild stellt eine Dame dar, die völlig nackt ist. Sie liegt rücklings auf einer Ottomane und hat die Beine hoch in der Luft gekreuzt.

Urban erkennt sofort seine Frau.

Martin nimmt den Daumen weg.

Die Dame hat keinen Kopf. Wo der Kopf sitzen müßte, hat die Photographie einen leeren Fleck.

«Wer ist das?» fragt Urban heiser.

«Ihre Frau!» antwortet Martin.

«Und wer hat die Aufnahme gemacht?»

«Der Herr Gemahl!»

«Ich denke nicht dran.»

«Ihre Frau hat's gesagt.»

«Das ist gelogen. Ich weiß nichts von der Aufnahme.»

«Ich habe die Aufnahme gemacht!» mischt sich Rüdiger in das Gespräch, setzt seine Brille auf und schaut die beiden Herren an.

«Das finde ich großartig!» spricht Urban.

«Ich nicht» sagt Martin. «Rüdiger, Sie sind ein Schuft!»

«Jawohl» versetzt Rüdiger.

[1525]

Beide stehen auf und gehen weg.

Urban zahlt und schlendert hinter den beiden her.

⟨2⟩

In den Dünen.

Rüdiger und Martin schießen sich.

Martin kriegt einen Schuß in den Kopf und ist auf der Stelle tot.

Rüdiger nimmt dem Toten die Photographie aus der Brieftasche und entfernt sich.

⟨3⟩

In den Dünen.

«Verschaffen Sie mir wenigstens eine Kopie von der Aufnahme!» sagt Urban zu Rüdiger. Er ist ihm nachgelaufen.

«Mit Vergnügen» gibt Rüdiger zurück und über= reicht die Photographie, die er Martins Brieftasche ent= nommen hat.

«Danke!» sagt Urban.

«Bitte schön!» sagt Rüdiger.

Urban geht hierhin, Rüdiger geht dorthin.

⟨4⟩

In den Dünen.

Am Abend findet man Urban an derselben Stelle, an der Martin tot zusammengebrochen ist.

Er hat sich erschossen.

Die Kugel ist durch die linke Brust gegangen —
mitten durch die Photographie in der linken Brust=
tasche.

⟨5⟩

Rüdiger heiratete trotzdem Urbans Witwe nicht.

⟨6⟩

Aber Urbans Witwe, die Dame ohne Kopf, heiratete
trotzdem.

[1527]

«SNEEWITTCHEN, DER APFEL IN»

ICH lebe unter dem Fluche, Grotesken zu schreiben. Bringe ich die simpelsten, banalsten Dinge zu Papier — — Dinge, die ich mit eigenen Augen sah und ohne irgendwelche «Ausschmückung» notierte —, so heißt es, sie seien «grotesk».

Nichts ist grotesk auf dieser Erde.

Selbstverständlich ist alles grotesk auf dieser Erde.

Aber es kommt darauf an.

Die Welt ist grotesk, und sie ist das Gegenteil.

Das Leben ist ernst, und es ist das Gegenteil.

Subjektiv genommen ist die Welt grotesk und das Gegenteil.

Subjektiv genommen ist das Leben ernst und das Gegenteil.

Aber objektiv genommen ist die Welt grotesk. Denn das Gemisch von Groteskem und Nicht=Groteskem, eben dies Gemisch ist grotesk.

Und das verflucht ernste Leben, das zu Zeiten so haarsträubend ulkt, ist grotesk.

Und auch das andere Leben, das so ulkig ist, kann zu Zeiten verflixt ernst sein. Und somit grotesk.

Ich komme vom Thema ab. —

Die Groteske «Sneewittchen, der Apfel in» ist

lediglich der Überschrift wegen geschrieben worden.
⟨.. worden??⟩

Diese Überschrift ist grandios!

Ehrenwort!

Mein Freund, der Dr. Kurt Lange, hat es bestätigt.

Diese Überschrift ist eine Parodie ⟨für die Hart=
köpfe sei's gesagt⟩.

Die Überschrift ist derartig .... schön, daß es sich
erübrigt, den Text dazu herzuschreiben.

Als gutgezogener Mensch will ich wenigstens an=
deuten, um was es sich bei «Sneewittchen, der Apfel
in» handelt. Oder vielmehr handeln sollte ⟨es handelt
sich gar nicht!⟩.

Die Sache ist die: Sneewittchen kriegt von der Frau
Königin einen Apfel angeboten. Zum Beweise dessen,
daß er nicht vergiftet sei — na, wenn sie das schon
sagt, da soll ein Mensch nicht stutzig werden! —,
schneidet sie den Apfel ⟨sie — die Königin⟩ in zwei
Hälften. Aber die eine ist doch giftig, und die andere
nicht, und die giftige verspachtelt Sneewittchen.

Das ist ein dunkler Punkt.

Denn ein kleines bissel Gift wird mindestens in die
ungiftige Hälfte gedrungen sein — — wenn sich
ein halbgiftiger und halbungiftiger Apfel
überhaupt anfertigen läßt!

* * *

[1529]

Nachwort: Das Tollste in «Sneewittchen» oder besser «‚Sneewittchen', das Tollste in» ist indessen die eigenartige Tatsache, daß die verschluckte Apfelhälfte — — ach, das ganze Märchen taugt nichts! Ich werde es revidieren und neu herausgeben unter dem Titel «‚Sneewittchen', ein für fortgeschrittene Kinder nach den Resultaten moderner medizinischer Forschung umgearbeitetes Märchen».

DOLL!

ES war einmal.

Zufolge einer hitzigen Wette ritt der wirklich, also ich sage Ihnen: wirklich feudale Graf Soundso in Lack und mit Einglas auf einer Kuh, also Ehrenwort: auf einer Kuh durch eine belebte Straße der preußischen Hauptstadt.

Doll, was?

Der Spaß kostete zwanzig Emm — Lappalie! —, der Graf mußte absitzen und wohl oder übel die Kuh nach Hause führen.

Was sagen Sie dazu?

Sie schütteln Ihren Kopf mit Recht.

NACHT IM HOTEL

IN der Nacht kroch mir etwas über das Gesicht. Davon wurde ich munter. Ich machte Licht und sah, daß es eine Raupe war. Sie hatte eine grasgrüne Hautfarbe und viele Borsten. Ich sprach zu ihr: «Du kommst mir ungelegen, Raupe! Warum störst du mich im Schlafe?» Die Raupe erwiderte: «Ich störe dich mitnichten im Schlafe, siehe denn, du träumst! Ich bin eine von dir geträumte Raupe. Oder, wenn du willst: Ich träume dir.» Ich wunderte mich ein wenig und sagte: «Wenn es sich so verhält, und du nur eine mir geträumte Raupe bist, so habe ich keine Veranlassung, dir zu zürnen. Aber verschone mich bitte und träume, wenn möglich, einem andern.» Die Raupe lächelte und kroch von hinnen.

Es mochte eine Viertelstunde verstrichen sein, da stach mich etwas. Davon erwachte ich und zündete Licht an. Da sah ich, daß es ein Floh war. Er hüpfte weg, aber ich sprach: «Zu deinem Besten will ich annehmen, daß nur ein geträumter Floh du bist, sonst möchte es dir übel ergehen, Freundchen. Laß gut sein und reize mich hinfort nimmer, ich könnte dir das Fell eklig über die Ohren ziehen.» Da kam der Floh aus dem Versteck hervor und entgegnete: «Ich bin kein geträumter Floh, mein Herr. Im Gegenteil: ich bin so ungeträumt wie überhaupt irgend möglich und liebe offene Karten. Darum sei Ihnen angesagt: Sie werden den Rest der Nacht in Schlaflosigkeit und Wut verbringen. Gott befohlen!» Ehe ich ihn greifen konnte, war er enthüpft. Ich lag lange wach und konnte nicht einschlafen. Endlich schlief ich.

Es mochte abermals eine Viertelstunde verstrichen sein, da hockte mir etwas auf der Brust. Davon erwachte ich. Als ich Licht anzündete, bemerkte ich mit Entsetzen, daß mir ein Känguruh zu schaffen machte. Es kauerte auf meinen Rippen und glupschte mich feindselig an. Ich sprach: «Es ist bereits das dritte Mal in dieser Nacht, daß man mich belästigt. Sie mögen geträumt sein oder nicht, ich habe nicht die geringste Lust, mich mit Ihnen zu befassen. Beehren Sie sonstwen mit Ihrem unerbetenen Besuche, aber nicht mich!» Sprach's und drehte mich auf die andere Seite. Rasch schlief ich wieder ein. Mir träumte, daß ein Känguruh auf meiner Brust säße, das ich, um es loszuwerden, erdrosselte. Schwer schlug die Leiche zu Boden. Davon erwachte ich.

Im Zimmer lag die Leiche eines Känguruhs.

Im Waschbecken schwamm eine grasgrüne Raupe.

Ein Floh stach mich. Die Sonne schien durchs Fenster. Ich griff mir an den Kopf.

Es ist nicht geheuer auf der Welt.

KLEIN=ELLI UND DIE KRITIK

DIE zweijährige Elli wandte sich an den fünf=
jährigen Ferd mit den Worten: «Du, das eine
kann ich dir sagen: So jung ich bin — m e h r Lebens=
erfahrung als du habe ich auf jeden Fall!»
Ferd war platt.
Und darauf beruhte Ellis Spekulation: man braucht
dem andern nur etwas himmelschreiend Überlegenes
zuzuschleudern, und sofort hat dieser w e n i g e r Lebens=
erfahrung — vorausgesetzt, er fällt hinein.
Ferd war hineingefallen, und die zweijährige Elli
war um eine Lebenserfahrung reicher.

* * *

Ein Rezensent erklärte Obiges für Quatsch. Er
dahlte von sinnloser Originell=sein=Wollerei=um=jeden=
Preis und stellte mich als unzurechnungsfähig hin.
Ich gab die Rezension der zweijährigen Elli. Sie
sprach: «Siehste, Onkel Reimann, ich hab' dir's gleich
sagen wollen: schreib das nicht auf, die Kritiker er=
klären es doch für Quatsch. Hättste nur auf mich ge=
hört.»
Das sah ich ein und faßte den Beschluß, wenigstens
diese zweite Äußerung der zweijährigen Elli dem rezen=
sierfähigen Publikum vorzuenthalten.

«O ⟨JUHU!⟩ JUHUGENDZEIT!»

Personen: Ein glücklich liebend Paar.
Ort der Handlung: Eine kleinste Hütte.
Zeit: Was denn sonst als Mai?

GEGEN Abend pürschte ich mich hinan.
  Drinnen kicherte etwas.
Ich spitzte die Ohren.
Ein Ehrenmitglied der menschlichen Gesellschaft packt mich bei den Schlafittchen und zerrt mich weg.
Ich sagte: «Lieber Herr, unterlassen Sie das! Übrigens hätte ich mich als diskreter Mensch sowieso entfernt.»
Er gab mich frei und entschwand im Gebüsch.
Ich lagerte mich ins Kleefeld.
Aber es trieb mich, es trieb mich, es trieb mich hin zu jener kleinsten Hütte, worinnen etwas gekichert hatte.
Es war Nacht geworden.
Eine Lampe brannte.
Auf stummen Zehen schlich ich, ich schlich auf stummen Zehen zum Fenster hin, hin zum Fenster.
Das Ehrenmitglied war auch schon da und spionierte durch eine Klinze im Fensterladen.
Drinnen erlosch die Lampe.

[1535]

Aber um uns lag grelle Helle: die zwiefache Ge=
meinheit strahlte aus unseren Augen.

Wir pusteten uns gegenseitig aus.

Da war es dunkel.

OFFENER BRIEF AN EINEN UNBEKANNTEN

SEHR geehrter Herr! Ich nehme mir die Freiheit, in aller Öffentlichkeit ein Schreiben an Sie zu richten, weil ich Sie nicht länger darüber im Unklaren lassen möchte, wie unsympathisch Sie mir sind.

Mit Erstaunen werden Sie fragen, welche Gründe um alles in der Welt mich, der ich Sie nicht kenne, bewegen, Sie einen mir unsympathischen Menschen zu heißen.

So hören Sie denn, daß ich nicht den winzigsten Grund habe, um so mehr, als ich Sie, wie gesagt, nicht kenne.

Trotzdem sind Sie mir in tiefster Seele und aus einem, wenn ich mich so ausdrücken darf, allgemeinen Gefühl heraus unausstehlich, und ich versichere laut, daß ich jeden Zug Ihres Wesens, jede Spur Ihres Seins widerlich finde, mögen Sie existieren oder nicht.

Ich bin überzeugt, daß Ihre sauber genähten Krawatten mir nicht minder auf die Nerven fallen würden als die Handbewegungen, womit Sie Ihrer jüngsten Tochter, wenn Sie eine hätten, über den Scheitel fahren, wenn sie einen hätte, und daß mich die Geschwulst hinter Ihrem rechten Ohre, gesetzt, Sie hätten eine, ebenso peinlich berühren würde wie die Art, in der Sie über Angelegenheiten der inneren Politik sprechen

[1537]

— wenn Sie darüber sprechen. Warum übrigens in drei Teufels Namen lassen Sie sich jene Geschwulst hinter dem rechten Ohre nicht endlich operieren — für den Fall, Sie haben eine?

Sie gelten mir, klipp und klar, in jedweder Hinsicht als vollendeter Typus eines Proleten — herrisch, ordinär, albern, rücksichtslos und seicht, wie Sie hoffentlich sind. Um das Maß voll zu machen, lieben Sie — Sie werden mich darin nicht enttäuschen — das Skatspiel und die Lektüre infamer Schmöker, die nicht angeführt sein mögen, und entrüsten sich womöglich als sogenannter Gegner des Fremdwortes, daß ich Wörter wie «Lek=
türe» und «infam» anwende.

Ich gebe zu, daß ich meinem Vorurteil, das am Äußerlichen haftet, allzu willfährig bin und besser daran täte, Ihr Inneres zu prüfen, muß indessen zu meiner Rechtfertigung erklären, daß ich die «Unsym=
pathischkeit» auf den ersten Blick, die sich jederzeit in das Gegenteil verkehren könnte, bei weitem der «Sym=
pathischkeit», um nicht zu sagen «Liebe» auf den ersten Blick den Vorzug gebe, welche kritischen Erschütterungen nur in seltenen Fällen standzuhalten vermag.

Mit Freuden bin ich bereit, mich mit Ihnen, den ich gottlob nicht kenne, und von dem ich nicht weiß, ob er überhaupt auf Erden wandelt, an drittem Orte zu treffen, um die wenig erquicklichen Beziehungen, die uns verknüpfen, in erfreulichere oder sogar erfreuliche zu verändern, obwohl ich meine Besorgnis nicht verhehlen möchte, daß Sie gerade bei naher Bekanntschaft und nach Preisgabe Ihres Inwendigen ein gräßliches Subjekt, unter Umständen sogar ein hierorts als «Mistvieh» zu bezeichnendes Individuum abgeben dürften, dem ich besser aus dem Wege trete.

Lassen wir es also zu beiderseitigem Vorteile bei der bestehenden Unbekanntschaft verbleiben, und bauen wir auf unser Vorurteil, das sicherlich wohl begründet ist, sei es auch nur gefühlsmäßig. «Unser» Vorurteil schreibe ich, da ich allzu gut weiß, wie wenig Sie Ihrerseits mich leiden mögen — mich, den es gibt.

Mit dem Ausdrucke vollkommener Hochachtung bin ich Ihnen, den es nicht gibt, ergeben und schließe mit dem Bemerken, daß die letztgebrauchte Redewendung eine leere Phrase ist und nichts weiter. H. R.

DER OCHSE

Personen:
Hans
Kurt
Theo

«WAS stehst du da und sinnst?»
«Ich sinne nicht. Ich warte auf Theo.»
«Wartest du lange?»
«Ja, aber er kommt nicht.»
«Ich will dir helfen. Du weißt, daß der Ochse kommt, wenn man von ihm spricht?»
«Freilich.»
«Also laß uns von Theo sprechen.»

Hans und Kurt sprechen von Theo, damit der Ochse kommt.

Aber er kommt nicht.

«Du, unser Sprechen ist für die Katz'. Theo kommt nicht.»

«Nein, er kommt nicht.»

Theo kommt.

Hans und Kurt brechen gleichzeitig in die Worte aus: «Siehst du, er ist doch ein Ochse!»

«Wer?» fragt Theo.

«Du!» lautet die fröhliche Antwort.

Theo ist vom Gegenteil überzeugt.

VON DEM MANNE, DER AUS= ZOG, ERDBEEREN ZU SUCHEN UND PFIFFERLINGE MIT HEIM= BRACHTE

EINE sehr schöne Geschichte.
Von mir.
Und außerdem eine sehr kurze Geschichte.
Aber auch kurze Geschichten können schön sein.
Ich liebe die kurzen Geschichten, die schön sind.
Dies ist eine.
Wenigstens meiner Meinung nach.
Also: ein Mann ging in den Wald, um Erdbeeren zu suchen. Sogenannte Walderdbeeren.
‹Weil sie im Walde wachsen!›
Aber er fand keine.
Aber Pfifferlinge fand er.
Einen ganzen Sack voll.
Er ging heim mit seinem Sack voller Pfifferlinge oder Pfefferlinge.
In Sachsen sagt man «Gehlchen».
Die Sachsen müssen immer eine Extrawurst haben.
Na, und die schmorte er sich.*)
Und aß sie.
Und die schmeckten sehr gut.

---

*) Die Pilze, meine Verehrten!

[1541]

In Sachsen sagt man «schmeckten sehr schön».
Die schmeckten also sehr schön.

Und da freute sich der Mann schrecklich und vergaß völlig, daß er in den Wald gegangen war, um Erdbeeren zu suchen.

* * *

Das ist die ganze Geschichte.
Ist sie nicht schön?

DIE WAHRHEIT

UM es ganz aufrichtig und ehrlich zu sagen, so halte ich — menschlich — jeden beliebigen Kaufmann für tausendmal wertvoller als irgendeinen Künstler.

Man wird mir diesen Satz nicht glauben — um so weniger, als ich heftig beteuere, ihn durchweg ernst zu meinen.

Aber: ich halte zehn gute Kaufleute, Gott straf mich, für tausendmal wichtiger — menschlich — als einen halben Gymnasiallehrer.

Auch diesen Satz wird mir niemand glauben.

Nun denn, ganz aufrichtig und ehrlich: ich halte weder Kaufmann noch Lehrer für wichtig, geschweige denn für wertvoll. Den Künstler erst recht nicht.

Dies ist voller Ernst und mein letztes Wort in dieser Sache. Punktum.

KEIN SCHÖNRER TOD IST AUF DER WELT...

ALS es 418 ⟨418!⟩ Tage lang, 418 Tage lang hintereinander, 418 Tage lang ununterbrochen hintereinander geregnet hatte, 418 Tage lang geregnet hatte, waren alle Wesen des Lebens überdrüssig.

Und der hochbetagte Bibliothekar Stibulke sprach zu seiner Frau:

«Rosa, weißt du was, wir ersäufen uns!»

Das war aber gar nicht mehr nötig, denn — siehe — in demselben Augenblicke wurde das Ehepaar von den eindringenden Fluten hinweggespült.

[1544]

SERENISSIMUS JAGT SCHMETTERLINGE

SERENISSIMUS jagt Schmetterlinge. Für seine Sammlung. — Hat eine Schmetterlings=Sammlung. — Lauter Schmetterlinge. Und Käfer. — Und Brief= marken. — Alles durcheinander. — Auch Strumpf= bänder. Weibliche. — Souvenirs. — Namentlich Strumpfbänder. — Nebenbei auch einige Schmetter= linge. — Zwei oder drei. — Oder einen? — Ja, einen. Einen einzigen. Tja. Aber einen ganz sel= tenen! — Ein Mistpfauenauge. Oder so ähnlich. Ganz drolliges Viech. — Sieht aus wie en Käfer. — Tja. — Ist auch en Käfer. Heißt genau genommen Mistpfauenkäfer. — Oder so ähnlich. — Oder Mist= käfer. — Ja: Mistkäfer. — Geschmacklos. — Warum nich Guanokäfer? Oder Kloakenkäfer? — Tja. — Ein entzückender Kloakenkäfer. — Schillert in allen Farben. — Täuschend imitiert. — Sieht aus wie echt. Wie wenn er lebte. — Tja. — War ooch teuer genug! Zierte Lisas Strumpfbänder, die Katze. — Zwei waren es sogar. Eigentlich. Ursprünglich. — Na, der eine ist gerettet. — Apartes Andenken. An die verflossene Lisa. — Saßen auf dem Strumpfband, die beiden Käfer. Oder vielmehr: auf den Strumpfbändern. Auf jedem einer. — Lisa mußte zweie haben. — Dolles Weib. T, t, t, t. — Viel Geld gekostet. — Tja. — Na, egal. — War die Sache wert. — Süßer Käfer. — Hat Karriere gemacht. — Nach unten. — Bis in den Rinnstein. — Ooch en Kloakenkäfer geworden. Oder Mistkäfer. — Hähä, blendender Witz. — Jaja, feines Köppchen! — Tja. — Na, wolln ma sehn, was sich tun läßt.

Serenissimus stelzt über ein Stoppelfeld. Das Schmetterlingsnetz in der Hand.

Er will seine Sammlung bereichern.

Schmetterlinge jagen ist sein neuster Sport.

Serenissimus ist passionierter Schmetterlingsjäger.

Absolut einwandfrei edles Weidwerk.

Totschick! — Heissa, hussa!

Serenissimus stelzt über das Stoppelfeld. Mit sagen= haft elastischen Schritten.

Einem Schmetterling ist er auf den Fersen.

Einem Sauerkohlweißling.

Der schillert so angenehm rötlich.

Vielleicht gar en Rotkohlweißling?

Oder en Sauerkohlrötling?

Vertrackt schwierige Kiste, Schmetterlinge jagen.

Die Tiere flattern in der Luft herum.

Sind gar nich en bißchen zutraulich.

Na, wern den Kerl schon kriegen!

— Serenissimus stelzt über die Stoppeln. Dem Weißling hinterher.

Da geschieht etwas durchaus Unerwartetes.

Eine Dampfwalze kommt in rasendem Tempo auf Serenissimus zugeschossen. Wie ein Pfeil.

Serenissimus, der bei einem Haare den Weißling im Netz hatte, springt — juchopps — mit einem Fluch beiseite.

Himmelherrgottspappedeckel, Klabund und Wolkenbruch!!

— — — Die Dampfwalze prescht wie besessen an dem verdatterten Ferschten vorüber....

Da bemerkt Serenissimus dort, wo die Dampfwalze ihren Weg genommen hat, einen rotgelben Tupfen: den zu Brei gequetschten Sauerkohlrotweißling.

Er hebt ihn auf und steckt ihn ins Netz.

Das Netz schultert er und geht heim. Serenissime.

So fing Serenissimus seinen ersten Schmetterling.

* * *

Daraus geht hervor: Um einem Serenissimo dienstbar zu sein, scheuen die himmlischen Gewalten weder Kosten noch Mühe.

[1547]

DAS ZIMMER

LINKS eine Wand. Rechts eine Wand. Vorn eine Wand. Hinten eine Wand. Oben die Decke. Unten die Diele. — In der linken Wand eine Tür, in der rechten Wand zwei Fenster, in der vorderen Wand nichts, in der hinteren Wand nichts. — An allen vier Wänden Tapete. — In der Mitte der Diele ein Tisch, darauf eine Vase. Um den Tisch drei Stühle. An der rechten Wand zwischen den Fenstern ein Büchergestell. An der linken Wand über der Tür ein Haussegen. An der vorderen Wand ein Ofen, ein Waschtisch, ein Bett, ein Spiegel. An der hinteren Wand ein Sofa, ein Schreibtisch mit Lehnsessel, ein Schrank, über dem Sofa ein großes Bild. An der Decke eine Lampe.

Dies ist ein Zimmer. —

Was ist ein Zimmer? — Ein Selbstmordmotiv. Öde, kahl, ekel. — — —

Laß an den Fenstern Gardinen anbringen, und in der Dämmerstunde stell auf den Tisch die duftenden Reseden: — das Zimmer ist traut und wohnlich.

Und liegt ein sündhaft schönes Weib im Bett, der Teufel hole dich, wenn du das Zimmer nicht mit Lust beziehst.

HAND UND AUGE
⟨Ein Reise=Erlebnis⟩

Personen:
Die anmutige Dame
Der stattliche Herr

Ort:
Eisenbahn=Abteil 2. Klasse

DER Herr: «Darf ich das Fenster öffnen?»
Die Dame: «Ja.»

~ ~

Der Herr: «Stört es Sie, wenn ich eine Zigarette rauche?»
Die Dame: «Nein.»

~ ~

Der Herr: «Darf ich fragen, wohin Ihre Reise geht?»
Die Dame: «Ja. Nach Danzig.»
Der Herr: «Wie sich das trifft! Ausgerechnet nach Danzig fahre auch ich!»

~ ~

Der Herr: «Ist es Ihnen unangenehm, mit mir im selben Abteil fahren zu müssen?»
Die Dame: «Nein.»

~ ~

Der Herr: «Fahren Sie gern Eisenbahn?»

Die Dame: «Nein.»
— —

Ein Gespräch kommt nicht zustande.
Es ist frostern im Abteil. Die Dame ist zugeknöpft.
Der Herr versucht es mit einem Gewaltmittel:
«Schauen Sie», spricht er, «ich hab' ein Glasauge!» und nimmt sein linkes Auge heraus.
Die Dame taut auf: «Ach!? — Ist das echt?»
«Jawohl — es ist ein echtes nachgemachtes Auge.»
«Gott, wie goldig!»
«Nicht wahr?»
«Und o h n e das Auge sehen Sie gar nichts?»
«Nein, nicht das mindeste.»
«Und m i t dem Auge?»
«Sehe ich auch nichts!»
«Ja, ist denn das Auge nicht durchsichtig?»
«Doch — aber womit sollte ich hindurchsehen?»
«Haben Sie das Auge verloren?»
«Ja — ein Fräulein hat es mir mit der Hutnadel ausgestochen.»
«Wie gemein!»
«Ich habe mich gebührend gerächt.»
«Inwiefern?»
«Ich habe das Fräulein geheiratet.»
Die Dame rückt ab und knöpft sich wiederum zu.
Der Herr hat seinen Reiz zur guten Hälfte verloren.
Er ist verheiratet!

Der Herr steckt sein Auge ein.

Die Dame — nach langer Pause —: «Sie tragen ja gar keinen Trauring?»

«Nein, warum? Ich bin ja nicht verheiratet.»

«Sie sagten doch ...»

«Ein Scherz.»

«Aber das falsche Auge ist doch wenigstens echt, wie?»

«Völlig echt, meine Gnädige.»

«Darf ich es mal sehen?»

«Mit Vergnügen.»

Der Herr reicht der Dame das echte falsche Auge. Die Dame nimmt es in die linke Hand.

Sie faßt das Auge scharf ins Auge und spricht:

«Es ist täuschend imitiert. Besser als diese meine linke Hand.»

«Was ist mit der Hand?»

«Sie ist künstlich. Aus Marmor.»

«Seltsam. Ein falsches Auge in falscher Hand!»

«Ich finde das weniger seltsam, als wenn ein echtes Auge in einer echten Hand läge.»

«So? Wäre das seltsamer?»

«Es wäre nicht nur seltsamer, es wäre unmöglich.»

«Es ist nicht unmöglich. — Mein Auge ist kein Glasauge. — Das Auge ist mein wirkliches, echtes Auge.»

Die Dame läßt erschreckt das Auge fallen.

Das Auge blickt die Dame wehmütig an.

Die Dame greift gerührt mit ihrer Linken nach dem Auge — — — die Hand füllt sich mit Leben, Blut durchrinnt sie, Puls klopft auf.

Das Auge zwinkert bedeutsam.

Der Herr sieht die marmornen Finger der Dame sich regen: «Ihre Hand, Gnädige, scheint lebend zu sein!»

Die Dame krümmt die Finger — und ist selbst betroffen über die Verwandlung.

Sie streicht mit der Rechten über das Auge in ihrer Linken, und das Auge schläft ein.

Der Herr nimmt es und steckt es in seine Höhle zurück.

Die Dame kann nicht anders, sie drückt einen Kuß auf das Auge.

Der Herr küßt der Dame die linke Hand.

Das Auge öffnet sich und blickt dankbar.

Die Linke der Dame streichelt die Wange des Herrn.

«Danzig — —!»

TROPFEN AUS HEITERM HIMMEL

AUF der Wiese steht ein Greis und will eine Kneippkur machen.

Er ist barfuß und barhaupt.

Über ihm hängt ein wunderschöner, blauer, wolkenloser Himmel.

Der Greis hält Ausschau nach einer Kuh, die fern am Waldrande Bedürfnis über Bedürfnis verrichtet.

Da tropft dem Greis etwas aufs Haupt.

Ein dicker Tropfen.

Der Greis greift mit der Hand auf seinen Schädel und wischt den Tropfen ab.

Dann lugt er auf zum Himmel.

Der Himmel glänzt in seidiger Bläue.

«Wie?» denkt der Greis, «ein Tropfen aus heiterm Himmel?»

Und er begibt sich von dem Flecke, auf dem er gestanden, weg und pflanzt sich anderswo auf.

Daselbst hält er wiederum Ausschau nach jener bedürfnisstrotzenden Kuh.

Er steht nicht lange — der Greis —, so kleckt ihm ein zweiter Tropfen aufs Haupt.

Aufschauend zum Himmel, wundert er sich ins Fäustchen und wischt sodann den nassen Tropfen sich vom Schädel.

Der Himmel lacht. Mit Recht.

«Wenn das so weitergeht,» denkt unser Greis bei sich, «das kann ja gut werden!»

Und er bleibt stehen, wo er steht.

Er will herauskriegen, wo die Tropfen herkommen, auch will er wissen, ob ihrer noch mehr herunterklecken.

Abermals wendet er sein Augenmerk nach jener fladenden Kuh und vergißt über sie das Tropfen.

Es währt nur kurze Zeit, so tropft dem Greis ein dritter Tropfen auf den Kopf.

Der Greis runzelt die Stirn und betrachtet den Himmel. Der thront unschuldig und engelisch=rein über der Szenerie.

Der Greis legt sich ins grüne Gras und läßt den Himmel nicht aus dem Auge.

Es kleckt kein Tropfen mehr vom Himmel.

«Aha,» denkt sich der Greis, «dies geschieht, weil ich Obacht gebe».

Und er paßt auf. Er wendet keinen Blick vom Himmel.

~ ~ ~ ~ ~ ~ ~ ~ ~ ~ ~ ~ ~

Auf der Wiese liegt ein Greis. Er hat eine Kneipp=kur machen wollen, aber er muß aufpassen, ob es tropft. Er ist überzeugt, daß in dem Augenblicke, wo er den Himmel außer acht läßt, ein Tropfen ihm aufs Haupt kleckt.

Der Greis schläft darüber ein.

Er träumt, daß ihm ein Tropfen auf den Kopf kleckt. Er stellt sich anderswohin, und ein zweiter Tropfen kleckt. Er bleibt stehen, und ein dritter Tropfen kleckt. Da legt er sich ins grüne Gras und spannt auf den Himmel. — Dies träumt der Greis.

Die Kuh möhkt plötzlich dicht bei ihm.

Davon erwacht der Greis, erhebt sich ächzend und begibt sich an die Kneippkur.

Ihm ist, als seien drei Tropfen auf seinen Kopf ge= kleckt.

Dies ist jedoch völlig unmöglich. Denn der Himmel ist blau, heiter und wolkenlos.

Hat der Greis geträumt?

DAS ALTER

Personen:
Der gutgelaunte Vorgesetzte
Der wie auf den Kopf gefallene Bewerber

DER Vorgesetzte läßt den Bewerber eintreten und ersucht ihn, Platz zu greifen. Es entspinnt sich eine Unterredung, die auf einem gewissen halbtoten Punkt stehen bleibt: Der Vorgesetzte möchte Einzelheiten aus dem Privatleben des Bewerbers wissen. Er fragt zuvörderst nach dem Alter. «Wie alt sind Sie denn?»

«Ich werde 32.»

«Wie alt Sie sind?»

«Ich werde 32.»

«Ich will nicht wissen, wie alt Sie werden, ich will wissen, wie alt Sie sind.»

Der Bewerber schweigt kopfscheu.

«Na wie alt sind Sie denn?»

«Ich bin 31 gewesen.»

«Guter Mann, hm, wenn Sie 31 gewesen sind, so sind Sie zur Zeit 32. Soeben behaupten Sie jedoch, Sie würden erst 32.»

«Ja, das stimmt.»

«Nee, das stimmt nicht. Wenn Sie 32 werden, können Sie nicht 32 sein.»

«Nein, so nicht, — ich bin nicht 32. Ich werde 32.»

«Schön. Demnach dürften Sie 31 sein.»

«Ja natürlich. Ich bin 31!»

«Also Sie sind 31. — Wann ist Ihr Geburtstag?»

«Am 3. April.»

«Das wäre heute in 6 Wochen?»

«Zu dienen.»

«Wie alt werden Sie heute in 6 Wochen?»

Der Bewerber, zaghaft und scheu: «32..»

«Richtig.»

«Ihr wievielter Geburtstag ist das?»

«Mein 32. selbstredend.»

«Durchaus nicht! — Ihr 33.!»

«Das verstehe ich nicht.»

«Nein? — Merken Sie auf: Als Sie zur Welt kamen, begingen Sie Ihren ersten Geburtstag. An jenem ersten Geburtstage waren Sie null Jahre alt. — Als Sie Ihren zweiten Geburtstag feierten, vollendeten Sie das erste Jahr, d. h. Sie wurden am zweiten Geburtstag ein Jahr alt. — Sehen Sie das ein?»

Der Bewerber, gänzlich verwirrt: «Oh ja!»

«Nun also. — Sie sind 30 gewesen, sind 31, werden 32 und feiern in Kürze den 33. Geburtstag.»

Der Bewerber bricht ohnmächtig zusammen.

Die Unterredung ist beendet.

[1557]

ALLE WEGE FÜHREN NACH ROM

DIESES Sprichwort ist eine hundsgemeine Lüge. Der Privatdozent Kladderosinenzagel mußte es am eigenen Leibe erfahren.

Er, den wir um der Kürze willen K. nennen wollen, machte sich an einem Ferientage auf die denn doch nicht mehr so eigentlich ganz naturfarbig genannt werden dürfenden Socken, um gen Rom zu fahrten.

Er, K., fußte auf dem Sprichwort: Alle Wege führen nach Rom.

K. wanderte, mit reichlichem Mundvorrate und einer leeren Thermosflasche ausgestattet, einen vollen Nach= mittag lang.

Reiseziel: Rom.

Es führen aber mitnichten alle Wege nach Rom.

Der Weg, den K. einzuschlagen für ratsam be= funden hatte, hörte plötzlich auf, ein Weg zu sein und verwandelte sich in eine Wiese, auf welcher not= gedrungen sieben Kühe — die Verkörperung der fetten Jahre — sich an ihrem Anblicke und dem saftigen Grün weideten.

Und K. stand hinter einer Tafel, die von vorn zu besichtigen er nicht umhinkonnte.

Die Tafel bezog sich auf den Weg, welchen K.

zurückgelegt hatte, und trug die Aufschrift: «Ver=
botener Weg».

In einem Lande, wo die Polizei so auf dem Damme
ist wie in Deutschland, führt zwar mancher Weg nach
Rom, aber er ist verboten.

K. mußte umkehren und sich des Planes, auf natür=
lichem Wege nach Rom zu gelangen, entschlagen.

«HÖHENLUFT»

Ein Roman aus den Tiroler Bergen

von

Paul Grabein

ist im Okt. 1916 als Ullstein=Buch — 1 M.! — er=
schienen. Ich habe das Buch gelesen — unter Auf=
gebot größter Energie. Ein paar Worte darüber und
dazu.

Die Personen des Buches sind:

Karl Gerboth, Maler,
Hilde, seine Tochter,
Franz Hilgers, Maler,
Günther Marr, Leutnant.

Handlung: Franz hat seinen Jugendfreund Günther
eingeladen. Günther leistet der Einladung — Er=
holungsurlaub — Folge. Auf Seite 19 trifft er, nach
dem Dörfchen, in dem Franz wohnt, wandernd, eine
Dame. Dies ist Hilde Gerboth. Sofort weiß man
«alles», und es kommt auch tatsächlich «alles» so.
Franz ist der einzige Schüler Karl Gerboths und Bräu=
tigam eben jener Hilde, freilich, ohne daß diese darum
weiß. Der alte Gerboth hat sich von der Welt zurück=
gezogen und schafft in aller Stille. Hilde wird von
ihm behütet und betreut, daß es eine Art hat. Sie
ist die Tochter einer Dame, die — als Gattin Ger=

boths — Temperament und etliches darüber hinaus besaß. Aus Angst, Hilde könne ihrer Mutter nachschlagen, läßt sie der alte Gerboth nicht von sich. Sie ist absolut naiv und ahnungslos. Sie weiß nicht Musik, Tramway, Kino, Theater, Börse, Bordell, Liebe, Geld, Börse (absichtlich 2 Mal) — kurz: was Leben ist. Das weiß sie nicht. Sie ist 20 Jahre alt. Und Franz ist ein Schwächling, ein thraniger, limonadiger Hampelmann. Er muß kurz nach Günthers Ankunft verreisen. Infolgedessen Solo=Szene zwischen Günther und Hilde. Aussprache — er schildert ihr die Welt und das Leben. Sie — die Freiheit lockt — verliebt sich in ihn. Sie will hinaus — in die sogenannte Welt. Sagt's ihrem Vater. Der refüsiert. Hilde knickt zusammen. Günther trifft sie — tatsächlich durch Zufall! ⟨Ich glaub's! Wer noch?⟩ — ein zweites Mal. Er redet ihr energisch zu. Franz kehrt zurück ⟨aber das ging fix!⟩ und erfährt durch Günther selbst, daß er, G., Hilde liebt und überhaupt: daß was los war. Franz zum alten Gerock oder Gehrock oder Gerboth: Höre mal, so und so — — und Gerboth spricht gründlich mit seinem Töchting. Klamauk. Sie will Franz nicht. Sie will Günther. Und in die Welt hinaus. Bon. Am Tag drauf hält Günther um ihre Hand an beim alten Klopstock. Der sagt Nein. Da sagt Günther: Dann heirat ich Ihre Hilde gegen Ihren Willen. Bumms. Aber der Alte — philosophisch! — gestattet eine letzte Aussprache zwischen Hilde und Günther, worin sie ihm erklärt, er dürfe hoffen, wenn er vor sie hinträte.

Am nächsten Tag reist Günther nicht ab, oh nein. Er kann nicht: eine richtige Lawine hat sich bemüht, herniederzugehen, und das ist ihr auch gelungen. Aber die gute Hilde, die irgendeinen Schafhirten hat retten wollen vom Hungertöde, gerät mitsamst ihrem Freß= körbchen und dem Bernhardiner ⟨aha!⟩ in sie ⟨die Lawinije⟩ hinein.

Na, und Günther rettet sie selbstredend.

Na, und dann kriegen sie sich.

Na, und das ist ja die Hauptsache.

Das Buch schließt ⟨auf Seite 253!⟩ mit den Worten Günthers:

«Wagen wir es denn zusammen, Hilde!»

Und nun sind sie glücklich, und uns entpullert eine Träne.

Ich setze das Romänchen fort:

Am 12. Sept. 1916 fällt Günther in der Sommeschlacht ⟨das Buch spielt nämlich direktemang im Weltkrieg⟩.

Daraufhin begeht seine Frau einen ganz totsicheren Selbstmord.

Daraufhin kriegt ihr Vater einen geharnischten Schlag= anfall.

Sela.

EHE

MANN und Frau faulenzen auf dem Diwan. Der Mann ist am Einschlafen. Die Frau wird von Halbträumen umfangen.

Eine Fliege summt.

Die Glocken einer fernen Kirche baumeln.

− − − Der Mann ächzt, räkelt sich, fragt: «Sind das Glocken?»

Die Frau horcht. «Das sind doch keine Glocken. — Das ist eine Fliege.»

«Unsinn. Das ist doch keine Fliege. — Das sind Glocken.»

«Das ist eine Fliege.»

«Das sind Glocken.»

Beide horchen.

Der Mann: «Selbstredend sind das Glocken. — Warum wird denn geläutet?»

Die Frau: «Ich werde doch Glocken von einer Fliege unterscheiden können! Ich höre keine Glocken. Das ist eine Fliege.»

«Das sind Glocken.»

«Wenn ich dir sage, das ist eine Fliege.»

«Herrgott, das sind Glocken. Das ist doch keine Fliege!»

«Das ist eine Fliege!»

«Das sind Glocken!»

[1563]

«Na, da bleib' bei deinem Glauben.»
«So etwas Dummes! Ich bin doch nicht verrückt. Natürlich sind das Glocken. — Ganz deutlich.»
«Eine Fliege ist es.»
«Wo ich genau die einzelnen Glocken heraushöre.«
«Was du alles fertig bringst. — Ich höre bloß eine Fliege. — Warum sollten denn jetzt die Glocken läuten?!»
«Ja, das möchte ich eben gerne wissen.»
«Du kannst dich drauf verlassen, das ist eine Fliege.»
Beide horchen.
Die Glocken haben aufgehört, zu summen.
Auch die Fliege läutet nicht mehr.
Der Mann denkt: Ekelhaft. So macht sie's immer. Bei jeder Gelegenheit. Da ist einfach nichts zu wollen. Zum Auswachsen. — Eine Fliege! Lachhaft. — Aber da kann sie niemand davon abbringen. Sie bleibt bei ihrer Fliege. Es ist eine Fliege. Und wenn die Glocken hier in der Stube vor ihrer Nase läuteten, — — es ist eben eine Fliege. Albern. Wenn sie sich etwas einbildet, bleibt sie dabei. — Selbstredend waren es Glocken. — — — Mir einstreiten zu wollen, daß es eine Fliege war....
Er schläft.
Die Frau denkt: Wenn es nicht zufällig mein Mann wäre, ich könnte ihn ohrfeigen. Das Schaf. Immer recht

haben. Immer recht haben. Muß er. — Ich höre deutlich die Fliege summen. Nein, es sind eben Glocken. — — Ich kann sagen, was ich will: er bleibt bei seinen Glocken. — — Jetzt, um die Zeit Glocken! — — — So ein Schaf! — — — Aber das ist jeden Tag so. — — — — Das Kamel . . . .

Sie schläft.

Sie träumt von einer Fliege, die hoch auf dem Kirchturme geläutet wird.

Der Mann träumt von Glocken, die ihm über das Gesicht krabbeln.

Ganz leise fängt die Fliege wieder an, zu summen.

Es klingt wie fernes Glockenläuten.

ICH BIN, ICH WAR

ICH bin eine Blume. Ich blühe auf der Heide.
Ich bin eine Blume und blühe auf der Heide.
Da kommt eine Kuh und frißt mich ab.
Nun bin ich eine Blume gewesen. Nun bin ich keine Blume mehr.
Wie bin ich traurig!

— — — — — — — — — — — — — — — —

Ich bin eine Kuh und grase.
Niemand merkt mir an, daß ich traurig bin.
Grasen ist fade, Kuhsein ist fade, als Blume hatte ich es besser.
Aber muß man als Kuh nicht stoisch sein und tragen, was man aufgebürdet kriegt?
Geduldig sein und grasen und sich fassen, möh. —
Es ist schließlich gar nicht so traurig, Kuh zu sein.
Die Sonne scheint, die Wiese duftet, der Himmel bläut — und da soll ich traurig sein?
Ich bin lustig.
Aber es ist nicht die Blumenlustigkeit, die mich durchglüht, es ist die Lustigkeit der Kühe.
Ich mache mutwillige Sprünge und möhe und muhe.
Die Welt ist schön, muh.
Muh, schön ist die Welt.
Und ich bin doch traurig!

⟨Ich war eine Blume!!⟩

— — —

Da kommen zwei vermummte Kerle. Die fackeln nicht lange: Einer packt mich hinterrücks und ringelt mir den Schwanz zusammen, das tut weh. Der andere schlingt mir eine Kette ums Gehörn und knufft mich. Sein Spießgeselle peitscht auf mich ein. Ich weiß nicht, was gehauen und gestochen ist.

⟨Einst war ich eine Blume.⟩

Man führt mich hinweg von meiner Wiese. Ade, du Wiese, ade!

— — —

In der Abendstunde erreichen wir ein Gehöft.

Einst war ich eine Blume, ich denke dran.

Blume bin ich nimmer, bin eine armselige, wehrlose Kuh, muh.

⟨Hilft mir der Stoizismus etwas?⟩

Rasch tritt der Tod die Kühe an: Eine Ledermaske mit einem bösen Stirnbolzen wird mir aufgestülpt — — — ein Schlag, und ich stürze hin. Da hilft kein Muhen.

Mit einem Rohrstock pfählt man mir das arme Hirn. Das macht mich traurig. Oder lustig? Ich weiß nicht, ich glaube, ich bin tot.

Kuh bin ich gewesen.

Blume bin ich gewesen.

Ich entsinne mich wirr . . . es ist mir, ja . . . vor

langer, langer Zeit — war ich ein Falter. Aber ich weiß es nicht.

Daß ich Blume war, weiß ich mit Sicherheit. Ich lege meinen Huf dafür ins Feuer.

Es ist vorbei.

Bin weder Kuh noch Blume mehr.

— — — — — — — — — — — — — —

Bin Wurst. Salamiwurst. Ich koste das Pfund 1.80 M.*) Ich bin erstklassige Ware, elektrisch hergestellt.

Den Stoizismus habe ich behalten. Dennoch stimmt es trübe, Wurst sein zu müssen, wenn man Blume hat sein dürfen.

Ich bin mir Wurst. Ich nehme es hin. Muh. ⟨Eigentlich dürfte ich als Wurst nimmer muhen. Ich nehme das Muh als anachronistisch zurück.⟩

Ich habe keine Freude mehr auf der Welt.

Ich bin eine kalte Wurst. Nichts tangiert mich.

Wenn ich mein Leben überdenke, so muß ich frank gestehen: Wurst sein, das ist das Schlimmste nicht. Mensch sein ist weitaus schlimmer!

Doch Kuh sein, das ist schöner als Wurst sein.

Das Allerallerschönste freilich war: Blume sein, Blume gewesen sein, Blume sein gedurft zu haben.

Mir war's verstattet.

---

*) Wer's glaubt.

Ich war Blume, ich war Blume!
O Blumen, ihr seid glücklicher als Kuh und Wurst!
O Blumen, nichts auf Erden ist glücklicher denn ihr.
O Blumen — —

* * *

Vom wurstigen Standpunkt gesehen, ist es vielleicht das Vorteilhafteste, Kuh zu sein.

Die Kuh ist besser dran als die Blume.

Denn während eine Kuh sehr wohl Blumen fressen kann, kann eine Blume nichts fressen.

Und eine Wurst kann auch nichts fressen: nicht Kuh, nicht Blume.

Kuh gewesen sein gedurft zu haben ist also — mit Vorbehalt — noch erhebender als Blume gewesen sein gedurft zu haben.

Ich wünsch' euch eine gute Nacht und mir, wieder Kuh werden zu dürfen.

[1569]

MÄRCHEN

ES war einmal ein Frosch, der konnte sich gewaltig giften, wenn seine Frau zu ihm quakte: «I, sei doch kein Frosch!»

Infolgedessen quakte die Fröschin den Satz bei jeder Gelegenheit. Der Frosch getraute sich überhaupt nichts mehr zu äußern. Sagte er etwas, so mußte er als Antwort hören: «I, sei doch kein Frosch!»

Da raffte er sich auf und nahm seine Ehefrau ernstlich ins Gebet, sie solle es fürderhin gefälligst unterlassen, den albernen Satz zu quaken.

«I, sei doch kein Frosch!» stereotypte die Fröschin. Es war mit ihr nichts anzufangen.

Sie war in der Ehe verblödet.

Da verfiel der Frosch, der keiner sein sollte, auf einen Ausweg: Er kam seiner Frau mit der Redensart zuvor und apostrophierte sie, wo immer er ihrer ansichtig wurde, mit dem Satze: «I, sei doch keine Fröschin!»

Er antwortete mit nichts anderem als mit diesem Satze. Er sagte nichts als diesen Satz. Er verkehrte mit seiner Frau nur noch auf Grund und unter Zuhilfenahme dieses Satzes.

Die Fröschin zeigte sich der Situation nicht gewachsen und ersäufte sich.

Der Frosch war kein Frosch und holte sich eine andere heim.

[1570]

Moral: Ihr Frauen, reizet eure Männer nicht zum Äußersten und lasset sie gewähren, selbst wenn sie Frösche sind.

AUF DER OALM, DOA GIBT'S EINEM ON DIT ZUFOLGE KOA SÜAND!

DIE weitverbreitete Meinung, auf der Alm gäbe es ka Sünd, hat ihren Ursprung in dem sprich=
wortgewordenen Liedertext: «Auf der Alm, da gibt's ka Sünd».

Selbstverständlich gibt es auf der Alm a Sünd.

Das wäre ja noch schöner, wenn es auf der Alm ka Sünd geben täte!

Von ka Sünd kann gar keine Rede nicht sein.

A Sünd gibt's überall — namentlich auf der Alm.

Ich möchte sogar so weit gehen, zu behaupten: Wenn es überhaupt a Sünd gibt, so vor allem auf der Alm.

. . . .

Plötzlich erschallt draußen unter meinem Fenster das Gerassel und Gebimmel der Feuerwehr.

Ich armer, schwacher Mensch unterbreche mein Schreiben und stehe eilends auf, um nachzusehen, wo es brennt.

. . . .

Es war weiter nichts.

Ein Pferd ist gestürzt.

Ich kann also in meinem Schreiben fortfahren.

Aber ich habe, offen gestanden, nicht mehr die rechte Lust dazu und stecke es auf.

Ein ander Mal.

Der Zensor würde die Geschichte ohnehin gestrichen haben, denn es geht toll zu auf der Alm. Ich habe Beweise.

PETERLE

Ein Märchen

PETERLE war ein gutes Kind und machte dennoch seinen Eltern großen Kummer.

Wie ist das möglich?

Es lag an Peterle.

Peterle hätte nicht soviel träumen sollen, bei Nacht nicht und bei hellerlichtem Tag nicht. Peterle träumte, wo sie ging und stand, wo sie lag und saß. Sie träumte immerfort. Nichts war mit ihr anzufangen, kein vernünftiges Wort mit ihr zu reden. Sie spielte nicht die Spiele ihresgleichen, sie spielte nicht mit anderen und nicht für sich allein — — sie puppelte nicht einmal! Nein, von Puppen mochte sie gar nichts wissen.

Und was das Tollste ist: Peterle wollte durchaus ein Junge sein, obwohl sie doch ein Fräulein war. Sie behauptete, sie sei ein Junge namens Peterle, und damit holla! Sie und ein Mädchen — — haha! «Ich bin ein Junge» verkündete sie jedem, der es wissen wollte, und beharrte eigensinnig auf diesem ihrem Vorurteil.

Peterle hatte ihre lustigen Seiten. Nicht nur die, daß sie ein Junge sein wollte, sondern vor allem ihre Person, ihre «Erscheinung», ihr «Äußeres».

Peterle war winzig klein, aber dafür dick wie ein Moppel. Sie hatte eine kurze, umgestülpte Nase, zwei wasserblaue Guckaugen und einen verschmitzten Mund. Aber das Putzigste an ihr war die Frisur: sie trug die spärlichen, bindfadendünnen Zöpfchen in zwei Schnecken prätentiös über die Ohren geringelt! Und die Zöpfe waren strohgelb.

Und doch war sie den Eltern ein Persönchen — Gegenstand kann man wohl nicht sagen — argen Kummers.

Während andere Eltern prahlten und Stolzes voll die Taten, Antworten und sonstigen Äußerungen ihrer «aufgeweckten» Kinder zum besten gaben, empfanden Peterles Eltern schmerzliche Beschämung, wenn sie von ihrem Mädelchen nichts aussagen konnten als: «Sie träumt.»

Peterle tat nämlich nichts als Träumen. Stunden= lang saß sie hinterm Ofen oder auf dem Boden und träumte für sich hin. Wovon sie träumte, das erfuhr kein Mensch; denn sie teilte sich nicht mit, sondern behielt alles fein im Herzen.

Aber sie war nun schon fünf Jahre alt und sollte über ein dreiviertel Jahr bereits zur Schule.

Noch hatte sie große Ferien. Waren die erst ein= mal verstrichen, diese sechsjährigen großen Ferien, dann stand es bös.

Ach, es würden trübe Zeiten kommen für Peterle;

denn war sie erst schulpflichtig, mußte die Träumerei ein Ende nehmen.

Die Eltern wußten sich keinen Rat und hätten ihr Kind am liebsten der Schule ferngehalten.

Da erschien eines Tages — und zwar an jenem, der jenem, an welchem sie ihr fünftes Lebensjahr vollendete, vorausging — dem Peterle eine Fee. Keine großartige, sondern eine ganz gewöhnliche Fee, wie sie täglich dutzendweise den braven Kindern erscheinen.

Diese Fee stellte dem Peterle einen Wunsch frei. Sie dürfe sich zu ihrem morgigen Geburtstage etwas wünschen — gleichviel was —, der Wunsch werde in Erfüllung gehen.

Peterle schwankte keinen Augenblick, obwohl sich tausend Wünsche auf ihre niedliche Zunge drängen wollten.

Sie wünschte sich das Schönste, das sie sich je hatte ersinnen können: Schnee. — Sie wünschte sich Schnee. — Sie wünschte, daß zu ihrem Geburtstage Schnee fiele.

Die Fee runzelte die Stirn, aber da sie sich keine Blöße geben wollte, sprach sie: «Es wird geschehen, was du wünschest. An deinem Wiegenfeste soll es schneen.»

Und verschwand, nicht ohne einen merklich holden Duft zu hinterlassen.

Klein-Peterle hüpfte nicht und tanzte nicht vor

Freuden, sondern träumte weiter in sich hinein —
wenn auch in einer mäßig aufgeregten Erwartung
und Neugier. Sie träumte dem Geburtstage ent=
gegen.

Die Fee setzte schleunigst alle Hebel in Bewegung,
denn es war kein Kleines, des Peterles Wunsch zu
erfüllen und Schnee fallen zu lassen.

Es sei eine kurze Unterbrechung verstattet: wann
beginnt ein Geburtstag?

Zweifellos in der Sekunde, womit der Geburtstag
selbst anhebt, mithin nach Ablauf der zwölften Stunde
des Vortages.

Es hätte demzufolge unmittelbar auf den zwölften,
mitternächtigen Glockenschlag desselben Tages, an dem
die Fee bei Peterle vorsprach, zu schneen einsetzen
müssen. Indes sind Feen und Kinder nicht so spitz=
findig wie die Herren Juristen, die gewißlich zunächst
untersucht haben würden, ob die Äußerung des Wun=
sches jenes Kindes namens Peterle (unvorbestraft, be=
sondere Merkmale: prätentiöse Schnecken) die Be=
dingung in sich geschlossen habe, daß es den ge=
schlagenen Geburtstag oder nur überhaupt am
Geburtstage schneen solle usw., — und daher zer=
brach sich die Fee ihren anmutig geformten Kopf
nicht über Dinge, die das Kopfzerbrechen nicht ver=
lohnen, sintemal ihr aus der eigenen Jugend wohl
bewußt war, daß für jegliches Kind der Geburtstag

dann anfängt, wenn es erwacht und sich der Tatsache, daß heut' Geburtstag ist, bewußt wird.

Peterle erwachte erst gegen neun Uhr.

Ihr erster Blick fiel durch das Fenster auf die Straße hinaus.

Peterle jubilierte: Schnee!

Es schneete wirklich! Und zwar in glitzrigen, silbrigen Flöckchen, in zierlichen.

Peterle freute sich unbändig. Nicht, weil es schneete, auch nicht, weil die Fee den Wunsch erfüllt hatte, sondern, weil sie — Peterle — den Schnee (indirekt) **selbst** «gemacht» hatte.

Es war **ihr** Schnee, der da draußen fiel.

Sie ließ zu ihrem Geburtstage Schnee fallen.

Schnee — zu ihrem Geburtstage!

Ihr meint, das sei nichts Besonderes?

Oho, da muß ich sehr bitten: das ist etwas ganz besonders Besonderes!

Peterle ist nämlich am elften Juni zur Welt gekommen.

Nun stellt Euch vor: an einem elften Juni schneete es!

War das nicht Grund genug für Peterle, sich des Schnees zu freuen und den ganzen Geburtstag am Fenster zu kauern und in den Schnee zu gucken?

Ich denke doch.

Peterle saß denn auch am elften Juni unerschütterlich am Fenster und war glücklich über den vielen,

vielen Schnee, der da vom Himmel heruntergeschüttet wurde.

— —

Es ist nichts mehr von Peterle zu erzählen. Sie hat ihren Schnee gehabt und weiter geträumt, bis sie zur Schule mußte. Und der Rohrstock des Lehrers erwies sich — bezüglich der Träumereien — als ein besserer Pädagog als die verhätschelnde Liebe der Eltern.

Es wäre vielleicht dem oder jenem Leser angenehm gewesen, wenn sich herausgestellt hätte, daß Klein=Peterle Fieber gehabt hätte und an ihrem Geburtstage (nach Erledigung der «Schnee=Vision») ein Englein geworden sei. Sozusagen: der «tragische» Tod eines Kindes.

Oh nein! Peterle hat kein Fieber gehabt — — und der Schnee war wirklicher, echter Schnee.

Meine Eltern wohnten damals in derselben Straße wie Peterles Eltern, und ich bin Zeuge — ich erinnere mich noch deutlich —, daß es im Jahre 18.., am elften Juni den lieben, langen Tag über ununterbrochen ge=schneet hat. Allerdings nur in unserer Straße und sonst nirgends. Das war damals ein allgemeines Verwundern und Kopfschütteln in Klotzsche — in Klotzsche hat sich der Schneefall begeben! —, und meine Eltern und wir alle haben nichts damit anzu=fangen gewußt, bis mir vierzehn Jahre später Peterle

[1579]

selbst von ihrem Geburtstagswunsche und der Fee berichtet hat.

Peterle ist nämlich meine Frau geworden. Aber eine Fee ist ihr nicht wieder erschienen. Ich glaube, daran bin ich schuld.

IM FLÜSTERTONE
Abziehbilderbogen

⟨1⟩

EIN Huhn steht auf dem Hofe und sieht aus, als habe es die Hände in den Hosentaschen.

Es blickt mich hühnisch an — mich, der ich schreibe, daß es aussieht, als habe es die Hände in den Hosentaschen.

Es weiß nicht, daß ich schreibe, es sähe aus, als habe es die Hände in den Hosentaschen.

Belassen wir es in seiner Nichtwissenheit!

⟨2⟩

Ein junger Mann, der zu den kühnsten Hoffnungen berechtigt, liegt im Bett und streckt die Füße über den Bettgiebel hinaus.

Er hat zweierlei Strümpfe an.

Einen schwarzen und einen grauen.

Ich habe dem nichts hinzuzufügen.

⟨3⟩

Ein Auto pfeilt durchs Dorf und zermalmt einen Mistkäfer, den die Sehnsucht nach Erlebnissen in die weite Welt getrieben hatte.

Ist es, frage ich, ist es nicht töricht, wenn Ernst Zwibinsky der Ältere erklärt, um den Mistkäfer sei

[1581]

es nicht schade, und er hätte ja doch früher oder später ein Ende gefunden?

Wie wenig hat jener Zwibinsky den Sinn des Lebens erfaßt!

Laßt uns ihn gemeinsam verachten!!

⟨4⟩

Johanna Würmchen, sechsundvierzig Jahre alt und äußerst unbescholten, erhebt sich Punkt zwölf Uhr mitternachts, um den Sonnenaufgang nicht zu verpassen.

Der Kalender steht auf Dezember.

Hätte sich Johanna um sieben Uhr erhoben, wäre vollauf Zeit gewesen, zum Sonnenaufgang zurecht zu kommen.

Ich bitte um ihre Adresse, Wiederholungen obiger Unangebrachtheit vermeiden zu helfen.

⟨5⟩

Der europäischen Kultur und ihrer Begleiterscheinungen über und überdrüssig, dampfte Pippin, Edler von Krachgehirn, gen Hinterafrika, um sich zu barbarisieren.

In Vitzpatuchpoma betrat er Land und drang urwaldeinwärts.

Nach drei Nachtmärschen erreichte er eine primitive Hütte, woselbst er sich niederließ und mit Wohlgefühl schwängerte.

Da erklang aus der Hütte ein Grammophon: «Puppchen, du bist ...»

... von Jean Gilbert, obwohl er bloß Max Winterfeld heißt und im Automobil komponiert.

Pippin, Edler von Krachgehirn, zögerte keine Sekunde, sich von der allergiftigsten Schlange bebeißen zu lassen.

⟨6⟩
Hinaus mit den Fremdwörtern!

Das war die Losung und nicht die Parole.

Endlich waren sie alle hinaus.

Draußen ist es kalt.

Die Fremdsprachen weigern sich, die Überläufer mit den fremden Gesichtern aufzunehmen.

Nun stehen sie herum, die Ausgetriebenen, nicht Fisch, nicht Fleisch, zwiefältig mißhandelt, — und verhungern.

Atze sie, deutscher Sprachverein, und laß den Frierenden wollene Strümpfe stricken!

⟨7⟩
Hier liegt die Tafel Schokolade.

Dort sitzt der Mensch und hat einen schmerzenden, hohlen Zahn. —

Darüber nicht zu lachen, ist der erste Schritt ins Christentum.

⟨8⟩
Der Laubfrosch Nepopomuk war ein gar sensibel besaitet Gemüt, hatte aber seinen Dickkopf für sich.

Kauerte, sofern Regen zu gewärtigen stand, auf der obersten Leitersprosse und blusterte sich in der grasigen Niederung seines Glashauses prophetisch auf, wenn sonnige Tage im Anzug waren.

Glaubt ihr, er habe damit die Dispositionen des großen Unbekannten, der jenseits der Wolken thront, über den Haufen geworfen?

Glaubt ihr das?

Meiner Treu, Der über den Wolken hat Wichtigeres zu tun, als Obacht zu geben auf kleine Nepopomuks.

Die Sonne scheint, und der Regen fällt — ohne das Hinzutun irgendwessen.

⟨9⟩

Drehorganist Schrimpf, der mit Onkel Rübezahl auf du und du steht, mußte vom Gebirge ins Tal hinunter, geriet in eine Herberge und erblickte in dieser einen pompösen, wandverzierenden Buntdruck, der keinen Geringeren als Hindenburg darstellte.

In Politicis und auch sonst mangelhaft beschlagen, erkundigte sich Schrimpf, wer das sei.

In Dalldorf interniert wurde der Herr Drehorganist.

⟨10⟩

Dem Konstantin Funkelpunze kleckte es, eine zur Ehe hitzig entschlossene Maid aufzugabeln und daraus die Konsequenzen zu ziehen.

Die Ehe, die sich in welcher Hinsicht auch immer glücklich anließ, fiel buchstäblich ins Wasser, als der Dampfer, welcher den hochzeitsreisenden Funkelpunze benebst Gattin an Bord trug, havarierte und mit Mann, Maus, Kind und Kegel untersank.

Ein freundlicher Amerikafahrer fischte die junge, verheißungsvolle Ehe aus den Fluten und schickte sie mir per Flaschenpost.

Ich offeriere: Ehe, so gut wie ungebraucht, preiswert zu verkaufen.

⟨11⟩

Ein Schutzmann steht auf dem Altmarkte und teilt Gebärden aus.

Die Welt leert sich, der Schutzmann jedoch wankt und weicht nicht von seinem Posten.

Er berechtigt, wenn nicht alles trügt, zu der Frage, wozu er da ist.

Wozu, wozu, wozu ist der Schutzmann da?

Was ist überhaupt ein Schutzmann??

Ein Schutzmann, lieben Leute, ist dazu da, daß er da ist. Punktum.

DIE LORELEI
⟨Ein wirklich schönes Lied für den Loreleierkasten⟩

ICH weiß nicht, was es bedeuten soll,
Daß ich so geknickt bin.
Ein Märchen aus uralten Tagen,
Das geht mir wie ein Mühlrad im Kopf herum.

Den Fischer in seinem kleinen Kahne
Ergreift ein ganz wildes Weh,
Er sieht die Felsenriffe nicht,
Weil er zur Lorelei hinaufschauen muß.

Ich glaube, die Wellen verschlingen
Den Schiffer mitsamt seinem Kahne.
Und das hat mit ihrem Gesange
Selbstverständlich die Lorelei bewerkstelligt.

OHNE ÜBERSCHRIFT

ALLES das, was der Berliner hundsgemeinhin «Natua» benennt — o du bildschönes Wort! —, alles das machte Frühling.

Von dieser Veranstaltung sich auszuschließen brachte nicht übers eiweiche Herz der Skribifax H. R.

Er streifte die Krachledernen über, hängte eine sinnige Ader ein, vergaß des Bleistifts nicht, nicht des Papieres und kehrte seinen vier trockenen Pfählen den gerundeten Rücken.

In einem Forste angelangt, der den ausschweifenden Titel «Das Rosental» führt, sog er den würzigen Knofel= duft ein, kurbelte sein Hirn an, drückte auf die Ader und brachte zu Papier folgende

Abhandlung:

A I Der Sachse sagt nicht: Dies dürfte der Fall sein.

Der Sachse sagt: 's werd schon meejlich sinn.

II Der Sachse sagt nicht: Ich werde um 8 Uhr zuhause sein.

Der Sachse sagt: Um achte rum weer j heeme sinn.

[1587]

B I Der Sachse sagt nicht: Sobald wir angelangt sind.
Der Sachse sagt: Wemmr da sinn.
II Der Sachse sagt nicht: Die Eier sind teuer.
Der Sachse sagt: De Eier sinn deier.

Wenn Sachsen — echte Sachsen, ächte Sachsen, Kaffee=Sachsen, Gaffee=Sachsen, Kümmel=Sachsen — gebildet scheinen wollen und sich einer schriftdeutschen, reinen Aussprache befleißen, so scheitern sie gern an dem knifflichen «Sinn».

Dem Sachsen gelingen die gebüldeten Sätze:
«Die Eier sein deuer.»
«Wenn mir angegomm sein.»
Während der Berliner sich zu den Sätzen versteigen kann:
«Das dürfte der Fall sind.»
«Kann schon möglich sind.»
Ich persönlich möchte ebensowenig Sachse sind wie Berliner. Beide sein schlechter dran als der Süddeutsche, dem das neutrale san zu Gebote steht. —

Bei dieser Gelegenheit will ich nicht verfehlen, eines Vorfalls zu gedenken, der sich in einem Leipziger Buch= laden zugetragen hat:

Eine Dame sächsischster Observanz tritt ein und verlangt pfeilgrad das neue Buch von Franz Würfel.
Sie hat Franz Werfel schriftdeutsch aussprechen wollen.

Nachdem H. R. diese Abhandlung niedergeschrieben hatte, sprach er vernehmlich in die linde Frühlingsluft hinein (oder hinaus?):

«Ich lasse mich kreuzweise vierteilen, wenn Kurt Wolff sich dazu hergibt, diesen Bockmist drucken zu lassen.»

Nachwort 1:
Der Bockmist ist gedruckt worden.
Ihr habt ihn soeben gelesen.

Nachwort 2:
Es steht zu erwarten, daß H. R. als ein Mann von Wort sein Wort hält und sich vierteilen läßt.

Nachwort 3.
Man atme auf.

[1589]

GESTERN NOCH AUF STOLZEN ROSSEN....

JA also, ich weiß nicht, ach was, ich erzähl's.
Theo von Quarre liegt seit dritthalb Stunden im Bette und kann nicht einschlafen, Deubel nich noch mal.

‹Ich habe das Gefühl, als ob ich die Geschichte besser in den Papierkorb schleuderte. Erstens ist sie langstielig, und zweitens hat sie keinen Schluß. Was meinen Sie zu dem Vorfalle?›

Theo steht auf ‹und denkt: «Wenn mich der Herr Verfasser man bloß noch eine Viertelstunde hätte liegen lassen, wäre ich todsicher eingeschlafen. Es ist scheußlich, über sich verfügen lassen zu müssen. Na, mir kann's ja Gottlieb Schulze sein, was der Verfasser mit mir vor hat») und zieht Reitdreß an. Erfahrungsgemäß macht ihn der à tempo schlapp.

Die Reitstiefel pumpern durch die nächtlichen Räume, ohne auf Quarre anders als belebend zu wirken.

‹Hier mache ich einen Punkt. Ein Zaudern erfaßt mich. Soll ich fortfahren?›

Quarre kommt sich vor wie ein pikfrischer Maimorgen.

Stunden vergehen ‹und ich täte vielleicht besser, mir die störenden Zwischenbemerkungen zu verkneifen›, und Theo von Quarre zieht schließlich Galoschen über die

Reitstiefel ⟨du meine Güte, soll das etwa «humoristisch» sein? Ich lache!⟩ und müht sich keuchend, das widerspenstige Ich in aberhundert Kniebeugen schlaff zu machen.

Der Körper will nicht, gut, so soll der Geist.

Theo öffnet den Bücherschrank und greift sich Felix Dahns unverwüstlichen «Kampf um Rom». Darin tummeln sich so viele Eigennamen, daß der Geist, breitgequetscht, in wirrer Konfusion entflencht.

⟨Sinnlose Gehässigkeit!⟩ ⟨Das schöne Buch!⟩ ⟨Dämliche Unterbrechungen.⟩ ⟨Halt's Maul!!⟩ ⟨Bitte fahren Sie fort:⟩

Aber auch die Lektüre verfängt nicht.

Theo schmeißt — der Morgen, grau wie alle Theorie ⟨wieso?⟩, graut grau in grau herauf — den «Kampf um Rom», komplett gebunden zum Vorzugspreise von 3.18 M., ein Barthaar eines echten Germanen gratis als Beigabe, s e h r geeignet zu Geschenkzwecken, sollte auf keinem Büchertisch fehlen, hinter den Bücherschrank und spricht: «Wenn das bloß der Verleger nicht erfährt!» ⟨Plumpe Verdrehung, denn der Verfasser vorliegender Geschichte ist es, der dies denkt!⟩ ⟨Weiter im Texte:⟩

Durch das Geräusch schrecklings aufgemuntert ⟨und ohnehin sowohl wie sowieso⟩ erhebt sich Hermann aus den Federn, der treue Diener des Herrn von Quarre. ⟨Trauriger Mangel an Phantasie! Warum muß der Diener «Hermann» heißen? Archibald ist bedeutend ansprechender!!⟩ Er ⟨Hermann⟩ sieht bekümmert nach dem Rechten und findet seinen Gebieterich in wabernder Verzweiflung. ⟨Ich würde, was mich anlangt, ein anderes Beiwort wählen als wabernd. Mich bedünkt es, als gäbe der Herr Verfasser sich wenig Mühe. Er wird mit einer Stunde Nachsitzen bestraft werden.⟩

Theo will schlafen und kann nicht. Und kann nicht!

Sich bezechen, rät Hermann. Alkohol macht bleiernen Kopf.

Gut: Alkohol!

Theo gießt sich voll mit schweren Weinen, trockenen Sekten, süßen Schnäpsen und fühlt es, wie die Müdigkeit mit stumpfer Pranke ihm . . . ⟨Ich hätte den Diener übrigens doch Archibald nennen sollen!⟩ ⟨Der Satz bleibt ein Fragment.⟩

Kurzum: der Alkohol tut seine Wirkung. Theo stürzt in den ledernen Schlund eines Klubsessels und verlangt, zu rauchen. ⟨Hier will ich mir die Klammer einmal verkneifen.⟩

Hermann trägt Zigarren herbei. ⟨Wie finden Sie «Archibald»? Ist «Archibald» nicht primafeinfein gegen «Hermann»?⟩

Theo steckt sich eine Pappspitze in das markante Gesicht und zündet sie unter schwerer Mühe an.

Pfui Geier!

Aha, es ist keine Zigarre drin.

Soso. Theo zwängt einen importierten Zigarro in die Spitze und zündet eben diesen an.

Er brennt nicht. Er kann nicht brennen. Die Spitze ist nicht abgeschnitten.

Theo erkennt dies ⟨Gottlob, der Autor vergißt, Klammern zu machen!⟩ und schwappt zunächst «immer mal wieder» ein Glas hinter die Binde und fährt sodann fort, rauchen zu wollen. Er knipst die S p i t z e ab ⟨ja, hat denn die deutsche Sprache nur ein einziges Wort für Zigarrenspitze und Zigarrenspitze?⟩ und bohrt die Zigarre in die S p i t z e ⟨also in die Pappspitze!⟩. Hermann ⟨immer noch Hermann? Ich denke, der Hermann ist längst geändert in Archibald!⟩ reicht das Streichholz dar, und Theo z i e h t — ah — famos — hupp! — fui Deibel! ...

⟨Dies Fui Deibel wird ewig ungeklärt bleiben, da Theo über dem Fui Deibel einschlief. Ach so, das gehört ja gar nicht in die Klammer!⟩

Der Schlaf knebelt den Theo von Quarre beim Rauchenwollen, die Zigarrenspitze einschließlich der Zigarre ⟨ohne Spitze⟩ entschlüpft dem müden Munde ... Theo schnarcht.

⟨Ei verfault. Jetzt sitz' ich in der Patsche! Wenn ich nämlich den Herrn von Quarre schon schlafen lasse, hat sich die ganze Geschichte erledigt, und ich kann

einpacken. Ich muß ihn wohl oder übel wieder auf=
wecken, so unmotiviert dies auch ist. Du liebe Zeit,
was ist im Leben nicht alles unmotiviert! Motivieren
tun nur die modernen Schriftsteller. Das Leben hat
solche Mätzchen nicht nötig. Ich fahre fort:〉

Theo schrickt auf.

Die brennende Zigarre ist ihm auf die Hand ge=
glitten und hat ihm ein Brandmal zugefügt. 〈Dann
hätte er dies jedoch, bitte sehr, augenblicklich wahr=
nehmen müssen! Hier stimmt etwas nicht. Wollen
wir darüber hinwegsehen, damit der Verfasser zu einem
Ende kommt.〉

〈Übrigens finde ich das Ganze schwülstig erzählt.〉

〈Hier tritt eine große Unterbrechung ein. Der Autor
muß unbedingt einen drängenden Brief beantworten.
Sie gedulden sich bitte einstweilen!〉 — — —

〈Der Brief ist geschrieben. Der Verfasser hat sich
in der Zwischenzeit die Hände gewaschen und frisches
Wasser auf seine Mühle gefüllt. Es geht weiter:〉

«Ja, ist denn die vertrackte Geschichte noch nicht
zu Ende?» fragt Theo und langt eine zweite Importe
aus der Kiste.

〈So etwas Mähriges! Wo ist der Telegrammstil?〉

〈Der Telegrammstil: «Hier!»〉

〈Der Verfasser: «Komm, hilf!»〉

Importe No. 2, beschnitten, in Hülse gesteckt. Hülse
greift nicht. Schon Zigarre drin. Schweinerei! Hülse

in Ofen, Zigarre ohne Hülse in Mund. Verkehrt herum angebrannt. Verflucht! Dritte Importe . . . .

⟨Meine Herren, so geht das auf keinen Fall weiter. Die Sache ist völlig unverständlich. Telegrammstil, schieb ab!⟩

Ich werde die Geschichte ganz einfach mit einem schönen Titel versehen und als eine Jugendleistung ausgeben. Ich werde behaupten, sie sei geschrieben worden, als ich noch aufs Gymnasium ging. Da wird man erstens Nachsicht üben, zweitens gedoppeltes Interesse bekunden, und drittens wird man sich freuen, zu erfahren, daß p. p. Verfasser ein gebildeter Mensch ist, indem daß er ein Gymnasium besucht hat.

Ach, ihr lieben Leute, ich sage euch ehrlich: ich wäre lieber Schneider geworden oder Tischlermeister oder Pianofortebauer. Beim Himmel, jedes Handwerk würde mir willkommen sein, jede Profession. So hat man nichts als sein bissel Bildung, das zu nichts nutze ist, es sei denn dazu, daß man auf sie schimpft.

Um auf den unvermeidlichen Theo zurückzukommen, so sei leichthin bemerkt, daß er, um definitiv einschlafen zu können, hundertsiebenunddreißig Schlafpulver zu sich nahm.

Daraufhin schlief er sechzehn Tage.

Hermann rasierte ihn allmorgens, ohne daß Quarre dadurch wäre gestört worden.

Und, um den guten Archibald ⟨Sie wissen, wen ich

meine!) nicht aus dem Spiele zu lassen, so sei gesagt, daß er als treubesorgter Diener seines Herrn und in der Furcht, es könne diesem (seinem Herrn) etwas Böses zustoßen (denn der lange Schlaf war in der Tat beängstigend!), kein Auge zutat — nicht bei Tage, nicht bei Nacht.

Nach den abgeschlafenen sechzehn Tagen schlief Theo von Quarre ohne Pause weiter, so müde war er durch das übermäßige Schlafen geworden.

Theo schlief ununterbrochen.

Hermann wachte ununterbrochen.

Und darin hat sich bis auf den heutigen Tag nichts geändert.

Theo schläft.

Und Hermann wacht über den Schlafenden.

Dies — prophezeie ich — wird nicht eher anders werden (Hermann wird nicht eher schlafen können, als bis sein Herr aufgewacht ist, und Theo wird nicht aufwachen, ehebevor ich ihn nicht geweckt habe — und ich werde mich hüten, dies zu tun — — was sollte ich auch mit dem wachen Theo und dem schlafenden Hermann beginnen?) jetzt ist es außergewöhnlich knifflig, den begonnenen Satz grammatikalisch richtig zu Ende zu führen, ach was, ich falle einfach aus der Konstruktion, der Theodor Körner hat's ja auch des öfteren getan, sehen Sie, ich bin doch ein gebildeter Mensch, ich meine nämlich den «Zriny», den haben wir auf dem Gymnasium gelesen, ich mußte das «Volk» machen, das gab den größten Spaß — — mit anderen Worten ⟨wieso mit anderen?⟩: Hermann wacht so lange und Theo von Quarre schläft so lange, bis mir eingefallen ist, wie ich die Geschichte schließen kann. Voraussichtlich wird mir nichts einfallen, denn just dies ist mein Einfall, daß die Geschichte ohne Einfall ⟨auch e Einfall!⟩ endet.

⟨Ich hätte doch «Archibald» schreiben sollen statt «Hermann»!⟩

VON DEN NAMEN

DER ewige Ahasver stiert in die offene Welt und überläßt sich seinen Gedanken. Tausend Menschen schwimmen an ihm vorüber und achten seiner nicht. Aber Ahasver achtet ihrer und rührt nackte Herzen an. Etwelche sind gut, die meisten schlecht und faulig. Die Herzen leben und zucken und machen, daß die dazugehörigen Menschen leben und zucken. Ahasver denkt: Ihr bildet euch ein, zu leben, weil eure Herzen leben. Ihr bildet euch ein, Menschen zu sein. Aber ihr seid lediglich durch Zufall als Menschen lebig. Ihr könntet gewißlich ebensogut Nähmaschinen sein oder Wäscheklammern. So wahr mir Gott helfe, du eignest dich, mein Freund, vorzüglich zur Gießkanne. Warum bist du Mensch? Du weißt es nicht. Du steckst in deiner Haut und nimmst dich auf die leichte Achsel. Du mimst einen Menschen. Bist du einer? Du bist eine ausgefüllte Haut und gleichst allen andern, obwohl du Lehmann heißt und ein Lehmann bist. Weißt du, warum du Lehmann heißt? Weil dein Herz ein Lehmann ist, ein ganz ordinärer Lehmann. Deine Haut steht dir gut, sie ist blaß wie dein Herz. Du paßt in die Familie. Ihr gleicht euch wie ein Lehmann dem andern, wenn ihr auch nicht allesamt Lehmann heißt. Ich weiß es: Ihr heißt bloß teilweise

[1598]

Lehmann. Ein großer Prozentsatz eurer Häute läßt sich durch den Namen Ziergiebel tragen. Und die mit Ziergiebels verwandten Häute heißen geradezu Matterstock, Knebelsdorff und Hammer. Aber das Seltsamliche ist, daß die Matterstockischen auf den ersten Hieb in Matterstocks, Kirstes, Freudenbergs und Föllners zerfallen. Auch Rippers gehören zu deiner Sippe. Und die Freudenbergs sind verwurzelt in so= genannten Schröders, der Teufel mag wissen, wieso. Der eine Schröder ist ein berühmter Dichter und hat sich wohlweislich durch ein Pseudonym unkenntlich ge= macht. Bruderherz, Bruderhaut: Bist du dessen ein= gedenk, daß es um dich herum lebt und heißt? Und daß ihr alle, die um dich und die mit dir und die neben dir, daß ihr alle verknäuelt seid ineinander? Und verenkelt und verschwippschwägert und verfilzt, ihr wißt nicht, wie? Und daß es Menschen gibt, die — beim Himmel — akkurat so heißen wie du und dennoch ganz anders aussehen und sind? Es gibt Menschen, Herr Bruder, die heißen wie du, und du schreitest achtlos an ihnen vorüber und schaust ihnen lauwarm in die Augen. Du gehst auf der Straße, fährst auf der Stadtbahn, betrittst einen Konzertsaal, und die Menschen um dich herum heißen Gelbstein, Mosler, Trautscholdt, Berlit=Boosen, van Delten, Kenne, Heinz, Kumpanini — — und du verspürst es nicht! Willst du es nicht verspüren, Herr Mensch? Und alle diese Menschen sind etwas, stellen etwas vor, üben etwas aus, betreiben ein Handwerk, ein Gewerbe, eine Tätigkeit, rackern sich ab, faulenzen, trinken Tee, gehen spazieren, sind kränklich — — und du wandelst an ihnen vorüber, ohne dessen eingedenk zu sein, daß sie aus dem nämlichen Holze geschnitzt sind wie du, Freund Mensch. Und was sind sie von Beruf? Schneidermeister und Balbiere und Photographen und Cellovirtuosen! Manche sind sogar Kaufleute. Ich kenne einen, der ist Kolonialwarenhändler. Der kauft en gros Waren ein und verkauft sie en detail. En gros kriegt er sie billiger, als wenn er sie en detail einkaufte. Verstehst du das? Auf der Berechnung, daß en detail kaufende Mitmenschen — die Nächsten — teurer bezahlen müssen, als er im Einkauf bezahlt hat, beruht seine Existenz. Seine Gattin heißt Rosamunde und kriegt jeden Monat einen neuen Hut. Ich werde auch Kaufmann werden. Das ist ein probates Mittel, Geld zu verdienen, und um Geld zu verdienen, ist man auf der Welt, nicht wahr, Herr homo sapiens? Es gibt aber auch Bonbonkocher und Seifensieder und Gußputzer und Salon=Feuerwerker und Geheimpolizisten und Papierzähler. Von weiblichen Berufen zu geschweigen. Ich kenne einen Papierzähler, das ist ein vernunftbegabtes Lebewesen mit Namen Kutzschebauch, und dieses Lebewesen steht seit seinem siebzehnten Lebensjahre tagaus, tagein im Donnergepolter der Maschinen und zählt Papier ab. Sechsunddreißig Jahre ist er alt. Er zählt täglich hunderttausend Bogen Papier. Er darf sich nicht verzählen. Er verzählt sich auch nie. Er hat keine Zeit dazu. Wenn er bei neunzigtausend ist und glaubt, sich verzählt zu haben, kann er nicht wiederum bei eins anfangen. Es ist unmöglich. Wenn es der Himmel fügt, erreicht das vernunftbegabte, papierzählende Lebewesen ein biblisches Alter. Sein Leben ist mehr als Mühe und Arbeit gewesen, es ist Stumpfsinn gewesen. Aber ein Leben ist es gewesen. Gelebt von jenem einzigen Kutzschebauch, der ausgerechnet Kutzschebauch heißt, Solltest du zufällig gleicherweise Kutzschebauch heißen. so zürne mir nicht. Ich will dir meinerseits gewiß nicht zürnen, ich verspreche es dir. Ich bin einsichtig genug anzuerkennen, daß es Kutzschebäuche geben muß. Aber ich habe nur dies eine Mal Nachsicht. Sei lieb und heiße das nächste Mal besser. Es gibt so viele schöne Namen! Gschwindbichler und Hühner= schlund, Fleischpinsel und Bettbetreff! Oder sind dir das keine schönen Namen? Felix Kutzschebauch, was sagst du zu dem Namen Telofonsky? Und zu Um= schlauch? Ach, Felix Kutzschebauch, du hast das Ge= fühl dafür verloren! Ich will dich nicht befragen. Du heißest Kutzschebauch, als müßte dies so sein. Aber es muß nicht so sein, man kann der Kutzschebäuchig= keit oder, wenn du willst, der Kutzschebeleibtheit aus

dem Wege gehen: Man kann sich umbringen. Ein vertrackter Name, ist das kein Selbstmordmotiv? Du lächelst, denn du bist arg weit entfernt, deinen Namen umzubringen. Im Gegenteil: Du stehst im Begriffe zu heiraten. Viele kleine Kutzschebäuche sehe ich die unschuldige Welt bewimmeln. Sie werden dermaleinst Papier zählen. Und deine Braut — eine geborene Nolke — gibt freudigen Herzens ihren Namen auf, um Kutzschebauch zu werden. Sie heißet Olga. Sie will gerufen werden. O Olga! Du siehst einer Olga verblüffend ähnlich. Dein Name steht dir gut, dein Name kleidet dich. O Olga Nolke, warte nur, balde hat es sich ausgenolkt, und du darfst glücklich sein wie dein künftiger Gatte. Tu, Felix Kutzschebauch, nube! Und vergiß die Fritzi und die Gerta und die Friedel, und wie sie alle geheißen haben — ohne eines Familiennamens bedurft zu haben. Die Fritzi ist die Fritzi, aber deine Olga ist die Olga Nolke. Kanntest du nicht dereinst eine Olga, deren Photographie du jüngst verbrennen mußtest, auf daß sie der Normal=
braut nicht in die Hände falle? Hast du die beiden Olgas miteinander verglichen? Gegeneinander ins Treffen geführt? Gewägt? Und verspürst du es nicht, daß b e i d e — Olga heißen müssen? Daß sie nicht anders heißen dürfen? Denn jegliche Frau sieht so aus, wie sie mit ihrem Rufnamen heißt. Und jeg=
licher Mann heißt so, daß man — sobald man weiß:

er heißt s o — überzeugt ist: er heißt mit Fug und Recht s o. Jeglicher heißt richtig. Wir alle heißen, wie wir müssen. Ich kann nicht Cohn heißen, ob ich gleich Ahasver bin. Und Theodulf Schwertnagel ist Theodulf Schwertnagel. Name ist weder Schall noch Rauch. Ohne daß ich ihn dir schildere, ohne daß du sein Konterfei siehst, weißt du, wie einer aussehen muß, der Woldemar Lohengrin heißt. Im Anfang war der Name. Nota bene: Eigenname. Wisse das und heiße hinfort bewußt! Und bist du, der du mich Ahasver denken ließest, ein belangloser Schulze oder ein Meier oder Müller — — dein Name hat dich! Drum lobsinge dem Schöpfer, daß du Schulze heißest oder Meier oder Müller. Es ist nämlich kein leichtes, Richard Wagner zu heißen. Als Richard Wagner d a r f s t du nicht Bäckermeister sein. Und als Ludwig Ganghofer d a r f s t du nicht Kassenbote sein. Es lebt ein Ludwig Ganghofer, der betreibt ein Friseurgeschäft. «Rasier, Friseur und Haarschneiden» steht über seinem Laden. Das ist recht trauriges Deutsch, aber der arme Mensch von diesem Friseur hat es besonders gut machen wollen. Es ist ein armer Mensch, das ver=sichere ich. Wenn er seinen berühmten Namen, den ein anderer hat, in der Tageszeitung liest, so trifft ihn jedesmal ein robuster Schlaganfall. Der Name, den er hat, und der gar nicht sein ist, beutelt ihn und polkt ihn in Grund und Boden. Fühlst du es nach, Bruderherz, daß es seinen Haken hat, ein Ludwig Ganghofer zu heißen? Ich persönlich bedanke mich dafür und ziehe es vor, Ahasver zu sein.

OSKAR KOKOSCHKA

DER BRENNENDE DORNBUSCH

SCHAUSPIEL
⟨1911⟩

MÖRDER
HOFFNUNG DER FRAUEN

SCHAUSPIEL
⟨1907⟩

KURT WOLFF VERLAG
LEIPZIG

Bücherei
Der jüngste Tag
Bd. 41

Bühnenvertrieb von Kurt Wolff Verlag, Leipzig
Copyright Kurt Wolff Verlag, Leipzig 1917

DER
BRENNENDE DORNBUSCH
SCHAUSPIEL ⟨1911⟩

Personen:

Mann
Frau
Jungfrau
Mutter und Knabe
Männer, Weiber

Erſte Szene.

Zimmer der Frau, große geteilte Fenstertür, durch welche Mondstrahlen einfallen, so, daß man auf das Dach hinaussehen kann.

Frau
(in weißem Bettlaken, zum Schlafen gekleidet, so langes Haar, daß es am Boden in Ringeln nachschleift. Sie kriecht geisterhaft aus den Bettüchern hervor und richtet sich gegen die Lichtstrahlen auf, elektrische Helligkeit des Mondes.)

Frau
Ich träumte, ein Karren wär heiß gefahren — ſchleudert mich zum Himmel auf. Es drückt nichts mehr nieder mein Geſicht im Schlummer. Um zu ſchlafen, mich zuviel dürſtet, zu — trinken!

(Sie geht zum Glockenzug — vergißt wieder!)

Wo kommen die neuen Strahlen her? Die zogen mich, — wecken aus allen Kräften. — Meinen Füßen widerſtand ich nicht mehr. Ich friere, ſieht mich wer?

(lauter)

(zur Tür hinaus)

Mein Rock und mein Hemd iſt nicht hier, geben Sie es mir herein!
Sie ſchlafen immer noch und ich wache.

(Sitzt frierend im Stuhl mit offenen Haaren.)

Hängt die fruchtlofe Wärme des unklaren Geftirns über=
all über mir! Mann im Mond, — dreh dich um, fchau nicht
her. —
Deine Ausftrahlung flößt Kräfte ein folchen, die im Stiegen=
haus mir nachfteigen und aufs Zimmer kommen.
Herr Adernrot gab mir ein Backenfchlag.
Herr Finftergeficht wünfchte mir einen guten Tag.
Ein Blümchen pflückte mir Herr Lendenkraft,
was liegt mir an der gefamten Schlafgenoffenfchaft.

(*Man hört unten das Lachen der betrunkenen Liebhaber. Sie wäscht
sich die Hände im Lavoir auf dem Eisentisch und geht zum Fenster,
winkt.*)

Komm auf mein Bett, Schatten, follft mir liebes Wefen
fein, — pfui, — eine Katze fchwarz wie Pfeffer, warf fie
der Wind mir zum Fenfter herein.

(*Sie öffnet die Glastüre und geht aufs Dach.*)

Kommt er noch, kommt er? —
Immer wieder die Bangigkeit in aller Natur, vom Dach
zum Himmel hinauf. Alles wartet auf ein Aufatmen. Meine
Augen hängen an der Sichel, die meine Schonzeit kürzt.
Am Tage bin ich ein Zweifelswefen von Menfchenähn=
lichkeit. Heut nacht bläft mir ein Mann den Atem ein und
glaubt an die Geftalt.

(*Oben Mondlicht wandernd*)

Wunderbare fremde Männerart,
die Sterne in Kreifen fah
und Schatten und Licht zu Freundfchaften flicht.
Wundertätige Männerart,
die aus Gefpenftern fich Gebärerinnen fchuf.
Nicht lange ift meine Stunde und fchon nah! Wie kurze
Zeit darf jedes Ding nur blühen. Schon will des Mondes
Licht erlöfchen.

Unendlicher Genuß! Bald nimmer wünsche ich mir etwas. Keine Wolke ist mehr.

Dem fiebernden Wind setz ich mich aus, bin herrlich eingesäumt von Haarstrahlen, am Rückenrand, ordentlich wie Wasserkämme laufen sie über meine Beine hinab und verschwinden in der Erde.

(*Sie sieht jemanden unten schleichen, erschreckt und erfreut, sie winkt ihm; eine Tür schlägt plötzlich auf, der Mann gleitet lautlos herein. Brennende Kerze in der Hand.*)

Frau
(*bevor sie ihn sieht, singt*)

Ein alter Mann hielt Winter lang einen Vogel.
Als es Frühling war,
litt es nicht länger den Vogel,
Daß er vergaß zu singen gar.
Der Alte spannt ein grün Tuch über Vogelbauers Eisenstäbe;
Noch sang nicht wieder froh der Vogel vor dem Alten.

Frau
(*zum Mann*)

Mein Singen hieß dich herzuhören?
Sahst du mein Gitter offen?
Du machst dem Kuckuck nach und fliegst ins
fremde Nest.
Um nachtschlafende Zeit siehst du mich!
Wie schlichst du durch Mauer und Tür?

Mann

Ich rate, wie wußt ichs?
Du bist immer einsam gewesen.
Ich war nicht bei dir. Deine Stimme rief in der Nacht die Fremden und du meintest mich. Und du hast wahrhaftig Hunger und Geiz auf Liebeswerke und so kam ich herauf zu dir.

Frau

Du — dreh dich zu mir!...
Warum bist du nicht gut mit mir?
Klar habe ich dich geträumt und weinend erst im Morgengrauen gesehen —
Habe ich unrecht getan, daß ich dir winkte wie vielen?
Jetzt stehst du im seligen Glanz der Gegenwart.
Mein Wunsch mochte dich in der Dunkelheit herziehen.
Ich hungere vor Liebe.
Wenn ich nur mich erst dir hingegeben,
soll durch deine reine Kraft allein ich leben.
... Meine Arme ziehen deine — meine Beine machen dich gehen.

(*Mann tritt näher, sie erschrickt.*)

Frau

Du machst mir ordentlich Herzklopfen. Meine Stimme will sein deines Mundes Süße, meine Scham verdunkelt dein Erröten, —
Schläfert dich auf einmal?
Hilf — meine Ohnmacht fließt in deine Kraft herein. O weh!

(*Der Mann nimmt ein Tuch und umhüllt sie ganz, daß nur ihr Kopf sichtbar ist.*)

Mann
(*leise*)

Mach zu deine Augen,
Mach zu deine Wunden,
Ich hab dich gefunden.

(*Mann geht zögernd zum Ausgang, es wird finster, sie nimmt ihren Leuchter vom Tisch um ihm zu folgen, die offene Tür verlöscht ihr Licht.*)

Frau

Du — laß mich nicht aus, nicht allein — o Herr.

(*leise*)

Wie ich von dir die Augen wende,
kommen langsam manche Zustände.

Mann

(*wird wieder in der Türöffnung sichtbar.*)

Am Himmel leuchtet der Morgenstern,
die Nacht her, streift ich aus weiter Fern!
Rief mich dein Glaube zu dir!
Darf nicht fürchten schwächer zu sein
Wo ich nun war dahier.

Frau

(*reicht die Hand zögernd nach*)

Greif mich mit deinem Finger an,
Damit ich noch dir glauben kann.
Da wollt' ich fragen dich,
bleibst du bei mir?
Gehst du mir heraus
und läßt die Braut in der Versuchung sein!
Meine Brust ist krank,
wie eine Blume in der Lichtlosigkeit.
Gib mir deine Hand noch einmal, Liebloser.

Du — laß mich noch einmal bei dir sitzen und die Augen schließen und verschlafen alles Geschehene.

O Herr — ich fürchte mich, so schwach bin ich, so sehr hänge ich an dir.

(*Der Mann kniet vor der Frau und leuchtet ihr ins Gesicht, sie zündet ihre Kerze an seiner an und schaut ihn an.*)

Frau

Mein Liebster, ich hab vergessen, ich weiß nicht wo ich war, sag du zu mir.

Mann

Du zündest jetzt dein eignes Licht
gleichsam an meiner Liebe an,
Dein Leib gibt ihm die Nahrung dann.
Des Suchens — wer du wäreſt — müde,
Gabſt du dich mir.
So biſt Du geworden.
Und ziehe Ich mich jetzt leiſe, wie ein Schleier, von dir,
So bleibſt Du?
Auf zur Geburt erwach' deine Seele, auf zur Geburt.
Und wenn die Trennung dir bange Schwermut macht,
erſcheint mein Bild geſpiegelt in der Nacht.
Und deiner Eigenliebe Schein
wird wieder von dem zarten Nachtbild angeleuchtet ſein.

(*Mann schlägt das Tuch ganz über ihren Kopf zusammen — sie will ihn sehen, er drückt ihre Augen sanft zu, so, daß sie in die Knie sinkt, er flieht auf den Korridor.*)

(*Frau, betäubt, wacht auf, folgt ihm in den Raum, wo die betrunkenen Liebhaber schlafen. Männer erwachen, Frau sieht durch das Gitterfenster auf den Flüchtenden hinaus.*)

Frau
(*halb schlafend — halb singend*)

Wacht auf, Schläfer!

Ein weißer Vogel fliegt im Zimmer, hat meine Augen ausgehackt —

Wacht auf, Schläfer!

Ein roter Fiſch ſchwamm durch, hat mein Blut vollgetrunken —

Schlagt ein das Tor, Schläfer! Ein Wehrwolf rannte aus, hat mein Herz abgefreſſen —

(*Die Burschen werfen die Hüte weg — einer ist halb nackt, den das Mädchen freundlich ansieht, und mit ihm dem Haufen nachrennt. Sie nehmen Stöcke und laufen dem Flüchtigen nach — neben einem hohen Steindamm eine Treppe hinauf aus Eisensparren, stürzen — Aufenthalt — Flüchtling schöpft Atem — wendet sich als Silhouette in der Höhe gegen die Verfolger um, wird matt — sie umringen ihn — unter der Bahnbrücke — ein Zug rollt vorbei — Signalglocke. Der Flüchtling nimmt die Gelegenheit wahr, um sich ins Wasser von der Höhe fallen zu lassen. Man schießt ihm nach, ohne ihn zu erreichen.)*

Gleichzeitig mit den letzten Worten der Frau stimmt eine Heilsarmeemannschaft nach geistlicher Melodie folgenden Hymnus an:

Wer himmlischer Liebe Schlüssel hat,
Dem nie erstirbt die Stund.
Wie süß wirds ihm erst sein.
Ird'sche Liebe ist nur ein' Pein,
Ein Rosendorn am Pfad
Zum Gartentor von Golgatha.
Seele, bleib noch nicht da . . . .

(Man sieht noch, wie sich das Mädchen mit dem Burschen von früher wegschleicht.)

Zweite Szene.

Mondnacht. Zimmer wie früher, Frau, offene Haare, kriecht zum Fenster, das groß und voller Schatten ist, die sich ändern und den Boden mit Figuren überziehen.

Frau
(lockend, heiser lächelnd)

O — komme zu mir in der Nacht.
Daß du mir follst zürnen — bitte ich dich,
weil bei mir ein Fremder mit im Bette liegt.
Wär's beffer nicht zu fein, als fchlecht zu fein?
Wenn Schlechtfein fchon den Anfchein, Wirklichfein, erregt?
So lieb ich dich, wie du mich haßt.
So bin ich doch, wie du mich haft.

(müde, krank)

Nein, ich fchlafe ftill allein,
Bettgewand ift mein Frauenhaar,
aufgefpannt bin ich noch auf deine Hände.
Und legte mein Ohr ans Tor,
Und ein Vogel zog
— und höre dich?
Und legte meine Augen ans Fenfter
— Und der Mond log —
Und umarme dich?

(unruhig)

Und der Morgen log nicht,
da ich mich sah allein und war eine Jungfrau wieder.
Weine Tränen in mein Haar.

(Pause. Hebt die Arme wieder beschwörend)

Ein Mädchen sagte dir einst ins Ohr —
Hab mich dir in Ehren gegeben —
Muß nicht von dir mir Ehre wiederkommen?

(träumend, sinnend)

Was ich verloren, mich finde ich wieder in dir?
Was ist finstrer als die Nacht, da ich nur neue Sehnsucht gebar!
Was ist weißer als die Nacht, da ich jetzt will Wunder tragen?
Und was ist Erlösen und was Genesen,
Warum sind den Frauen süß die Rechten
und sind die Frauen süchtig nach dem Fremden.
Der Rechte erkannte —
der Fremde versuchte.
wehe meinem Leib!

(Schreit wieder auf, angstvoll fragend.
Man sieht beide Zimmer.)

Mann

(im anderen Zimmer, mit fremdem Ton singend ohne Bewegung,
weißliches Licht, offene Tür, die jetzt Licht einwirft, Lichtstrahlen
kreuzen und suchen sich aus den zwei Zimmern in der Mitte der
Höhe.)

Es schlief das Wassertiefe
Es stand der Berg schattenleer
Und es war keine Zeit
Und da hörte kein Tier
Und da wärmte kein Feuer
Und verbrannte kein Flammen
Als keine Liebe war.

Und wieder . . . .

(Lichtstrahlen heben sich und spielen und treffen sich wieder zur
Ruhe.)

Waſſer rauſchte Waſſer nach,
Und Berg verfinſtert Berg
Zeit zog —
Und das Tier ſchlug den Menſchen und fraß ihn und ſpie ihn.
Und Flammen ſchlagen rote Wunden,
Wo Liebe ward ſüß Mann und Frau.

(Der Mann ruht auf dem Lager, starr und wendet kein Auge von der Frau. Lichter verschwinden langsam im Zimmer der Frau, sie atmet kaum hörbar und wird schwach. Das Folgende spricht sie furchtbar traurig, voll und warm.)

Frau
(wankt zur Tür)

Von Liebe aß mein Elternpaar, davon ward ich ein Menſch
Du Menſch! Der mich erkannte.
Hülfe ... Fallen. ...

(Sie fällt nieder)

Mann

Mach dich Hoffnung aufſtehn! Bald gehſt du aus dem Hauſe.
Wie du dich abhetzt, ſo ſchmilzt die trübe Lampe hin,
die ſolcher Not das Wehtun, dem Flackern Leben borgt.
Die Braut wird in der Kammer den Riegel aufgehn ſehn.
Schon bleicht die Lebensfarbe!
Flügelſchlagen das du ſelber biſt, bläſt an den Docht.
Das Feuer fragt, wo ſoll ich mich denn hinthun!
Und legt ſich in die Aſche.

Schon ſeltſam und untraurig ...

Frau
... Schließt über mir Tagesſchein.

[1618]

Dritte Szene.

Szene im Wald, Frau im Hemd, krankes Gesicht, instinktmäßig eine bestimmte Richtung suchend, weißer Boden, Baumstämme schwarz, Himmel schwarz, kein Licht außer der Reflexion des weißen Bodens. Männer und Weiber.

Frau
(jammernd wie eine Gebärende.)

Weh mir —
er lebt mit meiner Kraft.
Irgendwo.
Weh ist mir —
ich bin schwach.
Als er bei mir war und ich hielt den Saum, fiebernd —
wich ich zurück vor ihm.
Du verführst mich, wohin?

(Zornig, schreiend, langsam höher.)

Und da ward er durchglüht und durchleuchtet auf einmal
und mein warmes Blut sprang in mir,
mich fror und meine Zähne klapperten.

(Windet sich entsetzt.)

Fort von hier, fort von hier —
Unseliges Lager . . .
Unraststätte!
Opferstall.

Alter Mann
(*hält sie für eine kranke Lügnerin.*)

Wir suchen die Spur,
Wir gehen im Kreis.
Mondeshelle Flammen wehen leis.
Mit Laternen durch den Dunst
durchhellen wir den Forst.
Scheuer Geier würgt im Horst.

Frau
(*verzückt.*)

Allüberall eine Menschenstimme — Du —
Irgendwo hör' ich deinen Anruf —

Ein zweiter alter Mann

Wir suchen den Mann,
Der eine Frau verließ.
Ein jagendes Tier schrie.

(*Sie schlagen an die Bäume, um ihn aufzuscheuchen.*)

Frau

Schau, er faucht mich an aus den Dörnern!
Er wacht auf zum Geschrei!
Seht doch!
— Wie Wasserdonner immer tosender —
Umher Umarmung!!
Das Gesicht des Menschen —
Du im Traum dein süßer Geruch...
Dein feuerfarbener Kopf im Sonnenmantel erstickt?

Ein dritter Mann
(*leise.*)

Ein Blitz zitterte, und äscherte ein die zahme Herde.

Frau

Flutender, du umhorchſt mich ...
Weh!
Er brach ein.
In mir weidet er.

Erstes Weib

Hört, was ſie ſpricht,
Die Morgenwärme ſteigt herauf,
Der Sonnenſtern dringt lichtklar durch den Dampf.
Irre wird ſie in der Natur —

Frau

Fort, fort mit leiſem Tritt,
Daß keiner ſeine Nähe ſcheucht.
Wie geſchieht mir Gutes von dir!
Ich ſende dir, ich ſende dir meinen Brautwunſch entgegen!
(*Schreiend.*)

Bricht mein Auge —
Bin ich geſtorben?
Da ich ſein Wunder verſpür,
Friedhof wird ſein mein Hochzeitsbett und Weinkrampf Hochzeitsſchrei.

(*Sie ſtürzt in der Mitte der Bühne und bleibt wie ein Bündel liegen, regungslos.*)

Zweites Weib

Der Engel leitet ſie,
durchweintes Haar bedeckt ihr Auge
und ſie ſieht ihn?
Ihr Geiſt iſt verſtört.
Ein Engel leite ſie.

(*Rastlos.*)

Drittes Weib

Nach welcher Seite wenden?

[1621]

Drei Wege offen,
Gehe jedes einen.

(*Drei aus dem Chor, jeder geht getrennt von dem andern einen Weg; denen tun sich drei Bilder auf. Beschreibend, langsam lauter, jeder nur so lange beleuchtet, als er spricht.*)

Erster Alter

Ich sehe einen Mann sich härmen am Boden.
Sein Barthaar besudelt im Staub.
Sein Herz klopft laut.
Er dürstet, weil du gereicht hast
den Schwamm mit Essig getränkt.

Zweiter Alter

Ich sehe ihn undeutlich!
Er nahm mit dir den Leib aus einem Kelch — und du hast gelästert.
Ich sehe wieder —
Rufen Irrende?
Ein sehnendes Herz.
Ist er es?

Dritter Mann

Ich seh einen metallenen Mann an ein brünstiges Tier gesperrt.
Habt ihr wohl gesehen, also, daß das Tier aß von seinem Herzen.
Er regt sich.
Seine gespannte Kette zerklirrt.
Seine glitzernde Hand siegt im zweifelnden Kampf.
Sein metallener Ruf erweckt das Weib, das aus dem Balg des Tieres tritt.
Frau, die mit dem Fuß die Schlange tritt,
dein Herz schwellt sich in Mutterfreud.

(*Strahlendes Licht. Unruhiges Getöse, Männer und Frauen greifen nach offenen Händen, rufen, schluchzen, man sieht momentan viele offene Hände.*)

Chor

(*Männer zu Frauen, unruhig, laut und leise.*)

Ich sehe dich anders als sonst,
Du bist mir nicht mehr fremd!
Ich vergaß dich und sehe dich wieder liebend.
Dein Körper ist vielsagend geworden.
Was ist geschehn, daß ich Jahre neben dir lebte!
Und so oft du dein Herz geöffnet — ich war nicht würdig, daß ich einkehrte in dir.
Wie wird mir . . .
Im Aufmerken wird lautlose Kunde mir und sonderbares Verstehen.
Bange Lippen.
Verlorene Worte kommen.
Fremde Welt, Freude, Seligkeit.

(*Es wird langsam dunkel.*)

Chor

(*psalmodierend in den Hintergrund gehend.*)

Ich glaube an die Auferstehung in mir
Ich glaube an die Auferstehung in mir —
Ich glaube an die Auferstehung in mir —.

(*Es wird ganz dunkel. Man hört noch das Getöse der Stimmen während des folgenden Bildes. Später schwächer und undeutlicher werdend. Raum leer. Langsam fällt von oben Licht auf die Mitte der Bühne, man sieht jetzt an der Stelle, wo die Frau lag, ein Mädchen. Es liegt verzückt am Boden und spricht leise für sich, voll unterdrücktem Jubel. Dünne Stimme — die wie eine Vogelstimme anschwillt.*)

Jungfrau

Aus dem Tal zieht die Lerche in das Himmelsheim. Ich möchte meinen Geliebten ungesehen mit den Armen umgeben, wie ein Strauch die neue Rose.
Ich bin so froh, seit er mich heimsuchte.
Warum sind nicht alle Menschen gut?

[1623]

Vierte Szene.

Mann und Frau gegenüber auf zwei Felskanzeln, im Dunkel des Grundes undeutlich der Chor. Mann abwehrend, Frau groß. Wogende palmenartige Gräser und Farnbüschel. Solange er spricht, weißes Licht, das mit rotem intermittiert, sobald sie antwortet.

Frau

Ein Bann geht von diesem Weißen aus.
Mein Leib ist ein brennender Feuerstrauch,
Du mein Mann. Nährender Wind!
Meine Brust zwei Feuerzungen,
Du, widerwillige Stimme!
Meine Hände heiße Flügel,
meine Beine brennende Kohlen —
weiß und rot — weiß und rot brenne ich,
Im Feuerkleide langer Qual, in Scham recht Erglühte,
brenne und verbrenne nicht.
Tritt ein zu mir, auslösche und erlöse mich.

Mann

Kreißende, hoffnungslose Wöchnerin!
Die vor Schwachheit nicht Austragen wagt!
Habe dazu keine beßre Zeit vor —
um dich nachher, gemach hinschauernd,
zur Ruhe zu legen!
Laß uns das Weh später beschwichtigen,

wann eins von uns müde ins
Linnen gerollt.
Angefacht ist schon was werden
möchte ein Licht,
anders als rauchend Feuer, drin das Auge übergeht.
Feuer brennt zu Asche,
Licht zuletzt ganz freundlich aussieht!

Frau
(erschreckt)

Totsgestalt! Hast mir Fleisch, Blut vorgelogen!
Rasend kamst du in mir aufgezogen!
Sonne bleicht den Mond —
Eisiger Reif
Greift in mein Fleisch.
Greift in mein Fleisch.
Um mich der Mann, der mit mir rang,
Der niederstößt jeden Gedanken,
Niederschlug ...
Weichst mir nicht
Aus Adern und Bein —

(höhnisch)

Reißender der mich ausgesogen!
Weh tust du Erlöser, Auflöser jetzt.
Kann dich nicht grüßen lieber Mann,
Der nicht annahm mich Opfer
In der stummen Angstpause!
O nimm mich aus der Marterwelt.

Mann

Wahrhaft bist du ein Mensch? Langhaarige!

Frau

Warum bist du nicht gut —
Mann, der mich mit Wünschen niederrannte.

21

[1625]

Ich weiß du willst sein
Mein Freier und Befreier,
Mir Unreinen, Ungekannten —
Und bist mein böser Feind
Und Kerkermeister!
(*Sie zuckt zusammen — weinend.*)

Mann

Meine verströmte Liebeskraft, überall von dir aufgesaugt, nur in Spitzen — leise verdunkelnd, leise verklärend, — rührt sie da dich, Fremdes, widerspenstiges Dugespenst?

Das Weib ist unschuldig.

Aber der Mann — in seinen Dornen einsamt der Fried=
losigkeit Frost.

Zeitweise in dir still wie nachträumend.

Ausgeweint, umgewendet,

scheidend blickst du mir ins Gesicht ...

Mütterlicher Raum öffne dich!

Himmelsheimat, ziehe den irren Sohn.

Müde bin ich.

Weib geh frei aus meiner Hand.

Frau
(*wirft den Stein, der seine Brust trifft*)

Ich kenne dich nicht mehr an.

Mann

Barmherzigkeit!
Du tust mir weh,
durch die ich abgelöset bin.

Ach sieh hier mein Leben im Opferblut entschweben.
Die Erde nimmt die Kraft kaum an,
Die aus mir drang, die aus mir rann.
Du läßt mich nun zugrunde gehen,
An dir, die so ich losgemacht.
Im Todeskummer, wer ist da mein Trost?
Schwester trockne meine Stirn!

[1626]

Frau

*(fällt auf ihn nieder und drängt die anderen zurück. Mit
großer Liebe.)*
Laßt mich.
Mein Mann soll unberühret sein!
Ich leide mit dir!
Geh noch nicht, Eilender von mir.
Sieh her, da komm ich schon zu dir.

Mann

Glaube mir, Frau, und deine Hand tut mit Versegnung
verwachsende Wunde mir zu — Warum sind wir nicht gut!

Fünfte Szene.

Sterbezimmer. Mann, wund auf dem Bett. Frau über ihn gebeugt.
Stellung der Pietagruppe. — Mutter und Knabe gehen durch.
Knabe halbwüchsig.

Knabe
Sag, was sieht die Frau mit starrem Blick? Und leise
dir ins Ohr, Mutter sag, voller Sünden sind, die so leiden?

(aufgeregt)

Mutter, bist du ein Weib?
Was du bist, verwirrt mich!
Ich leide mit der schönen Frau, ich möchte zu ihr.

Mutter
O weher Mutter=Tod und ahnend Kindlein=Wundern.
Bewahre! Geh nicht hin und schau nicht hin,
Wo die zahlen Blut und nicht einig werden.

Knabe
Gib Frieden denen, die da zu Hause sind!
Ein Grabhügel voll von Trauerleuten.
Ich steh am Tor.
Gott legt den Kopf in seine Hand und weint.

Mutter
Ich kann es anders sehen!
Ein Dornstrauch brannte auf einmal.

Die Dürre schleicht dem Wurm gleich weg.
Gott läßt zu sich das Licht empor.

(abgehend.)

Chor
(an der Wand stehend, Trauerkleidung.)

Ihr im Herzen ist sein Bild mit glühender Kohle aufgerissen.
Scheint sie ihm?

Lebt er noch?

Ich gab ihm einen Apfel in die Hand und die Frucht ist schon ganz braun geworden.

Er hat die Augen vor dem Unsichtbaren geschlossen.
Ich weiß, Sterbende sind Gute, sie nehmen Sterbens Not.

(Der Lichtkranz hat sich mittlerweile über der Hauptgruppe gebildet. Die Sonne geht unter.)

(Gloriole — Frau und Mann sprechen im Schlaf, hoch, ganz fremd, so, daß jeder Ton an die Nerven stört.)

Mann
Lebe ich denn — Du und Ich,

Frau
Verlorenes,
Vergessenes bespült mich,
verrinnt.
Weißgebrannt.

Mann
Grauenhaft war die Zeit.
Wunschlaufen — Opfertier!

(leise sterbend.)

Und hinfallen in Vergessen!

Frau

Lautlos löst sich ein Gesicht.

(*Mann tot. Summen hört momentan auf. Lichtkranz ist gebildet, alle heben die Hände, geben Zeichen.*)

Chor
(*reiht sich in zwei Gruppen, halb singend.*)

Und so starb ein Mensch, der sich begriffen hat.

Männer des Chores

Du bist mein stilles Hinschaun

Weiber des Chores
(*abwechselnd mit den Männern zum Bett.*)

Du bist mein Erschauern,
Du bist mein Licht,
Du lauter durchleuchtet
Und ich kehre ein verborgen
Und du wirst mir offenbar.
Ich aber verlor mich
— und ich erinnerte mich ...

Chor
(*der Männer.*)

Vergessen Rufen ohne Ton.
Vergessen gnadloses Einmalsein.
Vergessen irdische Seligkeit.

Weiber

Vergessen rinnendes Blut ohne Genesen
Vergessen bebender Zähne hungernde Lust.

Chor
(*Frage.*)

Warum bist du nicht gut?
Warum bist du nicht gut?

[1630]

Chor
(*Antwort.*)

Weil fein fie follten,
Im Schein verharren fie wollten.

Gesamter Chor

Erzwungen, erscheint ein Gesicht,
eine Welt dem Bewußtfein.
Und wieder löft vom Bilde,
wo es haftet, fich das Erschaffne.
Als Waffer, Luft und Erde formt fich der Raum.
Feuer brennt ihn ewig und verbrannte ihn.

MÖRDER
HOFFNUNG DER FRAUEN
SCHAUSPIEL ⟨1907⟩

Dem treuen Freund
Adolf Loos
gewidmet vom Verfaſſer

Perfonen:

Der Mann
Die Frau
Krieger
Mädchen

Die Handlung fpielt im Altertum.
Nachthimmel. Turm mit großer gitterner Eifentür.
Fackellicht. Boden zum Turm anfteigend.

[1637]

Der Mann
(Weißes Gesicht, blaugepanzert, Stirntuch, das eine Wunde bedeckt, mit der Schar der Krieger, wilde Köpfe, graue und rote Kopftücher, weiße, schwarze und braune Kleider, Zeichen auf den Kleidern, nackte Beine, hohe Fackelstangen, Schellen, Getöse. Die kriechen herauf mit vorgestreckten Stangen und Lichtern, versuchen müde und unwillig den fortstürmenden Abenteurer zurückzuhalten, reißen sein Pferd nieder. Er geht vor. Sie lösen den Kreis um ihn, während sie mit langsamer Steigerung aufschreien.)

Krieger

Wir waren das flammende Rad um ihn.

Wir waren das flammende Rad um dich, Bestürmer verschlossener Festungen!

(Gehen zögernd wieder als Kette nach; er, mit dem Fackelträger vor sich, geht voran.)

Krieger

Führ' uns, Blasser!

(Während sie sein Pferd niederreißen wollen, steigen Mädchen mit der Führerin die rechts liegende Stiege herab, die aus der Burgmauer führt.)

Frau
(rote Kleider, offene gelbe Haare, groß)
(laut.)

Mit meinem Atem erflackert die blonde Scheibe der Sonne.

Mein Auge fammelt der Männer Frohlocken.
Ihre ftammelnde Luft kriecht wie eine Beftie um mich.

Mädchen
(*lösen sich von ihr los, sehen jetzt erst den Fremden.*)

Erstes Mädchen
(*neugierig.*)
Unfre Frau!
Sein Atem hängt ihr an.

Erster Krieger
(*darauf zu den andern.*)
Unfer Herr kommt wie der Tag, der im Often aufgeht.

Zweites Mädchen
(*einfältig.*)
Wann wird mit Wonne fie umfangen!

Frau
(*sieht den Mann fest an.*)
Wer ift der Fremde, der mich anfah?

Erstes Mädchen
(*zeigt ihn, schreit.*)
Der Schmerzensmutter verfcheuchter Knabe,
mit Schlangen um die Stirn, entfprang.
Kennt ihr ihn wieder?

Zweites Mädchen
(*lächelnd.*)
Untiefe fchwankt.
Ob fie den lieben Gaft vertreibt?

Der Mann
(*erstaunt, sein Zug hält an.*)

Was sprach der Schatten?
(*Das Gesicht hebend, zur Frau.*)

Sahst du mich an, sah ich dich?

Frau
(*fürchtend und verlangend*)

Wer ist der bleiche Mann?
Haltet ihn zurück!

Erstes Mädchen
(*gell schreiend, läuft zurück.*)

Laßt ihr ihn ein? Der wittert, daß wir unbeschützt?
Die Festung offen steht!

Erster Krieger

Ihm ist, was Luft und Wasser teilt,
Haut und Feder, Schuppen trägt,
haarig und nackt Gespenst
gleich unterthan.

Zweites Mädchen

Mit einer Falte weint und lacht die Goldgelockte da.
Jäger fang uns schon . . .
(*Gelächter.*)

Erster Krieger
(*zum Mann.*)

Umarm sie!
Das Wiehern hetzt die Stute irr.
Gib dem Tier die Schenkel!

Erstes Mädchen
(*listig.*)

Unfre Frau ift eingefponnen, hat noch nicht Geftalt erreicht.

Zweites Mädchen
(*großtuend.*)

Unfre Frau fteigt auf und finkt,
Doch kommt nie auf die Erde.

Drittes Mädchen

Unfre Frau ift nackt und glatt,
Auch fchließt fie nie die Augen.

Dritter Krieger
(*zum dritten Mädchen, höhnisch.*)

An Haken fängt fich Fifchlein.
Fifchin hakt fich Fifcher!

Zweiter Krieger
(*zum zweiten Mädchen; er hat verstanden.*)

Locken fliegen! Ihr Geficht befreit . . .
Die Spinne ift aus dem Netz geftiegen.

Der Mann
(*hat der Frau den Schleier gelüftet; zornig.*)

Wer ift fie?

Erster Krieger
(*aufreizend.*)

Sie fcheint dir bange, fang fie!
Verfängt doch nur die Angft.
Bang du, was du dir erfangft!

Erstes Mädchen
(*ängstlich.*)

Frau, laß uns fliehen!
Verlöscht die Lichter des Führers!

Zweites Mädchen
(*eigensinnig.*)

Herrin, hier laß mich den Tag erwarten ...
Heiß mich nicht schlafen gehen,
Die Unruh in den Gliedern!

Drittes Mädchen
(*flehend.*)

Er soll nicht unser Gast sein, unsre Luft atmen!
Laßt ihn nicht übernachten.
Er schreckt uns den Schlaf!

Erstes Mädchen

Der hat kein Glück!

Erster Krieger

Die hat keine Scham!

Frau

Warum bannst du mich, Mann, mit deinem Blick?
Fressendes Licht, verwirrst meine Flamme!
Verzehrendes Leben kommt über mich.
O nimm mir entsetzliche Hoffnung —

Der Mann
(*fährt wütend auf.*)

Ihr Männer! Brennt ihr mein Zeichen mit heißem Eisen ins rote Fleisch!

(*Krieger führen den Befehl aus. Zuerst der Haufen mit den Lichtern mit ihr raufend, dann der Alte mit dem Eisen, reißt ihr das Kleid auf und brandmarkt sie.*)

Frau
(*in furchtbaren Schmerzen schreiend.*)

Schlagt die zurück, die böse Seuche.

(*Sie springt mit einem Messer auf den Mann los und schlägt ihm eine Wunde in die Seite. Der Mann fällt.*)

Krieger

Flieht den Besessenen, erschlagt den Teufel!
Wehe uns Unschuldigen, verscharrt den Eroberer.

Der Mann
(*Wundkrampf, singend mit blutender, sichtbarer Wunde.*)

Sinnlose Begehr von Grauen zu Grauen,
Unstillbares Kreisen im Leeren.
Gebären ohne Geburt, Sonnensturz, wankender Raum.
Ende derer, die mich priesen.
O, euer unbarmherzig Wort.

Krieger
(*zum Mann.*)

Wir kennen ihn nicht.
Verschon uns!

[1644]

Kommt, ihr Griechenmädchen, laßt uns Hochzeit halten auf feinem Notbett.

Alle Mädchen

Er erfchreckt uns,
Euch liebten wir, als ihr kamt.

(Die Mädchen legen sich zu den Kriegern kosend, rechts auf den Boden.)

(Drei Krieger machen aus Stricken und Ästen eine Bahre, und stellen sie, mit dem schwach sich Bewegenden, in den Turm hinein. Weiber werfen das Gittertor zu und ziehen sich wieder zu den Männern zurück.)

Der Alte
(steht auf und sperrt ab. Alles dunkel, wenig Licht im Käfig.)

Frau
(allein, jammernd, trotzig.)

Er kann nicht leben, nicht fterben,
Er ift ganz weiß.

(Sie schleicht im Kreis um den Käfig. Greift gezwungen nach dem Gitter. Droht mit der Faust.)

Frau
(trotzig.)

Macht das Tor auf, ich muß zu ihm!

(Rüttelt verzweifelt.)

Krieger und Weiber
(die sich ergötzen, im Schatten, verwirrt.)

Wir haben den Schlüffel verloren — — wir finden ihn — —

Haft du ihn? — — fahft du ihn — — wir find nicht fchuldig.

Wir kennen euch nicht — — Was wiffen wir von euch!

Der Streit ift unverftändlich und dauert eine Ewigkeit.
(*Gehen wieder zurück. Hahnenschrei, es lichtet im Hintergrund.*)

Frau
(*langt mit dem Arm durchs Gitter, böswillig keuchend.*)

Blaffer! Schrickft du? Furcht kennft du?
Schläfft du bloß? Wachft du? Hörft du mich?

Der Mann
(*drinnen, schwer atmend, hebt mühsam den Kopf, bewegt später eine Hand, dann beide Hände, hebt sich langsam, singend, entrückend.*)

Wind der zieht, Zeit um Zeit.
Einfamkeit, Ruhe und Hunger verwirren mich.
Vorbeikreifende Welten, keine Luft, abendlang wird es.

Frau
(*mit beginnender Furcht.*)

So viel Leben fließt aus der Fuge,
So viel Kraft aus dem Tor,
Bleich wie eine Leiche ift er.

(*Schleicht wieder auf die Stiege hinauf, zitternd am Körper, wieder laut lachend.*)

Der Mann
(*ist langsam aufgestanden, lehnt am Gitter.*)

Frau
(*schwächer werdend, grimmig.*)

Ein wildes Tier zähm ich im Käfig hier,
Bellt dein Gesang vor Hunger?

Der Mann
(*öffnet den Mund zum sprechen.*)
. . . .

(*Hahnenschrei.*)

Frau
(*zitternd.*)

Du, stirbst nicht?

Der Mann
(*kraftvoll.*)

Sterne und Mond! Frau!
Hell leuchten im Träumen
oder Wachen sah ich ein singendes Wesen ...
Atmend entwirrt sich mir Dunkles.
Mutter ... Du verlorst mich hier.

Frau
(*liegt ganz auf ihm; getrennt durch das Gitter, schließt langsam das Tor auf.*)

Frau
(*leise.*)

Vergiß mich nicht ...

Mann
(*wischt sich über die Augen.*)

Rostgedanken klebt sich auf die Stirn ...

Frau
(zart.)

Es ist dein Weib!

Mann
(sanft.)

Eine Spanne scheues Licht! —

Frau
(bittend.)

Mann!! Schlaf mir ...

Mann
(lauter.)

Ruhe, Ruhe Truggedanke, laß mich ...

Frau
(öffnet den Mund zum sprechen.)

. . . .

Mann
(einsam.)

Ich fürchte mich —

Frau
(immer heftiger, aufschreiend.)

Ich will dich nicht leben lassen. Du!
Du schwächst mich —
Ich töte dich — du fesselst mich!
Dich fing ich ein — und du hälst mich!

Laß los von mir — umklammerst mich — wie mit
eisernen Ketten — erdrosselt — los — Hilfe!
Ich verlor den Schlüssel — der dich festhielt.

(Läßt das Gitter, fällt auf der Stiege zusammen.)

Der Mann

(steht ganz, reißt das Tor auf, berührt die sich starr Aufbäumende, die ganz weiß ist, mit den Fingern der ausgestreckten Hand. Sie spürt ihr Ende, spannt die Glieder, löst sie in einem langsam abfallenden Schrei. Die Frau fällt um, entreißt im Fallen dem aufstehenden Alten die Fackel, die ausgeht und alles in einen Funkenregen hüllt.)

Der Mann

(steht auf der obersten Stufe, Krieger und Mädchen, die vor ihm fliehen wollen, laufen ihm schreiend in den Weg.)

Krieger und Mädchen

Der Teufel!
Bändigt ihn, rettet euch!
Rette wer kann — verloren!

Der Mann

(geht ihnen gerade entgegen. Wie Mücken erschlägt er sie. Die Flamme greift auf den Turm über und reißt ihn von unten nach oben auf. Durch die Feuergasse enteilt der Mann. Ganz ferne Hahnenschrei.)

E n d e.